HEFT 211 · JAHRGANG 2022

Mitten in der Welt

Charles de Foucauld heute

»geschwisterlich leben«

echter

„Die Welt blutet aus immer mehr Wunden – doch die Pflaster gehen aus“,

so titelt Spiegel-Online in diesen Tagen.[1] Mitte Februar haben wir das vorliegende Heft abgeschlossen und das Manuskript in den Satz gegeben. Die schrecklichen Bilder und Ereignisse und der bis dahin unvorstellbare und menschenverachtende Krieg auf europäischem Boden haben wir zu diesem Zeitpunkt für nicht möglich gehalten.

Wir fühlen uns in diesen Tagen vor allem verbunden mit den Menschen in der Ukraine und wir fühlen uns verbunden mit allen Menschen, die in vielen Ländern und Regionen dieser Erde unter Krieg, Hunger und Dürre leiden. Die Lösung, die Papst Franziskus im Blick auf diese globalen Bedrohungen in seiner am 04. Oktober 2020 erschienen Enzyklika fratelli tutti vorschlägt, ist prophetisch und zugleich aktueller denn je.

Nur wenn sich alle Menschen als Geschwister verstehen lernen und sich täglich darum bemühen, geschwisterlich zu leben, hat dieser Planet eine Zukunft. Denn, nur „wo Liebe und Geschwisterlichkeit herrschen, hat das Böse keine Macht mehr!“.[2]

In diesen dunklen Tagen, in angustia temporum, wie Charles de Foucauld in seinen Briefen immer wieder schrieb, in den unfassbaren Bedrängnissen dieser Zeit bitten wir um das österliche Licht, um Hoffnung für alle Menschen, die leiden und täglich neu um ihr Überleben kämpfen. Wir bitten darum, dass der Geist des österlichen Friedens verstockte Herzen erfasse und die Not sich wende, hin zu einem Leben in Frieden.

25. März 2022
Das Redaktionsteam von Mitten in der Welt

---

1 https://www.spiegel.de/ausland/ukraine-wie-der-krieg-andere-humanitaere-krisen-ueberschattet-a-065587c6-3b30-45fb-9560-28cdd415f0b1 (Abruf am 21.03.22)

2 https://www.vaticannews.va/de/papst/news/2022-03/papst-franziskus-angelus-dritter-fasten-sonntag.html?utm_source=newsletter&utm_medium=email&utm_campaign=NewsletterVN-DE ((Abruf am 21.03.22)

Inhalt

Aus den Gemeinschaften

Charles de Foucauld

Buchbesprechung

Editorial

Die globale Situation verändert sich in einem rasanten Tempo. Kein Tag vergeht, an welchem nicht deutlich wird, wie klein unsere Welt geworden ist, wie sehr auch geographisch weit entfernte Ereignisse im Kontext der globalen Vernetzung spürbare Auswirkungen haben. Die schmerzlichen Erfahrungen mit der Covid-19-Pandemie zeigen, dass die anstehenden Probleme nicht mehr nur vor Ort gelöst werden können, sondern der Vernetzung bedürfen. In diese Situation hinein hat Papst Franziskus mit seiner Sozialenzyklika Fratelli tutti (FT) vom 04. Oktober 2020 ein Ausrufezeichen gesetzt. Die Antwort auf die Herausforderungen unserer Zeit besteht aus der Sicht des Papstes darin, die nationalen und persönlichen Egoismen hinter sich zu lassen und sich als eine Menschheitsfamilie zu begreifen. Ganz gleich, welcher Religion die Menschen angehören, sie mögen sich mehr und mehr als Geschwister verstehen, ja nach einem Leben in sozialer Freundschaft streben. Aus christlicher Sicht ist für Papst Franziskus das Gleichnis vom barmherzigen Samariter richtungweisend, um in jeder Lebenslage einander geschwisterlich begegnen und geschwisterlich leben zu können. Im Schlussteil seiner Enzyklika erwähnt Franziskus auch Charles de Foucauld und würdigt seinen Beitrag für ein geschwisterliches Miteinander aller Menschen. Es ist die spirituelle Haltung von Charles de Foucauld, die Papst Franziskus offensichtlich sehr berührt hat, nämlich die Tatsache, dass Bruder Karl die Einheit von Gottes- und Nächstenliebe wirklich gelebt und durch sein Leben gezeigt hat, dass ihm das Geschick aller Menschen, besonders der Armen und Geringen seiner Umgebung zutiefst am Herzen lag.

„Seine Vision einer Ganzhingabe an Gott fand ihre Verwirklichung schließlich in seiner Identifikation mit den Geringsten und Verlassenen in den Weiten der afrikanischen Wüste. In diesem Zusammenhang äußerte Charles de Foucauld den Wunsch, sich als Bruder eines jeden Menschen empfinden zu können. So bat er einen Freund: ‚Beten Sie zu Gott, dass ich wirklich der Bruder aller Seelen [...] sein kann‘. Er wollte letztendlich ‚der Bruder aller‘ sein. Aber nur durch die Identifikation mit den Geringsten wurde er zum Bruder aller Menschen.“ (FT 287)

Das Thema des vorliegenden Heftes nimmt diesen Impuls auf. Mit dem Titel *geschwisterlich leben* wollen wir einen Fächer öffnen, in welchem auf der Grundlage des Charismas der geistlichen Familie Charles de Foucauld die Impulse der Enzyklika Fratelli tutti aufgenommen und weitergedacht werden. Wie in jedem Heft widmen sich einzelne Beiträge der Gestalt von Bruder Karl. Wir haben diesen Titel gewählt, obwohl wir um die sprachlichen Grenzen wissen, die sich vor allem im Bereich der romanischen Sprache ergeben. Die deutsche Sprache hat seit dem Mittelalter die Besonderheit, dass sie die Worte *Geschwister* und *Gebrüder* verwendet, wobei die Gesamtheit der Schwestern und der Brüder gemeint ist. Damit wurde die Bildung des neuen Wortes *Geschwisterlichkeit* gleichsam vorbereitet. Im Französischen wie in allen romanischen Sprachen gibt es diesen sprachlichen Hintergrund nicht. So kann im Französischen das sogenannte generische Maskulinum, in welchem in einem Begriff wie *fraternité/Brüderlichkeit* die Frauen mitgemeint sind, nicht komplett ersetzt werden. Als Beispiel für das Italienische sei die Enzyklika „Fratelli tutti" von Papst Franziskus genannt, in der im Originaltext von *la fraternità/von der Brüderlichkeit* die Rede ist. Charles de Foucauld hat in seinen geistlichen Schriften immer wieder von der Menschheit als *Familie Gottes* gesprochen und darin, wenn auch nicht im Wort an sich, so doch in der Sache die Bedeutung der Geschwisterlichkeit zum Ausdruck gebracht.

Geschwisterlichkeit, ja die Bereitschaft geschwisterlich zu leben, ist kein Selbstläufer, sie muss jeden Augenblick des Lebens neu errungen werden, gerade auch in angustia temporum, in den Bedrängnissen der Zeit, wie Bruder Karl wiederholt schreibt. So soll am Anfang dieses Heftes das Gebet um den Geist der Geschwisterlichkeit stehen, das Papst Franziskus in seiner Enzyklika vorschlägt.

Gebet zum Schöpfer

Herr und Vater der Menschheit,
du hast alle Menschen mit gleicher Würde erschaffen.
Gieße den Geist der Geschwisterlichkeit in unsere Herzen ein.
Wecke in uns den Wunsch nach einer neuen Art der Begegnung,
nach Dialog, Gerechtigkeit und Frieden.
Sporne uns an, allerorts bessere Gesellschaften aufzubauen
und eine menschenwürdigere Welt
ohne Hunger und Armut, ohne Gewalt und Krieg.
Gib, dass unser Herz sich
allen Völkern und Nationen der Erde öffne,
damit wir das Gute und Schöne erkennen,
das du in sie eingesät hast,
damit wir engere Beziehungen knüpfen
vereint in der Hoffnung und in gemeinsamen Zielen.

Verbunden in dieser Hoffnung grüße ich Sie im Namen des Redaktionsteams sehr herzlich.

Joachim Kittel
Verantwortlicher Redakteur

Schwerpunktthema

Geschwisterlich leben

Die Botschaft einer geschwisterlichen und universellen Freundschaft

Bereits Mitte der 1950er Jahre reflektierte der Gründer der Kleinen Brüder Jesu René Voillaume (1905–2003) ausgehend vom Charisma von Charles de Foucauld die Bedeutung der geschwisterlichen und universellen Freundschaft.[1] (Red.)

Kleine Brüder Jesu und Kleine Schwestern Jesu

Der demütige Bruder Karl von Jesus, der Freund der Tuareg, der unerschrockene und einsame Apostel mit einer starken, geduldigen und brüderlichen Nächstenliebe, wurde durch seinen Tod wie ein Samenkorn in der Erde begraben, an der Tür einer Bruderschaft, von der er bis zum letzten Augenblick unermüdlich gewünscht hatte, dass sie von Brüdern bevölkert werde.

Die Form und das Aussehen der Pflanze kann in einem Samen noch nicht erkannt werden, obwohl sie bereits in ihrer Gesamtheit in dem Samen enthalten ist, dessen Art unbekannt ist. Erst mit der Zeit kann sie bestimmt werden.

Das so erfüllte und scheinbar so vielfältige Leben mit seinen fast widersprüchlichen Etappen des Trappisten, der zum einsamen Vertrauten eines kontemplativen Klosters wurde, dann zum Gründer einer Bruderschaft, die leer bleiben sollte, und schließlich zum von großen Sehnsüchten erfüllten Missionar inmitten eines Nomadenvolkes, ein solches Leben verrät nicht sofort, was es an Originalität enthält. Heute ist jedoch sicher, dass Charles de Foucauld eine prophetische Mission in der Kirche zu erfüllen hatte. Gott

1 *Cahiers Charles de Foucauld* du 1er trimestre 1955, n°37 p. 49 à 54.

hatte sein Leben so geordnet, dass wir und seine geistliche Nachkommenschaft daraus etwas lernen können.

Sein Leitgedanke „Jesus Caritas“, der Name „Fraternität“, den er seinem Haus und denen, die er sich für seine zukünftigen Kleinen Brüder und Schwestern erträumte, gab, das Programm des Ordenslebens und die Sendung, die er ihnen hinterließ, zeigen uns, dass Bruder Karl der Träger einer Botschaft der Liebe war: „Jesus und die Nächstenliebe herrschen zu lassen, das ist die Sendung der Kleinen Brüder vom Heiligsten Herzen, gemäß ihrem Namen. ... Möge ihre universelle Nächstenliebe wie ein Leuchtfeuer leuchten, damit jeder, auch ein Sünder oder ein Ungläubiger, weiß, dass sie universelle Freunde, universelle Brüder sind ...“[2]

Es ist eine Illusion zu meinen, man könne das Christentum ohne eine authentische Selbsthingabe in Liebe verkünden. „Wenn ein Bruder oder eine Schwester nackt ist, wenn ihnen das tägliche Brot fehlt, und einer von uns zu ihnen sagt: ‚Geh in Frieden, hab es warm, sei satt‘, ohne ihnen zu geben, was der Körper braucht, was nützt das?“[3]
Von einer Liebe im Wort, im Geist, einem Herzen, das voll guter Wünsche ist und dort verbleibt, ohne zu handeln, gelähmt durch Ängstlichkeit, Egoismus oder soziale Anpassung, wissen wir, dass es den Einen nicht befriedigen kann, der sein Blut als Beweis seiner Liebe gab.

Kein Jahrhundert war fruchtbarer als das 19. was Werke der Nächstenliebe für Seele und Leib betrifft. Die Anzahl und Entwicklung missionarischer Gründungen, die sich der Krankenhilfe, dem Unterricht, der Verbreitung der Zivilisation und der Ausbreitung des Glaubens widmeten, übertraf alles bisher Dagewesene. Doch inmitten dieser herrlichen Blüte der christlichen Nächstenliebe hat uns Bruder Karl von Jesus etwas zu sagen, und seine geistige Nachkommenschaft hat eine präzise Mission der Liebe zu erfüllen, deren Art wir herausfinden müssen.

Auf den ersten Blick könnte man verwirrt sein, denn Bruder Karl hat seine Linie nie geändert, weder für sich selbst noch für seine zukünftigen Fraternitäten, und es ist klar: keine organisierten Werke oder groß angelegte Almosen, sondern kleine Gruppen von Brüdern oder Schwes-

2 Auszug aus der Regel von 1899

3 Jak 2, 15–17

tern, die so arm sind, dass sie weder große Mittel der Nächstenliebe besitzen können noch sollen.

Bruder Karl hat in Tamanrasset keine richtige Krankenstation errichtet, und sein Beitrag zum sozialen oder karitativen Fortschritt ist minimal. Er denkt nicht einmal daran, dies zu organisieren.

Es ist klar, dass er die Absicht hatte, seine Jünger auf eine andere Erscheinungsform der Nächstenliebe als die der körperlichen oder geistigen Nächstenliebe hinzuweisen. Charles de Foucauld, verstehen wir ihn recht, verurteilt diejenigen nicht, die sich solcher Mittel bedienen wollen, im Gegenteil. Er fordert sie mit aller Kraft dazu auf und verpflichtet seine Bruderschaften, alles zu tun, um anderen Ordensfamilien oder Laien die Durchführung dieser wichtigen Aufgabe der christlichen Nächstenliebe zu erleichtern.

Er und seine Brüder haben jedoch eine andere Mission. Sie sollen sich daran erinnern, dass Liebe nicht einfach darin besteht, Geschenke zu machen, wie groß sie auch sein mögen, sei es Hilfe für den leiblichen Bereich oder die geistige Bildung, sondern dass sie auch Selbsthingabe ist. Und diese Selbsthingabe wird durch die totale Hingabe, sogar bis zum Tod, nicht vollkommen, wenn sie nicht von einer Herzenshaltung begleitet wird, in der letztlich die wahre Nächstenliebe ruht. „Wenn ich alle meine Güter als Almosen verteile, wenn ich meinen Körper den Flammen übergebe, wenn ich keine Nächstenliebe habe, nützt es mir nichts.“[4]

Wahre Nächstenliebe im Herzen setzt Demut voraus, die Überzeugung, dass man anderen nicht überlegen ist, nur weil man etwas zu geben hat, totale Achtung vor dem Menschen, unabhängig von seinem kulturellen Niveau oder seiner Herkunft.

4 1 Kor 13,3

> Wenn man den Anspruch erhebt, gemäß der Verheißung Christi vollkommen in der Liebe zu sein, muss man sich um wahre Freundschaft bemühen, d.h. brüderlich sein, der Freund eines jeden Menschen, und dafür wirklich von Herzen klein sein, diese Bereitschaft zur Sympathie auf jedes menschliche Wesen in einem sehr ausgeprägten Sinn für Universalität ausdehnen.

Es ist wahr, dass helfender Einsatz und sogar großzügige Hingabe sich von ihren Wurzeln lösen und ohne dieses tiefe Gefühl der Liebe existieren können. Christus verlangt mehr, er verlangt diese Liebe und sogar dieses Gefühl der Gleichheit, ohne das keine Freundschaft möglich ist: „Ich nenne euch nicht mehr Knechte, sondern Freunde", sagte Jesus einem jeden von uns. Wie könnte sein Gebot nicht die gleiche Haltung bei uns fordern? Auf dieser Ebene der Nächstenliebe und vor Christus sind wir alle gleich klein.

Die Arbeit an dieser freundschaftlichen Geschwisterlichkeit, dieses Bewusstsein der Gleichheit der Menschen und der totalen Universalität, ist die eigentliche Dimension der Nächstenliebe, zu der Bruder Karl von Jesus seine Jünger auffordert.

Durch ihre Geschwisterlichkeit und ihr Leben an diese manchmal ein wenig vergessene oder zu sehr vernachlässigte Forderung des Gebotes Jesu zu erinnern, ist ihre Art, daran mitzuarbeiten, die Herrschaft der Nächstenliebe unter den Menschen zu errichten.

Auf diesem Hintergrund, wird es uns leichter fallen, das wahre Gesicht der Gründung der Kleinen Brüder und Kleinen Schwestern in der ganzen Welt zu verstehen. Es handelt sich um arme und zerbrechliche Gründungen, die auf prekäre Art und Weise in den unterschiedlichsten Umgebungen errichtet wurden. Diese Gemeinschaften sind aufgrund ihrer Lebensweise nahezu frei von karitativen Handlungsmöglichkeiten.

Wir sollten verstehen, dass es für die Gemeinschaften als Ganzes notwendig ist, sich zu weigern, das Maß der Nächstenliebe anhand von quantifizierbaren Ergebnissen oder einer menschlich wahrnehmbaren Leistung zu bewerten. In diesem Bereich ist der Beitrag der Gemeinschaften verschwindend gering. Die Gemeinschaften sind in Umgebungen verstreut, deren Auswahl es leichter machen wird zu verstehen, dass ihre eigentliche Arbeit darin besteht mitzuhelfen, Freundschaft herzustellen zwischen Menschen, die durch Unterschiede von Hautfarbe, Kultur, Interessen, Nationalität und sogar Religion getrennt sind.

> Wenn die Fraternitäten unter den letzten Resten der Ureinwohner, in Afrika oder Südamerika, gegründet wurden, dann nicht, um diese in die moderne Zivilisation einzuführen, sondern um ihnen vor allem jene Gewissheit der Freundschaft, der menschlichen Gleichheit zu bringen, die sie brauchen, um sich zu entfalten und zu überleben, ohne erdrückt zu werden.

Aber sie werden wahrscheinlich nicht wissen, wie man bescheiden genug ist und den Stolz der Zivilisierten ablegt, um sie mit vollem Respekt als Freunde und Brüder zu lieben. Deshalb sind die Jünger (und Jüngerinnen) von Bruder Karl von Jesus unter ihnen einfach so nah wie möglich bei ihnen und entledigen sich so weit wie möglich einer technischen Überlegenheit, die es schwieriger machen würde, eine vertrauensvolle Freundschaft ohne einen Minderwertigkeitskomplex ihrerseits aufzubauen.

Die in den Elendsvierteln unter den Armen, unter den Menschen anderer Hautfarbe gegründeten Fraternitäten haben ebenfalls das Ziel, die menschlichen Beziehungen mit einer Freundschaft göttlichen Ursprungs zu durchdringen, die für sie ein unschätzbares Gut ist und deren Wert zu oft vergessen wird.

Der Kleine Bruder oder die Kleine Schwester, der/die mit den Menschen anderer Hautfarbe arbeitet und in einer Hütte lebt, die der ihren ähnelt, beweist, dass die christliche Nächstenliebe die Gleichheit der Menschen in der Liebe will: „Seit du hier bist", sagte ein junger kamerunischer Arbeiter zu einem Kleinen Bruder, „denken wir, dass es vielleicht doch möglich ist, dass Weiße und Schwarze auf der Erde wie Brüder miteinander umgehen können. Vorher dachten wir, es würde erst im Paradies möglich sein."

Wegen ihrer Armut an Handlungsmöglichkeiten verunsichern die Gemeinschaften diejenigen, die es sich zur Aufgabe gemacht haben, die

Probleme des körperlichen und sozialen Elends wirksam zu lösen. Die Zusammenarbeit der Fraternitäten auf diesem Gebiet ist weniger effektiv als die anderer karitativer Kongregationen. Man sollte sich nicht scheuen, das auch zu sagen. Es ist etwas anderes, was sie mitbringen.

Die Nächstenliebe von Bruder Karl von Jesus, der sich so sehr gewünscht hatte, der „Kleine Bruder aller Menschen" zu sein, sollte den Charakter der Universalität sichtbar und vollständig zum Ausdruck bringen. Wir können nicht umhin, in der Universalität der Gründungen einen Willen der Vorsehung und ein mächtiges Mittel zu sehen, um eben dieses Gefühl der Universalität im Herzen eines jeden Jüngers von Bruder Karl über die Trennungen nach Völkern und Nationen hinweg zu etablieren. Auch unter den verschiedenen christlichen Sekten, in Israel und sogar unter den verschiedenen Riten der Kirche haben die Bruderschaften ihre Freundschaft zu bezeugen.

Die Bruderschaften haben niemanden zu belehren und sollten auch nicht so tun, als ob sie dies täten. Sie sind verpflichtet, ihre Botschaft der geschwisterlichen Freundschaft durch einfache Treue zu der spirituellen Bewegung zu leben, die aus dem Herzen und dem Leben des demütigen Freundes der Tuareg kommt.

René Voillaume, Gründer der Kleinen Brüder Jesu
Übersetzung: Marianne Bonzelet

Charles de Foucauld und seine Beziehungen zu den Mitmenschen

Das bis in unsere Tage oftmals immer noch vorherrschende Bild von Charles de Foucauld als dem Einsiedler in der Wüste erfährt durch das Studium seiner zahlreich hinterlassenen Briefe eine wichtige Korrektur. Denn sie offenbaren nicht nur wesentliche Grundzüge seines Charakters und daraus resultierende Lebensprojekte, sondern auch, mit wie vielen Menschen er in Verbindung stand und Freundschaften pflegte und dass die Geschwisterlichkeit durchaus zu dem „Einsiedler" gehört. (Red.)

Die grundlegenden Charakterzüge Charles de Foucaulds

Das Leben Charles de Foucaulds erscheint unerschöpflich zu sein. Je mehr man sich darauf einlässt, desto mehr ergeben sich neue Perspektiven, die ein immer helleres Licht auf das Werden seiner Persönlichkeit und auf die Entfaltung seiner Berufung werfen. Liest man seine Biografie im Hinblick auf seine Beziehungen zu den Mitmenschen, so entsteht zunächst der Eindruck, es gäbe ein Dilemma und einen Widerspruch zwischen seinem einsiedlerischen Lebensstil und seinen Projekten für ein Gemeinschaftsleben. Wenn man dann aber bei näherem Hinsehen die vorherrschenden Charakterzüge seines Temperamentes in Betracht zieht, die sowohl in den 28 Jahren vor seiner radikalen Umkehr als auch in den 30 Jahren danach offenkundig sind, dann löst sich dieser scheinbare Widerspruch auf.

Es sind vor allem drei Eigenschaften auszumachen, die Charles de Foucauld prägen: Da ist einmal ein Drang zur Unabhängigkeit mit einer Allergie gegen das Leben in Gruppen, sodann ein Drang zum Tätigsein und zum Schaffen von Neuem und schließlich ein Drang nach Freundschaft und danach, zu lieben und geliebt zu werden, sich mit anderen auszutauschen und zu teilen.

Anhand dieses Musters können wir die Realität seines Alleinlebens und seiner Gemeinschaftsprojekte näher betrachten.

Einsam trotz echter Freundschaften

Sobald der junge Charles ins Gymnasium einzieht und später zum Militär kommt, reagiert er mit Trägheit oder exzentrischen Verrücktheiten. Er kann das Leben in der Gruppe nicht ertragen. Als es ihn aber langweilt, weil er das Nichtstun nicht erträgt, lässt er sich wieder ins Militär eingliedern und verausgabt sich in langen Märschen in der Wüste und im Lagerleben. Zurück in der Kaserne träumt er von Reisen und nimmt Abschied vom Militär. Nach seiner Entdeckungsreise durch Marokko macht er – zum Großteil allein – eine dreimonatige Erkundungsreise in den Süden Algeriens und nach Tunesien, bevor er sich wieder allein in einer Wohnung in Paris einmietet, um seine Forschungsberichte zu schreiben.

In diese Zeit, im Juli 1886, fällt ein Ereignis, das ihn sehr betroffen macht. Als Reserveoffizier möchte er seinem ins Exil gehenden früheren Regimentskommandeur, der zur königlichen Familie gehört, im Namen seines Regiments Grüße überbringen. Dies wird als Provokation empfunden, sodass er auf Beschluss des Präsidenten der Republik während einer Militärübung in Tunis am 12. September 1886 aus seinem Regiment ausgeschlossen wird. Daraufhin empfindet er „eine unerwartete Einsamkeit“, so steht es in einer seiner Meditationen in Nazaret.[1]

1 Siehe dazu Näheres in: P. Sourisseau, Charles de Foucauld, Biographie, Paris 2016, 133f.

So erlebt Charles so manche emotionale Enttäuschung, die sich auf sein Verhalten auswirkt. Dessen ungeachtet gibt es seit seiner Kindheit Beziehungen, die sein ganzes Leben prägen. Seine Cousine, Marie Moitessier, spätere Vicomtesse de Bondy, ist als Erste zu nennen. Sie war für ihn die idealisierte Frau, wie eine Mutter oder ein Schutzengel. Da war seine Schwester Mimi, die ihm zur Zeit seiner Marokkoreise eine große Stütze war; dann gibt es die andere Mimi, Marie C., deretwegen er aus dem Militär entlassen wurde, und Marie Titre, die er im Jahr 1885 beinahe geheiratet hätte. In seinem Testament zitiert er zwei Männer: Gabriel Tourdes, den Freund der Kindheit, dem er immer verbunden blieb, obwohl er seinen Glauben nicht teilte, und Henri Laperrine, der sein unvergleichlicher Freund wurde. Aus dieser Zeit stammen auch die Freundschaften mit Antoine de Vallombrosa, mit Motylinski, mit Balthasar und Henry Duveyrier, der Selbstmord beging, bald nachdem Charles bei den Trappisten eingetreten war. Zu nennen wären noch viele andere Beziehungen, z. B. jene mit Ben Simoun und mit Hadj Bou Rhim, denen er in Marokko begegnet war. Unabhängigkeit, Neues entdecken und Freundschaft machen sein Leben aus.

Auf der Suche

Als Charles de Foucauld Ende Oktober 1886 in der Kirche St. Augustin ein Gespräch mit Abbé Huvelin sucht, vollzieht sich in ihm eine persönliche Begegnung mit Gott, die seinem Leben eine neue Richtung gibt. Die Nähe zu seiner Kusine Marie hatte ihn für diese Begegnung geöffnet. Doch bleibt er derselbe Mensch, der Glaube verändert nicht seine ursprüngliche Natur und sein ureigenes Temperament. Seine nahen Verwandten merken zunächst nichts, erst nach und nach spüren sie die Veränderung in ihm. Als Mann der Tat fragt er sich sofort: „Was soll ich nun tun?" Abbé Huvelin verlangt von ihm zu warten. Um die Zeit zu verkürzen, rät er ihm zu einer Pilgerfahrt ins Hl. Land. Diese unternimmt er allein. Danach geht die Suche weiter. Man würde erwarten, dass er sich auf ein Leben vorbereitet, in dem er allein seinen Weg geht. Doch in Nazaret war er Jesus begegnet, der in diesem Dorf in Schlichtheit und in einfacher Alltäglichkeit gelebt hat. So kann der Orden der Kartäuser für ihn nicht in Frage kommen. Im Jahr 1890 tritt er bei den Trappisten ein, wo er sich in ein Gemeinschaftsleben einzufügen hat. Schon nach kurzer Zeit fühlt er sich bei ihnen nicht mehr ganz wohl.

Der Gehorsam fällt ihm am schwersten. Aus Liebe nimmt er alles auf sich, doch auf Dauer kann das nicht gehen. So wächst in ihm der Wunsch, etwas anderes zu leben, so wie es ihm bei seinem Aufenthalt als Pilger in Nazaret aufgegangen ist.

Regelentwurf und Austritt aus dem Trappistenorden

Die Trappisten werden später erklären, dass Bruder Marie-Alberic – so heißt er jetzt – den Orden liebte und auch einige Trappisten, dass er aber nie wirklich in seinen Geist eingedrungen ist. Abbé Huvelin kann ihn lange hinhalten, doch im Juni 1896 hält Bruder Marie-Alberic es nicht mehr aus. Auf vier Seiten kreiert er eine „Kongregation der Kleinen Brüder Jesu". Der Rahmen, den er für sie vorsieht, ist viel strenger als jener des Trappistenordens. Abbé Huvelin versucht umsonst, ihn davon abzubringen.

Darin schreibt er in der Mehrzahl: „Wir wollen ... wir suchen ... wir beten", so als ob viele Brüder dieser Regel folgten. Er gestaltet sie wie einen literarischen Text: Er ist allein, erfindet aber eine Organisation für eine Gruppe. Im Februar 1897 wird er von seinen Ordensgelübden entbunden.

Gleichzeitig entstehen in diesen sieben Jahren bei den Trappisten tiefe Freundschaften, etwa mit einem seiner Lehrer und späteren Abt von Staouëli bei Algier, Louis de Gonzague, besonders aber mit Père Henri und Père Jérôme, der später Diözesanpriester in Algier wurde. Diese Freundschaften ersetzten aber nicht jene vor seiner Bekehrung. Dazu kommt noch ein intimer Briefverkehr mit seinem Cousin Louis de Foucauld, einem Agnostiker, der sich bei seiner Heirat dem Glauben öffnet.

Eine neuer, vermeintlich endgültiger Regelentwurf

In Nazaret findet er im Kloster der Klarissen eine Arbeit als Hausangestellter. Doch sehr bald beginnt er wieder, Projekte zu schmieden. Er könnte zu den Trappisten zurückkehren und Oberer werden, da könnte er anderen Gutes tun. Abbé Huvelin hält ihn davon ab. Doch andere Projekte folgen.
Mit Mutter Saint Michel von Nazaret versteht er sich am besten. Seine Beziehung zu den Klarissen bleibt sein ganzes Leben lang bestehen. Drei Tage vor seinem Tod schreibt er noch einen persönlichen Brief an sechs von ihnen, die nach ihrer Vertreibung aus dem Heiligen Land in Malta Zuflucht fanden.

Von Neuem beschäftigt er sich mit der Gründung einer Kongregation. Es ist nun im Jahr 1899 eine Regel für Einsiedler, die er als *endgültig* bezeichnet. Doch drei Jahre später, im Jahr 1901 ersetzt er „Einsiedler" durch „Kleine Brüder", der Geist der Regel ändert sich aber nicht, auch wenn er sich ab dem April 1899 *Bruder Karl von Jesus* nennt. Es findet sich darin keine Spiritualität für ein brüderliches Leben, selbst im Artikel 24 nicht, der vom Leben der Familie in Nazaret handelt: „Auch wenn sie in Gemeinschaft leben, betrachten sich diese Mönche als Einsiedler aufgrund des ewigen Schweigens". Sie haben untereinander nur spirituelle Kontakte, Konflikte werden durch das Schweigen und im Gebet geregelt. Ihr Leben ist auf persönliche Heiligung ausgerichtet; wie sie sich dabei helfen sollen, ist nicht gesagt.[2]

Die Regel wird von Abbé Huvelin völlig abgelehnt. Als sie dreimal kopiert ist, ist Charles wieder mit anderen Projekten beschäftigt und verlässt das Heilige Land.

Die Liebe drängt

Bis dahin glaubte er, es sei seine Berufung, allein zu leben, fern von allen, die ihm lieb waren. Nun spürt er den Anruf Gottes, die Menschen aus ganzem Herzen zu lieben, vor allem jene, zu denen niemand geht oder niemand gehen kann, nur er. Nach seiner Priesterweihe lässt er sich in Beni Abbès nieder, das am Rand der Sahara liegt, um seinem geliebten Marokko nahe zu sein. Sein Haus wird bald „Khaoua/Fraternität" genannt, aber nicht, weil dort Brüder wohnen, sondern weil darin jede(r) wie eine Schwester/ein Bruder empfangen wird. Er sucht weiterhin Brüder, sehnt sich aber auch nach den Menschen, zu denen nur er allein gehen kann.

Der erste Kontakt Charles de Foucaulds mit den Tuareg findet im Februar 1904 statt. Drei Jahre ist er nun schon in Beni Abbès. Da sich die Tür nach Marokko nicht auftut, beginnt er sich mehr und mehr für die südliche Sahara zu interessieren, für ein Gebiet, in dem es keine Christen gibt. Als sich die Möglichkeit ergibt, an einer Erkundungstour des Militärs teilzunehmen, ergreift er diese Gelegenheit. Bald stellt sich ihm die Frage, ob die Tuareg ihn, den Priester, wohl von den Soldaten unterscheiden werden.

2 Ein Ausschnitt der Regel findet sich in: P. Sourisseau, Biographie, 250.

Ein gutes Jahr ist er unterwegs, bis sein Entschluss feststeht und er sich nach Tamanrasset im Hoggargebirge begibt. Das Gemeinschaftsleben ist nun für ihn nicht mehr prioritär. Am 13. Juli 1905 schreibt er an Abbé Huvelin: „Man nimmt mich an ... aber ich glaube nicht, dass man andere annehmen wird ... Soll ich also bei den Tuareg bleiben? ... Je länger ich darüber nachdenke, desto mehr sage ich Ja dazu ... denn Jesus hat mich auf Ihr Wort hin hierhergeschickt, ich soll hier sein Werk weiter ausführen bis andere mich ersetzen."

Neue Perspektiven

Charles kommt am 11. August 1905 in Tamanrasset an. Mit Einverständnis der Kolonialbehörde und mit Moussa agg Amastan, dem höchsten Tuareg-Clanchef, wird hier für ihn eine Hütte gebaut. Mit dem Wissen, dass er hier allein leben wird, beginnt ein neuer Abschnitt seines Lebens, der mit dem Leben von Nazaret unvereinbar erscheint. Er denkt nun nicht mehr daran, eine Kongregation zu gründen. Das, was ihm nun am Herzen liegt, ist der Wunsch nach einem Gefährten. Aber will er das wirklich? Er ist nun allein, wie er es seit seiner Forschungsreise in Marokko niemals war, ausgenommen einige Wochen im Jahr 1904. In seinen Briefen an Marie de Bondy schreibt er, sie solle sich keine Sorgen machen, es gehe ihm gut. In Wirklichkeit, so Antoine Chatelard, leidet er sehr, auch wenn er immer wieder wiederholt, mit Jesus sei er nicht allein. Nun lebt er hier ohne Briefverkehr, ohne jemanden, mit dem er sprechen kann. Er nimmt dies auf sich, aus Liebe zu den Menschen, die hier wohnen, und weil es seine spezielle Berufung ist. Seine neuen Nachbarn aber meiden ihn, den Fremden, der in ihren Augen ein Ungläubiger ist.

Will er nun einen Gefährten, um dieser Einsamkeit zu entfliehen? Nein, er sucht einen Gefährten für die anderen. „Es ist viel besser zu zweit oder zu mehreren zu sein" schreibt er an Abbé Huvelin am 3. Dezember 1905, aber nicht wegen des Gemeinschaftslebens und auch nicht, um den Tuareg näher zu kommen, sondern um ihres Seelenheils willen. Zu zweit könnten sie das Allerheiligste aussetzen und täglich mehrere Messen lesen, falls der andere Priester ist.

Seine Schaffensfreude versiegt aber nicht. Ab dem Jahr 1907 versucht er eine Vereinigung von Gläubigen, Laien, Ordensleuten und Priestern, zu gründen. Dies wird ihn bis zu seinem Tod beschäftigen.

Ein einziges Mal und nur für einige Wochen gibt es einen Versuch des Zusammenlebens, der aber misslingt.[3] Das Leben mit einem Gefährten ist für Charles de Foucauld eine Last und keine Hilfe. Es hindert ihn daran, sein Ideal der Armut zu verwirklichen und es bringt ihn im Umgang mit den Einheimischen und noch mehr im Umgang mit den Offizieren in Verlegenheit. Obwohl er nun auf die Eucharistiefeier verzichten muss, entscheidet er sich, bei den Tuareg zu bleiben.

Ein theologischer Seitenblick

Abbé Huvelin sagte einmal zum Abt von Solesmes, Charles de Foucauld habe aus der Religion eine Liebe gemacht.[4] Damit meinte er das Liebesgebot des Evangeliums, das Charles de Foucauld für sich entdeckt hatte und zu leben versuchte. Sieht man auf die Geschichte der Theologie, so hat Thomas von Aquin für dieses Gebot des Evangeliums wohl den erhabensten Ausdruck gefunden, indem er die höchste Erfüllung der Sehnsucht des Menschen in der endgültigen Gemeinschaft mit Gott konsequent zu Ende dachte: Der dreieinige Gott hat in der Menschwerdung des Sohnes dem Menschen ein neues Sein und eine neue Würde geschenkt. Jesus hat durch sein ganzes Leben und durch sein Heilshandeln das Fundament zu einer Freundschaft gelegt, welche die Menschen im Glauben und in der Liebe zur Teilhabe am göttlichen Leben beruft und sie befähigt, als Schwestern und Brüder miteinander zu leben. So sagt Jesus in seiner Abschiedsrede zu den Jüngern: „Ich habe euch Freunde genannt; denn ich habe euch alles mitgeteilt, was ich von meinem Vater gehört habe." (Joh 15,15).

3 Siehe in: Mitten in der Welt, Heft 208, 52ff.

4 P. Sourisseau, Biographie, 147.

Eine Freundschaft trotz der Nähe zur Kolonialverwaltung[5]

Am 11. August 1905 kommt Charles in Tamanrasset an. Nachdem er die ersten Monate der Einsamkeit hinter sich hatte, beginnt er nun mit all seiner Tatkraft, das Tamahaq, die Sprache der Kel Ahaggar zu erlernen und zu erforschen. Bis an sein Lebensende am 1. Dezember 1916 wird er damit beschäftigt sein. So gelingt es ihm, das Vertrauen vieler und die Freundschaft einiger zu erwerben. Er spricht mehrmals von Personen, denen er voll vertrauen kann: „…eine so seltene Sache und eine so kostbare“.[6] Es lässt sich nur erahnen, wie seine menschliche Zuneigung zu ihnen von der Liebe Gottes durchdrungen ist.

> Die tägliche Lektüre von Thomas von Aquin mag dazu beigetragen haben, dass Foucauld erkennt, dass Gott auch in seinen muslimischen Tuareg-Freunden gegenwärtig ist und dass sie von Gott geliebt sind.

Was aber bedeutete Charles für sie, die Tuareg? Was dachten sie über ihn? Eine sichere Quelle stellen kurze Briefe dar, die erst 80 Jahre nach Foucaulds Tod in die Öffentlichkeit gelangten. Sie sind auf Stoffe oder Papierfetzen in den Schriftzeichen der Tuareg geschrieben, welche die Zensoren der Kolonialbehörde nicht zu lesen vermochten. Der ergreifendste dieser Briefe ist der Brief Nummer 11 von Moussa agg Amastan an Charles. Darin heißt es am Ende: „Verlass mich nicht. Ich bitte dich inständig: Bete viel für mich!“[7]

Will man aus Charles de Foucaulds Leben entnehmen, was wir unter geschwisterlichem Leben verstehen, dann soll man sich nicht an seine Regelentwürfe, nicht einmal an seine spirituellen Schriften halten. Erst in seinen Briefen kann man die Qualität der Beziehungen mit denen erkennen, denen er durch Familienbande, durch seinen Glauben oder durch Freundschaft nahe war. Da finden sich Personen aus allen Schichten der Bevölkerung. Man hat an die 500 Korrespondenten gezählt. Viele der Briefe sind

5 Siehe in: Mitten in der Welt, Heft 206, 82ff.

6 Charles de Foucauld, Lettres à Henry de Castries, Paris 1938, 196. [08. Januar 1913]

7 Lionel Galand, (Hg.), Lettres au Marabout, Paris 1999, S, 160ff.

rein spirituellen Inhalts, andere handeln von Angelegenheiten des Landes, alle sind herzlich und freundlich.

Wenn Charles auch das Alleinsein liebte, so lag seine Berufung doch darin, mit und unter den Menschen zu leben und aus Liebe ihnen nahe zu sein, wie das Evangelium es von Jesus berichtet. So kam es, dass es ihn zu den Menschen in die Sahara zog, von denen er meinte, sie seien aufgrund äußerst ärmlicher Lebensbedingungen und ohne den Zuspruch des Evangeliums die Ärmsten und Verlassensten. Er war sich bewusst, dass er als einziger die Voraussetzungen dafür besaß, ein solches Leben zu teilen. Und tatsächlich gab es niemanden, der es vermochte, ihm auf diesem Weg zu folgen. Trotzdem war sein Leben bis zu seinem letzten Tag von Hunderten von Beziehungen zu Frauen und Männern erfüllt, denen er durch Besuche und durch brieflichen Kontakt nahe war.

Herbert Hartl, Kleiner Bruder Jesu, Wien

Charles de Foucauld und seine Freunde

Charles de Foucauld hat zeitlebens Freundschaften gepflegt. Rege Briefwechsel mit den Weggefährten geben darüber Aufschluss. (Red.)

Gabriel Tourdes

Einer seiner ältesten Freunde ist Gabriel Tourdes, ein um ein Jahr älterer Klassenkamerad in Nancy. Wie Charles ist er aus dem von den Deutschen besetzten Straßburg. Regelmäßig kann Charles freitags, weil er das Fischgericht zuhause verabscheut, in Gabriels Familie zu Mittag essen (an anderen Tagen geht es auch umgekehrt). Beide sind viel gemeinsam unterwegs und unterhalten sich gerne und viel über philosophische Themen. Später bittet Charles Gabriel häufig um Unterstützung bei seinen Vorhaben.

Edris

Charles „verabscheut das Garnisonsleben", schreibt er seinem Freund Gabriel. Er verlässt das Militär und beginnt sein Leben zu ordnen. Er möchte sich selbst und seinen Angehörigen etwas „beweisen" und unternimmt eine Forschungsreise in das für Europäer damals unzugängliche und damit nur eingeschränkt bekannte Innere Marokkos. Um dorthin zu gelangen verkleidet Charles sich als Jude und sucht sich einen jüdischen Führer: Mardochai. Juden wurde in Marokko wenig Achtung entgegengebracht. Wo es geht, nehmen sie bei Juden Unterkunft, denn würde seine wahre Identität erkannt, bestünde für Charles Lebensgefahr. Mindestens dreimal geriet er in Situationen, in denen sein Leben aus diesem Grund in Gefahr geriet. So zum Beispiel anlässlich eines Aufenthalts von zehn Tagen im heutigen Boujad. Sie werden sehr wohlwollend von einem Moslem aufgenommen.

Charles Identität wird ziemlich bald entdeckt. Zwischen Edris, dem Enkel des Gastgebers und Charles entwickelt sich eine Freundschaft, die für Charles Schutz bedeutet. Gut 20 Jahre später erreicht ein Brief von Edris Charles in der Sahara. Edris hatte sich beim französischen Konsulat in Casablanca erkundigt, wie er Charles erreichen kann. Im Juni 1911 lädt Charles seinen Freund ein, ihn in Tamanrasset oder auf dem Assekrem zu besuchen.

Freundschaft – den anderen in seinem Sosein wertschätzen

Dr. Dautheville, ein junger Militärarzt, mit dem Charles sich gut versteht, erzählt von einem Gespräch, das er im August 1908 mit ihm geführt hat: Bei einem Mittagessen stellte ich ihm folgende Frage: „Glauben Sie, dass die Tuareg sich bekehren werden und dass Sie Ergebnisse erzielen werden, die Ihre Mühen lohnen?"

„Mein lieber Doktor", sagte er, „ich bin nicht hier, um auf einen Schlag die Tuareg zu bekehren, sondern um zu versuchen, sie zu verstehen und sie zu bessern (ihnen zu helfen). Ich lerne ihre Sprache, ich beobachte sie, damit nach mir andere Priester meine Arbeit fortsetzen können. Ich gehöre zur Kirche, und die hat Zeit; sie bleibt bestehen, während ich vergehe und nicht zähle. Und dann: Ich wünsche mir, dass die Tuareg einen Platz im Himmel finden. Ich bin sicher, dass der gute Gott jene in den Himmel aufnehmen wird, die gut und ehrenhaft waren, auch ohne römisch-katholisch zu sein. Sie sind Protestant, [...] Teissère ist ungläubig, die Tuareg sind Muslime: ich bin überzeugt, dass Gott uns alle aufnehmen wird, wenn wir das verdienen; und ich versuche, die Tuareg zu bessern, damit sie das Paradies verdienen."

Joseph Hours

Eine Freundschaft besonderer Art entwickelt sich zwischen Charles und Joseph Hours aus Lyon, einem sieben Jahre älteren Kaufmann, der drei Jahre in Rom gelebt hatte und viel nachdenkt über die Kirche und die Rolle der Laien in ihr. Sein Anliegen war es, die Mauer zu durchbrechen, die Priester und Laien voneinander trennt – am besten mit Hilfe einer Organisation, die beide zusammenführt und der Förderung von Gebet und handeln als Christ in der Welt dient. Hours erfährt von den Plänen Charles, eine Art Bruderschaft ins Leben zu rufen, die ähnliche Ziele verfolgt. Er lässt sich als vierter Interessent eintragen. Ein umfangreicher Briefwechsel der beiden beginnt, in dem es u.a. immer wieder darum ging, wie man den Gottesglauben den Menschen nahe bringen könne. Für Foucaulds Empfinden drängt Hours dabei zu sehr auf ein straffes Apostolat, während für Charles an erster Stelle steht, ein gutes und einladendes Beispiel zu sein und Freundschaften zu leben. So schreibt er am 3. Mai 1912 an Hours: „Allen kämpferischen Geist weit von uns weisen. Jesus hat uns gelehrt, wie Schafe mitten unter die Wölfe zu gehen, keine bitteren, harten Worte zu gebrauchen, niemanden zu beschimpfen. Also: *Immer wieder selbst das Evangelium lesen, um die Taten, Worte und Gedanken Jesu stets gegenwärtig zu haben, um denken, sprechen und handeln zu können wie Jesus.*"

Apostolat der Freundschaft

In einem Bericht über Bruder Karl bemerkt General Laperrine u.a.: „Durch sein fröhliches Wesen, seine Güte, seinen Takt, seine Weite erobert er alle Herzen. Die meisten Europäer, die ihn in der Sahara kennengelernt haben, sind mit ihm in Briefkontakt geblieben, vertrauen ihm ihr Leid und ihre Freuden an, oft bitten sie ihn um Rat. Unter den Letzteren kenne ich einen Israeliten, mehrere Protestanten und einen früheren Sekretär der revolutionären Jugend Südfrankreichs. – Den gleichen Erfolg hat er bei den Einheimischen …

In einem Brief vom 6. März 1908 an den apostolischen Administrator der Sahara Guérin vermerkt Bruder Karl, die Bevölkerung im Hoggar sei verbindlicher als anderswo und er habe mit vielen „freundschaftliche Beziehungen" knüpfen können.

Zu den Tuareg hält Bruder Karl ursprünglich diskrete Distanz als Fremder. Seine Einsiedelei liegt jenseits des meist trockenen Flussbetts. Doch seit seiner Erkrankung Anfang 1908, die er dank ihrer Hilfe bewältigt, werden ihm einige von ihnen zu sehr guten Freunden, mit denen er über alles sprechen kann. Davon berichtet er mehrfach in seinen Briefen an seine Kusine Marie de Bondy. In einer Mitteilung an den Unteroffizier Garnier vom 23. Februar 1913 schreibt er: „Vier der besten Freunde kann ich um jedweden Rat, Hinweis oder Dienst bitten und sicher sein, dass sie die Bitte erfüllen, so gut sie nur können." Die Beispiele zeigen, wie er versucht ein Apostolat der Freundschaft in seinem Leben konkret werden zu lassen. In einem Brief an Hours vom 10. Februar 1914 schreibt er dazu: „Wir können engere Beziehungen anknüpfen mit Menschen, die lau im Glauben geworden sind oder ihm fernstehen, um sie allmählich, durch Geduld, Sanftmut, Güte, mehr durch den Einfluss christlicher Tugend als durch Ratschläge, zu einem christlichen Leben oder zum Glauben zu führen. Wir können mit Menschen, die die Religion völlig ablehnen, in freundschaftliche Beziehung treten, um ihre Vorurteile durch Güte und Tugend zu zerstreuen und sie so einschlussweise zu Gott zu führen … Wir müssen mehr mit unserer Umwelt verkehren, mit guten Christen, um das Feuer unserer Gottesliebe zu erhalten, und mit solchen, die nicht mehr praktizieren, nicht um gesellschaftliche Beziehungen mit ihnen zu suchen, sondern herzliche Zuneigung, und um diese Menschen dahin zu bringen, dass sie uns achten und vertrauen und sich dadurch mit unserem Glauben aussöhnen. Man muss in Frankreich ebenso Missionar sein wie in heidnischen Ländern, und das ist ein Werk, das wir alle tun müssen, Geistliche und Laien, Männer und Frauen."

Jürgen Rintelen, Priestergemeinschaft, Baldham

Freundschaft

Das Fremde im Anderen verkraften
Den ungestillten Rest
bejahen
Die Droge des Totalen
eintauschen
gegen das köstlichere
Fragment
Agent werden
nicht Patient

Wilhelm Bruners

Das Vaterunser als geschwisterliches Gebet

Seine Bedeutung für das geistliche Leben von Charles de Foucauld

Charles de Foucauld widmet dem Vaterunser immer wieder Zeiten der Meditation und Betrachtung. Er findet auf diese Weise zu einer ganz eigenen Deutung dieses christlichen Grundgebets und macht in seinen geistlichen Schriften deutlich, wie bedeutsam es ist, das Vaterunser als Gebet der Kinder Gottes, nämlich als Gebet der Geschwister füreinander zu verstehen. (Red.)

Alle Menschen bilden eine große Familie

In den geistlichen Schriften von Charles de Foucauld finden sich zahlreiche Stellen, in welchen er das Vaterunser oder einzelne Bitten betrachtet. Das Gebet des Herrn ist für die Spiritualität von Foucauld von zentraler Bedeutung. Denn der Betende wird Zeuge für die universale barmherzige Liebe Gottes (universelle charité), die grenzenlos ist und stets das Heil für alle Menschen erbitten will. Die Reichweite dieses Gebetes ist universal, weil Foucauld ganz selbstverständlich eine theologische Intuition ins Wort bringt, die sein Fühlen, Denken und Handeln bestimmt, ja seine Nazareth-Spiritualität trägt: „[A]lle Menschen bilden eine große Familie; alle sind

Brüder [und Schwestern], Gott ist der gemeinsame Vater.“[1] Die universale Weite seines Denkens ist der eigentliche Nerv der geistlichen Theologie und damit auch der Spiritualität von Foucauld. Deutlich wird dies an einer entscheidenden Passage aus seinen Regelwerken, die biographisch gesehen, die spirituelle Klammer zwischen dem frühen und späten Foucauld bilden. Foucauld bringt in seiner Regel für die kleinen Brüder (1899/1901), für die kleinen Schwestern [1902] und im Directoire für die Schwestern und Brüder der Union (1909/1913) das Wesen und den Auftrag der Spiritualität der kleinen Brüder und Schwestern Jesu mit folgender Beschreibung ins Wort:

„‚Ihr habt einen Vater im Himmel', ‚Gott hat den Menschen nach seinem Bilde geschaffen', ‚was ihr einem von diesen Geringsten tut, das tut ihr mir': diese drei Worte genügen, um den Kleinen Brüdern [Kleinen Schwestern] ihre Pflicht der unermesslichen und universalen barmherzigen Liebe gegenüber den Menschen zu zeigen, die alle ‚Kinder Gottes', ‚Ebenbilder Gottes' und ‚Glieder Jesu' sind. Getreu ihrem Namen, dem Zeichen der unendlichen Liebe, das sie auf ihrer Brust tragen, und ihrem göttlichen Vorbild tragen sie alle Menschen in ihrem Herzen, wie ihr Bruder und Bräutigam Jesus, der ohne Ausnahme für alle Menschen gestorben ist.“[2]

Im Directoire, das er 1909 verfasst und dem er 1913 seine abschließende Form gibt, nimmt Foucauld nur die Anpassung vor, die für die Gebetsgemeinschaft der Union erforderlich ist. Dort schreibt er:

„‚Ihr habt einen Vater im Himmel', ‚Gott hat den Menschen nach seinem Bilde geschaffen', ‚was ihr einem von diesen Geringsten tut, das tut ihr mir': diese drei Verse genügen, um den Brüdern und Schwestern ihre Pflicht der unermesslichen und universalen barmherzigen Liebe gegenüber den Menschen zu verdeutlichen, die alle ‚Kinder Gottes', ‚Ebenbilder Gottes' und ‚Glieder Jesu' sind. Sie werden alle Menschen in ihrem Herzen tragen, wie Jesus, der ohne Ausnahme für alle Menschen gestorben ist.“[3]

Foucauld treibt hier keine Theologie, vielmehr kommt hier seine geistliche Erfahrung ins Wort, die er seit seiner Bekehrung im Oktober 1886 im

---

1 Ch. de Foucauld, Méditations sur les Psaumes. Œuvres spirituelles du Père Charles de Foucauld. Volume II-III (enrichissement), Montrouge 2002, 203.

2 Ch. de Foucauld, Règlements et Directoire. Œuvres spirituelles du Père Charles de Foucauld. Volume XI-XII., Montrouge 1995, 226. Vgl. in der Regel der kleinen Schwestern: Ebd., 473.

3 Ebd., 636.

Herzen trägt und bei seinem Aufenthalt in Nazareth (1897–1900) in zahlreichen Meditationen und Betrachtungen zu Wort bringt und niederschreibt. Maurice Bouvier hat Foucauld zurecht als „théologien mystique“ bezeichnet.[4] Denn Foucauld hat erfahren, dass Gottes Liebe allen Menschen gilt und er will mit allen Fasern seines Seins dafür eintreten, dass dies in seinem Leben als kleiner Bruder Jesu sichtbar und erfahrbar wird. Foucauld schöpft aus den Zeiten der stillen Anbetung und der Begegnung mit Heiligen Schrift, vor allem aus den Evangelien. Für ihn spricht die Heilige Schrift stets vom Menschen, den Gott erschaffen und dem Gott durch das Handeln seines Sohnes das Heil eröffnet hat. So sehr Foucauld im Herzen ein kirchlicher Mensch ist, so unverrückbar ist seine Überzeugung, dass alle Menschen Gott den Einen zum gemeinsamen Vater haben wie auch alle (!) Menschen Glieder Christi sind.[5]

Das Vaterunser als Gebet für alle Menschen

Menschwerdung, Tod und Auferstehung des geliebten Sohnes sind die Bestätigung einer universalen Liebe. Foucauld ist sicher:

> „Jesus hat neue Bande zwischen den Menschen geknüpft und ihnen eine wunderbare Würde gegeben, die sie zu wirklich heiligen Wesen macht.“[6]

Foucauld zieht für das Vaterunser aus diesen Überlegungen einen weitreichenden Schluss. Kein Mensch darf für sich allein zu Gott beten. Wenn die Heilige Schrift davon Zeugnis gibt, dass Gott der Vater aller Menschen ist,

4 M. Bouvier, Le Christ de Charles de Foucauld. Paris 2004, 327.

5 „Jesus ist das Haupt des Menschengeschlechts; das ganze Menschengeschlecht ist sein Leib; jeder Mensch ist wirklich ein Glied Jesu; alles Gute und Böse, das einem Menschen angetan wird, wird einem Glied Jesu angetan, das heißt, Jesus selbst. Denn der Fuß oder die Hand Jesu ist in Wahrheit Jesus selbst; in diesem Sinne und aus diesem Grund hat Jesus gesagt: ‚Was ihr einem von diesen Geringsten tun werdet, das werdet ihr mir tun.‘“: Ch. de Foucauld, La bonté de Dieu. Œuvres spirituelles du Père Charles de Foucauld. Volume VI., Tome 1, Montrouge 1996, 117.

6 Ch. de Foucauld, Petit frère de Jésus. Œuvres spirituelles du Père Charles de Foucauld. Volume VII., Montrouge 2005, 151f.

seine Liebe also nicht nur den kirchlich glaubenden Menschen gilt, sondern allen, die er ins Dasein gerufen hat, dann ist das Vaterunser nicht nur das Gebet des einzelnen vor seinem Gott. Es ist vielmehr das Gebet der Kinder Gottes, die zu ihrem gemeinsamen Vater beten und die um ihre Verbundenheit in Gott wissen und einander im Gebet im Blick haben. Deshalb kennt Foucaulds Beten keine Grenzen. Er fühlt sich berufen, für alle Menschen zu beten, ganz gleich, ob sie der verfassten Kirche angehören, einer anderen Religion oder gar nicht glauben. Das Menschsein und damit die Tatsache, dass alle Menschen Ebenbilder und Kinder Gottes sind, Jesus Christus für alle Menschen sein Blut vergossen hat und durch die Zeit im Geringsten der Menschen gegenwärtig ist (Mt 25,40), sind für ihn die entscheidenden biblisch-theologischen Hinweise. Noch in seiner Zeit im Trappistenorden geht ihm die gemeinschaftliche Dimension des Betens auf. Er weiß:

„Deshalb [darf ich] in jedem Artikel des Vaterunsers nicht für mich allein beten, nicht für mich allein bitten, sondern [muss] sehr darauf achten, für alle Menschen zu bitten, für ‚uns', alle von ihm geliebten Kinder unseres Herrn, für ‚uns', alle, die er mit seinem Blut erlöst hat." [7]

Diese gemeinschaftliche Dimension schließt die innige Vertrautheit des Einzelnen mit seinem Vater nicht aus, sondern ein. Foucauld schreibt an anderer Stelle:

„Wie sehr muss ich immer auf dich hoffen, weil du mein Vater bist, mein Gott! Aber da du so gut zu mir bist, muss ich auch gut zu anderen sein! Da du mein Vater und der Vater aller Menschen sein willst, wie sehr muss ich für jeden Menschen, wer er auch sein mag, wie schlecht er auch sein mag, die Gefühle eines zärtlichen Bruders haben! Deshalb [braucht es]: Betroffensein, Dankbarkeit, unveränderliches Vertrauen und Hoffnung, kindliche Liebe zu Gott und brüderliche Liebe zu den Menschen."[8]

7 Ch. de Foucauld, Méditations et Explications de l'Évangile (1896-1915). Œuvres spirituelles du Père Charles de Foucauld. Volume VII., Montrouge 2003, 65.

8 Ebd., 59.

Das Vaterunser als geschwisterliches Gebet

Das Vaterunser ist also das Gebet, in welchem diejenigen, die bereits um ihr gottgegebenes Geschwistersein wissen, alle Ressentiments hinter sich lassen und füreinander eintreten und darum bitten, dass alle Menschen, die von Anbeginn zu Gott gehören, als Kinder des einen Vaters das Heil erlangen und gerettet werden.

„Euer Vater im Himmel will nicht, dass einer von diesen Kleinen verloren geht'. [Daraus folgt] die Nächstenliebe: alle Menschen zärtlich lieben, da Gott will, dass alle eines Tages mit uns im Himmel sind. ... für alle Menschen beten, mit aller Kraft".[9]

Das Vaterunser ist für Foucauld stets ein geschwisterliches Gebet. Es ist für ihn zum einen das Gebet um geistliche Stärkung derer, die durch ihr Leben die barmherzige Liebe des einen Vater bereits bezeugen und es ist zum anderen ein stellvertretendes Gebet für diejenigen, die den Vater Jesu Christi noch nicht kennen. Wer das Vaterunser betet, betet aus der Sicht von Foucauld immer für alle Menschen offenen Herzens, dass diese sich von der göttlichen Liebe berühren lassen, sich als Kinder des einen Vaters verstehen lernen und das Heil erlangen.

Wer das Vaterunser betet, betet immer für alle Menschen offenen Herzens, dass diese sich von der göttlichen Liebe berühren lassen, sich als Kinder des einen Vaters verstehen lernen und das Heil erlangen.

„Alle Bitten, die im Vaterunser enthalten sind, haben zwei Dinge gemeinsam: 1. dass sie für alle Menschen ohne Ausnahme gedacht sind. 2. dass sie nur um geistliche Güter bitten. Sie lassen sich daher bis zu einem gewissen Grad in den folgenden kurzen Worten zusammenfassen:

---

9 Ebd., 74f.

‚Mein Gott, lass alle Menschen in den Himmel kommen'. Amen".[10]

Es ist wenig bekannt, dass Foucauld in Beni Abbès einen Katechismus verfasst hat, um Katechetinnen und Katecheten, die in der Sahara den christlichen Glauben verkünden wollen, ein Vademecum an die Hand zu geben. Anders als in seinen geistlichen Schriften formuliert Foucauld überwiegend aus der Sicht des kirchlichen Lehramtes. Seine Deutung des Vaterunsers ist dagegen zutiefst von der universalen Perspektive bestimmt, die zur Grunderfahrung seiner Nazareth-Spiritualität gehört. Im Stil der Unterweisung formuliert er:

„Alles, worum wir Gott im Allgemeinen bitten müssen, ist in einem sehr heiligen Gebet zusammengefasst, das unser Herr Jesus gelehrt hat und das Vaterunser oder Gebet des Herrn genannt wird. (...)
Wenn wir sprechen: ‚Dein Name werde geheiligt', bitten wir Gott, dass alle Menschen ihn in diesem und im nächsten Leben verherrlichen; wenn wir sprechen: ‚Dein Reich komme', bitten wir Gott, dass alle Menschen ihn als ihren geliebten König betrachten und all ihre Zeit und Kraft darauf verwenden, ihm vollkommen zu gehorchen; wenn wir sprechen: ‚Dein Wille geschehe, wie im Himmel so auf Erden', bitten wir Gott, dass alle Menschen Ihm in jedem Augenblick ihres Lebens so vollkommen gehorchen, wie es die Engel tun; wenn wir sprechen: ‚Unser tägliches Brot gib uns heute', bitten wir Gott, uns und allen Menschen, unseren Brüdern und Seinen Kindern, die Heilige Eucharistie zu geben, die unser wahres Brot und unser wahres Leben in dieser Welt ist; wenn wir sprechen: ‚Vergib uns unsere Schuld, wie auch wir vergeben unseren Schuldigern', bitten wir Gott für uns und für alle Menschen um Vergebung für alle Sünden, die sie und wir begangen haben, und wir bezeugen, dass wir unseren Schuldigern von ganzem Herzen vergeben; wenn wir sprechen: ‚Lass uns nicht in Versuchung geraten', bitten wir Gott, uns und allen Menschen zu helfen, damit wir Ihn niemals beleidigen; wenn wir sprechen: ‚Erlöse uns von dem Bösen', bitten wir Ihn, uns und alle Menschen in jedem Moment unseres Daseins in diesem und im nächsten Leben von dem einen Bösen, der Sünde, zu befreien."[11]

---

10 Ch. de Foucauld, L'Évangile présenté aux pauvres (...) du Sahara, Paris 1947, 116.

11 Ebd., 115f.

Ohne es hier ausdrücklich zu sagen, geht Foucauld davon aus, dass im Beten des Vaterunsers jeder Mensch als Bruder oder Schwester seiner Mitmenschen nicht bei den eigenen geistlichen Bedürfnissen stehen bleibt, sondern ihm, wie dem Vater selbst, das Wohl eines jeden Menschen und der geschwisterlichen Menschheitsgemeinschaft ein Herzensanliegen ist.

Joachim Kittel, Union-Netzwerk Charles de Foucauld, Amoltern

Was beim Gebet immer, immer vorherrschen muss, das ist die Liebe. Was für ein Gebet es auch sei, was ihm seinen Wert gibt, ist die Liebe, mit der es verrichtet wird. Es bleibt ewig wahr, dass das beste Gebet jenes ist, das am meisten von Liebe erfüllt ist.

Charles de Foucauld

Große und kleine Brüder

Was zeichnet einen großen Bruder aus? Er ist Ratgeber und Helfer, zugleich aber einer, der dem kleinen Bruder hilft, zu wachsen, seine eigene unverwechselbare Persönlichkeit zu entfalten. (Red.)

Shenouda ist drei Jahre alt und lernt gleich zwei Sprachen: Bei seinen aus Syrien stammenden Eltern Arabisch und im Kindergarten Deutsch. Er hat eine ältere Schwester namens Rafka und der große Bruder heißt Bedek. Mich kennt er unter dem Namen „Bruder Andreas" und freut sich immer, wenn ich mit ihm Lego spiele. Als ich wieder einmal zu Besuch war, übten wir ein paar deutsche Sätze. Zum Beispiel: „Rafka ist meine Schwester." Shenouda wiederholt diesen Satz auf seine drollige Art. Dann frage ich ihn nach Bedek: „Und wer ist dein Bruder?" – Wie aus der Pistole geschossen kommt: „Bruder Andreas!" Die ganze Familie bricht in Lachen aus. Aber ich bestätige dem Kleinen: „Ja, du hast völlig recht: Bruder Andreas ist dein Bruder!"

Normalerweise lasse ich mich nicht „Bruder Andreas" nennen. Als ich aber damit begonnen habe, zu syrischen Christinnen und Christen Kontakte aufzubauen, habe ich mich so vorgestellt. Denn auf diese Weise konnten sie mich als Christen und Mitglied einer Ordensgemeinschaft leichter zuordnen, was für den Aufbau von Vertrauen wichtig war.

Ganz schnell rutschte ich in die Rolle des großen Bruders, der sich um vieles kümmert: Begleitung zur Ausländerbehörde, Ausfüllen der Papiere fürs Jobcenter und die Krankenkasse ... Wenn man Fragen oder Sorgen hat, so kann man den großen Bruder um Hilfe bitten. Darin lauert eine Ambivalenz. Denn eine solche Rolle kann einem schmeicheln. Ich ertappte mich dabei, dass ich mich in der Rolle eines unentbehrlichen Spezialisten wohlfühlte. Und die Familie lehnte sich bequem zurück: Bei Problemen kann man jederzeit Bruder Andreas anrufen. Um dieser Falle zu entgehen, habe ich mich bemüht, „Hilfe zur Selbsthilfe" zu leisten. Ich versuchte zu erklären, warum und wie bestimmte Papiere ausgefüllt werden müssen. Dann sollten es die Syrerinnen und Syrer selbst versuchen und ich war gerne bereit, einen kritischen Blick drauf zu werfen. So gelang es, dass sich einige Familien, die ich begleite, inzwischen völlig selbständig um Anträge und Formulare kümmern. Andere allerdings bleiben immer noch auf meine Hilfe angewiesen …

Es ist verführerisch, die Rolle des großen Bruders zu spielen. Das gibt einem eine Wichtigkeit und soziale Anerkennung. Aber selbst Jesus, der sich sogar „Meister" nennen lässt, legt Wert darauf, dass seine Schüler immer unabhängiger von ihm werden. „Jeder, der alles gelernt hat, wird wie sein Meister sein." (Lk 6,39) In diesem Sinne verabschiedet sich Jesus auch rechtzeitig: „Es ist gut für euch, dass ich gehe." (Joh 16,7) Denn so können die Jünger das Werk Jesu weiterführen, von seinem Geist beseelt, doch zugleich als eigenständige Persönlichkeiten. Dass es zwischen diesen immer wieder zu Rangeleien um den ersten Platz kommt, hatte Jesus auch erleben müssen und schärft ihnen ein: „Ihr alle aber seid Brüder!" (Mt 23,8)

Für Charles de Foucauld spielt das Brudersein eine zentrale Rolle. Er sucht die familiäre Verbundenheit mit Jesus, an den er sein Herz verloren hat. „Nazaret" wird für ihn zum Wunschbild: Er will so einfach und zurückgezogen leben wie Jesus in Nazaret. Er stellt sich vor, an diesem Ort wie der „kleine Bruder Jesu" mit dem großen und einzigartigen Vorbild („le model unique!") zusammenzuleben und an ihm Maß zu nehmen. Diese Idee weitet sich und Charles erkennt, dass Nazaret kein geographischer, sondern ein spiritueller Ort, ja eine Lebensweise ist. Und daher überall gelebt werden kann.

Bruder Jesu wird man dadurch, dass man allen Menschen zum Bruder, zur Schwester wird. Ganz auf dieser Linie verändert Charles, der anfangs eine Gemeinschaft als Zusammenschluss von „Eremiten" gründen wollte, seine Ordensregeln: Er streicht das Wort „Eremit" durch (und zwar in allen Fassungen und Kopien seiner Regel!) und schreibt „Kleine Brüder" darüber.

Bei dieser Veränderung geht es um mehr als nur um den Austausch von Wörtern.

Bruder Jesu wird man dadurch, dass man allen Menschen zum Bruder, zur Schwester wird.

Die neue Wortwahl „Bruder und Freund aller Menschen" oder „universale Bruderschaft" weist auf eine innere Entwicklung hin. Charles erkennt, dass er als Eremit die „anderen“ nicht mehr nur abstrakt ins Gebet nehmen kann. Vielmehr muss er aus der abgeschiedenen Klause von Nazaret aufbrechen und die Nähe der Menschen suchen. Das Maßnehmen am Leben Jesu macht ihm deutlich, dass man Gott nur lieben kann, wenn man sich zugleich den Menschen zuwendet, um ihnen Freund und Bruder zu werden. Diese gewaltige Kehrtwendung lässt Charles dorthin ziehen, wohin seiner Auffassung nach auch Jesus gehen würde: Zu Menschen, die vom Evangelium weit entfernt sind. Er kehrt wieder in die Sahara zurück, lebt unter Muslimen, unter den Ärmsten der Armen. Er bemüht sich, seine Gaben und Fähigkeiten selbstlos in den Dienst der anderen zu stellen.

Die Beziehung zu Jesus, die er im persönlichen Gebet, in der Feier der Eucharistie und in der Stille pflegt, weitet sich zu einem großen Beziehungsnetz. Im Jahr 1902 schreibt er: „Mein Wunsch ist es, dass alle Einwohner dieses Landes – Christen, Muslime, Juden und Heiden – mich als ihren Bruder betrachten, den Bruder aller Menschen. Sie fangen an, mein Haus *la fraternité* (die Bruderschaft) zu nennen und darüber freue ich mich!“

In seiner Ordensregel formuliert er für die Brüder: „Sie schauen nicht auf die Person und machen keinen Unterschied. Ihre brüderliche Liebe zu allen Menschen soll wie ein weithin sichtbares Licht strahlen; im weiten Umkreis soll jeder, auch der Sünder und Ungläubige, wissen, dass sie Freunde, Brüder aller Menschen sind; dass sie für alle beten; dass sie allen Gutes tun; dass ihre Bruderschaft ein Hafen, eine Asylstätte ist, wo jeder Mensch, vor allem der arme und unglückliche, zu jeder Stunde als erwünschter Gast herzlich willkommen ist.“

Auch hier muss Charles noch lernen, seine hohen Ideale in die kleinen Münzen des Alltags umzuwechseln. Denn er kann ja nicht Bruder *aller* Menschen sein. Und er kann auch nicht jeden auf die gleiche Weise lieben. Aber er kann Bruder einiger konkreter Menschen werden – und das versucht er mit großem Einsatz. Die Spiritualität von *Nazaret* fordert also gerade nicht dazu auf, in einer universalen Menschheitsliebe zu schwelgen – nach dem Motto „Seid umschlungen, Millionen!“ Vielmehr realisiert sich die Liebe darin, den Menschen an meiner Seite anzunehmen. Dabei stößt man sehr schnell an dessen Schranken. Und an die eigene Beschränktheit. Rascher als gedacht erreichen wir das Limit der eigenen Toleranz und Liebesfähigkeit. Aber nur konkrete Liebe – und sei sie noch so begrenzt – ist wirklich.

In der einsamen Zelle des Trappistenklosters hatte Charles schöne Texte über die Liebe zu allen Menschen geschrieben. Doch die Sahara holt ihn auf den Boden der Wirklichkeit. Bei den langen Märschen durch die Wüste hat Charles auch manche Konflikte durchzustehen. Er stolpert über die eigenen Ecken und Kanten und reibt sich an den Mucken und Macken der anderen. Jetzt muss sich seine Liebe konkret bewähren – und zwar an wirklichen Menschen! Vielleicht hat er in dieser Zeit etwas von der Weisheit der orientalischen Christen erfahren: *Liebe ist Geduld mit den andern. Hoffnung ist Geduld mit sich selbst. Glaube ist Geduld mit Gott.*

> Rascher als gedacht erreichen wir das Limit der eigenen Toleranz und Liebesfähigkeit. Aber nur konkrete Liebe – und sei sie noch so begrenzt – ist wirklich.

Als Charles im Jahr 1908 schwer an Skorbut erkrankt, kommt er an seine Grenzen. Er ist völlig hilflos und bewegungsunfähig geworden. So ist er auf die Gastfreundschaft der Einheimischen angewiesen, die ihren „Wohltäter" nun endlich wie ihren Bruder behandeln können. Jetzt, wo er sich gänzlich gelähmt und ohnmächtig fühlt, können die Tuareg ihm auf der Ebene der Gleichheit begegnen und das mit ihm teilen, was sie noch haben: Ein wenig Ziegenmilch, die sie aus dem ganzen Umkreis zusammenholen. Damit retten sie sein Leben. In dieser Situation auf Leben und Tod vermag Charles die wichtige Erfahrung zu machen, dass Solidarität nicht nur darin besteht, den anderen etwas zu geben. Sondern auch von anderen das anzunehmen, was sie ihrerseits mit ihm teilen können.

Als „Bruder Andreas" nehme ich daher auch die Hilfe meiner syrischen Geschwister gerne an. Da unsere Gemeinschaft kein Auto besitzt, nehme ich öfter das Angebot an, uns bei Bedarf ein Auto auszuleihen. Bei unserem Umzug oder bei manch handwerklichem Bedarf war ich froh, dass aus Syrien und dem Irak stammende junge Männer uns sehr tatkräftig unterstützt haben. Eine solche Gegenseitigkeit lässt die einseitige Rolle vom großen Bruder zumindest etwas bröckeln: Jetzt sind es die anderen, auf deren Hilfe ich angewiesen bin. Wobei ich mir keine Illusionen mache, dass ich aufgrund des Platzvorteils von Sprache und Kultur in vielem doch noch lange Zeit der große Bruder bleibe. Wo uns aber eine geschwisterliche Haltung – und sei es auch nur für einen Augenblick oder in Ansätzen – gelingt, dort wird das Miteinander zu einem prophetischen Zeichen für die neue Welt Gottes, in der sich alle Menschen als Schwestern und Brüder erkennen und anerkennen.

Andreas Knapp, Kleiner Bruder vom Evangelium, Leipzig

Für eine Kultur des Lebens

Der barmherzige Samaritaner als Referenztext von „Fratelli tutti"

Das Gleichnis vom barmherzigen Samaritaner ist der biblische Schlüsseltext der Enzyklika, von dem ausgehend Papst Franziskus seine Überlegungen entwickelt. Der nachfolgende Artikel erörtert den reichhaltigen theologischen Inhalt des Gleichnisses aus einer exegetischen Perspektive. (Red.)

Die Enzyklika „Fratelli tutti" (FT), die am 3. Oktober 2020, dem Todes- und Gedenktag des heiligen Franziskus, von Papst Franziskus in Assisi unterzeichnet wurde, richtet den Blick auf die sozialen Herausforderungen, die in einer immer stärker vernetzten und globalisierten Welt entstehen. Zeitlich fällt diese Enzyklika mitten hinein in die Covid-19-Pandemie, welche – so Papst Franziskus ausdrücklich – „das Bewusstsein geweckt [hat], eine weltweite Gemeinschaft in einem Boot zu sein, wo das Übel eines Insassen allen zum Schaden gereicht" (FT 32). Insofern spielt der Titel dieser Enzyklika bereits auf das geschwisterliche Aufeinander-Bezogensein aller Menschen an und weitet damit den Blick über den binnenkirchlichen Radius hinaus.

Ursprünglich entstammt das Stichwort „Fratelli tutti" einer Ermahnung, die Franz von Assisi an seine Mitbrüder gerichtet hat – daher auch die maskulinische Formulierung, die durchaus für Debatten gesorgt hat – und in der er sie ermahnt und ermutigt, Christus und die Heiligen nicht nur als Vorbilder zu verehren, sondern selbst in einer ihnen entsprechenden Weise handelnd aktiv zu werden. Indem Papst Franziskus dieser Sozialenzyklika also den Namen „Fratelli tutti" gibt, verweist er auf die Notwendigkeit eines solchen Lebensstils im Hinblick auf die gesamte Weltgemeinschaft. Es geht ihm somit um eine Haltung, die sich kaum mit einem christlichen Exklusivismus vereinbaren lässt, sondern vielmehr eine religionsübergreifende Solidarität im Blick hat.

Im Hinblick auf den Aufbau von „Fratelli tutti" fällt unter Rücksicht auf den letztgenannten Aspekt ins Auge, dass sich mit dem Verweis auf die Ägypten-Reise des Franziskus zu Gesprächen mit Sultan Al-Kamil Muhammad al-Malik im Jahr 1219 zu Beginn der Enzyklika und einer Bezugnahme auf Charles de Foucauld am Ende (vgl. FT 286f.) geradezu eine hermeneutisch bedeutsame Inklusion um die Ausführungen legt. Sie umgreift übrigens auch den geschwisterlichen Aufruf, den Papst Franziskus und Großimam Ahmad Al-Tayyib im Jahr 2019 gemeinsam formuliert haben und der nun abermals am Ende dieser Enzyklika – aber eben vor dem letztgenannten Verweis – zitiert wird. Und der Hinweis auf Charles de Foucauld scheint fast wie ein hermeneutischer Schlüssel zu „Fratelli tutti" zu sein, denn indem dieser seine monastisch-priesterliche Existenz in geschwisterlicher Verbundenheit mit seinem muslimischen Umfeld im Süden Algeriens, im Bereich des Hoggar-Gebirges, führte, hat er einen langen Weg zurückgelegt, der ihn schließlich zum „Bruder aller" werden ließ. Ja, dieser Gedanke einer Entwicklung – Franziskus spricht in diesem Zusammenhang von einem „Weg der Verwandlung" (FT 286) – hin zu einer geschwisterlichen Lebensweise auch über den binnenchristlichen Raum hinaus scheint geradezu ein Grundmotiv der Enzyklika „Fratelli tutti" zu sein.

Dies wird vor allem daran deutlich, dass Franziskus so etwas wie eine kulturelle Bestandsaufnahme unserer Lebenswelt an den Anfang seiner Überlegungen stellt (FT 12–55), bei der er auf globale Spannungen und Unrechtsstrukturen im Großen wie im Kleinen zu sprechen kommt und zahlreiche, bereits an anderen Orten formulierte bzw. publizierte Themen aufgreift. So entsteht mit Blick auf „Globalismus" und Nationalismus, auf Rassismus und Fremdenfeindlichkeit eine kulturgeschichtliche Skizze, die wie von „dunklen Schatten" (FT 54) geprägt erscheint.

Diesen Befund kontrastiert Franziskus dann mit dem bekannten Gleichnis vom barmherzigen Samaritaner – da es sich um eine Person der samaritanischen Religion handelt, ist diese Formulierung präziser als der üblicherweise verwendete Begriff „Samariter" – einer Perikope aus dem Lukasevangelium (Lk 10,25–37), aus der heraus er einen neuen Lebensstil, eine neue Kultur des geschwisterlichen Miteinanders ableitet. Insofern lassen sich die weiteren Ausführungen von „Fratelli tutti“ fast wie eine teils freilich durchaus assoziative Entfaltung von Lk 10,25–37 begreifen. Doch wie stellt sich die Auslegung dieses Textabschnittes von Papst Franziskus aus einer bibelwissenschaftlichen Perspektive dar?

Der barmherzige Samaritaner im Kontext des Lukasevangeliums

Das Gleichnis ist eingebettet in ein Gespräch zwischen Jesus und einem Rechtsgelehrten, der ihn in einen Disput zu einer Frage der Gesetzesinterpretation verstricken will. Wenn es also darum geht, den eigentlichen Akzent des Gleichnisses vom barmherzigen Samaritaner zu erschließen, dann kann dies nur im Hinblick auf seine argumentative Funktion innerhalb dieses Gelehrtengesprächs geschehen. Den Ausgangspunkt stellt dabei die Frage des Rechtsgelehrten dar, wie man handeln soll, wenn man das „ewige Leben“ ererben möchte. Diese Frage wird in einem ersten Gesprächsteil vertieft, in dessen Zentrum das Doppelgebot der Liebe als Maßstab rechten Handelns steht; der darin erwähnte „Nächste“ bildet den Ausgangspunkt für eine vertiefte Nachfrage vonseiten des Rechtsgelehrten, wen man darunter zu verstehen habe. Auf diese Rückfrage reagiert Jesus mit dem eigentlichen Gleichnis, dessen Pointe von seinem Gesprächspartner schließlich selbst benannt wird.

Beobachtungen zur Textkomposition

Im Hinblick auf den Gesprächsverlauf sind die beiden Teile jeweils parallel gestaltet und werden durch die Leitfrage nach dem rechten „Tun“ umrahmt und aufeinander bezogen. Diese Parallelität sei mittels der folgenden Nebeneinanderstellung verdeutlicht:

Frage des Rechtsgelehrten (Lk 10,25)	**Nachfrage des Rechtsgelehrten (Lk 10,29)**
Was muss ich tun, um ewiges Leben zu ererben?	Wer ist mir Nächster?
Rückfrage Jesu (Lk 10,26)	**Rückfrage Jesu in Gleichnisform (Lk 10,30–35)**
Was liest Du im Gesetz?	Was ist der Situation angemessen?
Eigene Antwort durch den Gesetzeslehrer (Lk 10,27)	**Eigene Antwort durch den Gesetzeslehrer (Lk 10,37a)**
Einheit von Gottes- und Nächstenliebe	Der Barmherzigkeit Erweisende handelt recht
Imperativische Reaktion Jesu (Lk 10,28)	**Imperativische Reaktion Jesu (Lk 10,37b)**
Tue das und du wirst leben	Geh hin und tue Vergleichbares

Wie diese schematische Darstellung verdeutlicht, korrespondiert das Gleichnis vom barmherzigen Samaritaner im zweiten Teil des Gesprächs mit der im ersten Gesprächsteil gestellten Rückfrage Jesu danach, was im Gesetz zu lesen sei. In beiden Fällen – also auch im Gleichnis vom barmherzigen Samaritaner – reagiert Jesus durch die Formulierung eines Gedankenanstoßes mit Fragecharakter, welcher jeweils von dem Rechtsgelehrten selbst eine Antwort erfährt. Auffällig ist dabei, dass der Blick ins Gesetz und – wenn man es so formulieren möchte – der „Blick ins Leben" einander entsprechen; Man könnte das Gleichnis vom Barmherzigen Samaritaner geradezu unter die Überschrift stellen: „Was ‚liest' du im Leben?" Was sagst du im Hinblick auf das geschilderte Fallbeispiel? Und welche handlungspraktischen Konsequenzen leitest du daraus ab?

> Man könnte das Gleichnis vom Barmherzigen Samaritaner geradezu unter die Überschrift stellen: „Was ‚liest' du im Leben?"

Beachtenswert ist in diesem Zusammenhang aber auch, wie sich die gestellte Ausgangfrage im Verlauf des Gesprächs wandelt:

Ausgangspunkt: Was muss ich tun, um ewiges Leben zu ererben? (Lk 10,25)

Erster Gesprächsteil

Erste imperativische Reaktion Jesu: Das tue und du wirst leben (Lk 10,28)

Zweiter Gesprächsteil

Zweite imperativische Reaktion Jesu: Geh hin und tue Vergleichbares (Lk 10,37)

Stand am Anfang dieses Lehrgespräches die Frage, auf Basis welchen Handelns „ewiges Leben" zu ererben sei, so tritt im weiteren Verlauf des Dialogs der Ewigkeitsaspekt deutlich in den Hintergrund, während hingegen der Begriff des „Tuns" derjenige ist, der bis zum Ende im Blick bleibt. Damit wandelt sich der Fokus von einer eschatologischen Perspektive hin zur Dimension des innergeschichtlichen Handelns, wobei in diesem Zusammenhang bereits darauf hinzuweisen ist, dass im neutestamentlichen Sprachgebrauch der Begriff des „ewigen Lebens" keineswegs auf diese – für uns oftmals rein zukünftig gedachte Lebensdimension – eingeengt ist. Im Hintergrund steht vielmehr die Vorstellung, dass es sich um eine beständige, dauerhafte – eben: „ewige" – Dimension von Leben handelt, welche die Grenzen menschlichen Daseins überschreitet. Es geht also zu Beginn dieses Gesprächs nicht um die Frage, was zu tun ist, um eschatologisch gerettet zu werden, sondern darum, welcher Lebensvollzug der Gottesbeziehung angemessen ist und „Fülle des Lebens", um es johanneisch auszudrücken, verheißt.

Inhaltliche Akzente des ersten Gesprächsteils

Die erste Rückfrage Jesu, die den Gesetzesgelehrten auf das Gesetz verweist – also auf die entscheidende Referenzgröße seiner eigenen Profession und zugleich auf den einzig und allein geeigneten Bezugspunkt für die zur Beantwortung gestellte Frage –, führt zu einer Antwort, in deren Zentrum das Doppelgebot der Liebe steht: „Du sollst den Herrn, deinen Gott lieben, aus deinem ganzen Herzen und mit deiner ganzen Seele und mit deiner ganzen Kraft und mit deinem ganzen Verstand, und deinen Nächsten wie dich selbst." (Lk 10,27) Im Hintergrund dieser Antwort stehen die beiden

Gebote aus Dtn 6,5 (Gottesliebe) und Lev 19,18c (Nächstenliebe), die in der Antwort des Gesetzeskundigen miteinander verbunden werden.

Der besondere Akzent dieser Formulierung wird sowohl im Hinblick auf den alttestamentlichen Referenztext als auch im Vergleich mit der synoptischen Parallele im Markusevangelium deutlich. Denn genau genommen handelt es sich um zwei verschiedene, voneinander klar abgegrenzte Gebote, die durchaus in einer hierarchischen Relation zueinander stehen. Dies wird gerade im Vergleich mit dem Markusevangelium deutlich, wo das Gebot der Gottesliebe als „erstes" (Mk 12,29), das der Nächstenliebe hingegen als „zweites" (Mk 12,31) benannt wird; zwar werden beide sogleich als die beiden „größten" Gebote qualifiziert, doch bleibt deren Unterscheidung und Hierarchisierung im Markusevangelium deutlich gewahrt.

Gerade im Vergleich fällt umso schwerer ins Gewicht, dass die Zweiheit der Gebote in der Antwort des Gesetzesgelehrten aufgehoben ist und beide Aussagen in Form eines einzigen Gebotes formuliert werden. Dies wird besonders daran deutlich, dass in der lukanischen Fassung nur ein einziges Mal das Verb „lieben" verwendet wird, das sich nun auf beide Teilgebote gleichermaßen bezieht, welche dadurch zu einem Satzgefüge verbunden und parallelisiert werden, sodass streng genommen fast nicht einmal mehr von einem Doppelgebot gesprochen werden kann. Eine so enge Verbindung von Gottes- und Nächstenliebe wie in dieser Textpassage findet sich sonst an keiner weiteren Stelle des gesamten Neuen Testaments. Durch diese besondere Akzentuierung erweist sich der Gesetzesgelehrte in diesem ersten Gesprächsgang als äußerst tiefsinniger Dialogpartner Jesu, der genau begreift, worauf es Jesus ankommt.

Textbeobachtungen zum Gleichnis selbst

In dem von Jesus präsentierten Fallbeispiel wird erzählt, wie ein Mann auf dem Weg von Jerusalem nach Jericho überfallen, ausgeraubt und schwer verletzt – das Lukasevangelium spricht von „halbtot" – liegen gelassen wird. Zwei weitere Personen, ein Priester und ein Levit, die ebenfalls von Jerusalem kommen, gehen an dem Überfallenen vorbei und lassen ihn am Wegesrand liegen. Anders hingegen verhält sich ein des Weges kommender Samaritaner: Als er das Opfer sieht, wird er von Mitleid berührt, leistet ihm erste Hilfe, transportiert es in einen Gasthof, beauftragt den Wirt damit, sich bis zu seiner Genesung um den Verletzten zu kümmern und übernimmt selbst die dafür anfallenden Kosten.

Dabei lebt das Gleichnis von der darin entfalteten Personenkonstellation: Festzuhalten ist zunächst, dass der Priester und der Levit fast in paralleler Weise gestaltet sind, und zwar nicht nur, indem beide an dem Verletzten vorbeigehen, sondern auch durch den gemeinsamen Aufbruchsort in Jerusalem und das beide verbindende Ziel Jericho. Dies gilt übrigens auch für den Verletzten, der ebenfalls auf dem Weg von Jerusalem nach Jericho ist, was als erste Textinformation eine besondere Betonung erhält. Damit sind diese drei Personen in eine enge Relation zueinander gesetzt und zugleich als jüdische Protagonisten gezeichnet. Was nun das Verhältnis von Gottes- und Nächstenliebe betrifft, so kommt dem Textdetail besondere Bedeutung zu, dass sowohl der Priester als auch der Levit nicht auf dem Weg nach Jerusalem sind, um dort ihren Dienst im Jerusalemer Tempelkult zu verrichten, sondern dass sie von dorther kommen. Dieses Detail ist insofern relevant, als eine kultische Verunreinigung durch die Berührung des Verletzten nicht dazu geführt hätte, dass sie ihrer rituellen Verpflichtung nicht hätten nachkommen können. Einer Zuwendung zum Kranken hätte in dieser Hinsicht also nichts entgegengestanden.

Erwähnenswert ist bei der Konstellation von Levit und Priester zudem, dass eine gemeinsame, paarweise Nennung dieser beiden Personengruppen im gesamten Neuen Testament ansonsten nur an einer weiteren Stelle noch begegnet. Auffällig ist auch, dass in der jüdischen Tradition diese Paarung meist in Verbindung mit dem „ganzen Volk" angeführt wird. Im Hintergrund lässt sich also eine Dreierkonstellation erkennen, bestehend aus Priestern, Leviten und Volk, und „[a]ls Repräsentant dieser dritten Größe – der Israeliten – innerhalb der Erzählung ist unschwer der Überfallene zu identifizieren"[1]. Somit spielt das Gleichnis vom barmherzigen Samaritaner auf den Jerusalemer Tempelkult an, in dessen kultischer Mitte die Bundeslade stand, umgeben in gestaffelter Reihung von Priestern, Leviten und dem übrigen Volk. Die Bezogenheit des Kultes auf das Volk Israel ist also klar erkennbar, sodass Priester und Leviten in einer vermittelnden und dem Volk dienenden Funktion ihre Aufgabe verrichten. Wenn also diese beiden nun an dem

1 M. Wolter, Das Lukasevangelium (Handbuch zum Neuen Testament, Bd. 5), Tübingen 2008, 396.

Verwundeten, der in der Erzählung als Vertreter des Volkes fungiert, achtlos vorbeigehen, steht dieses Handeln auf der zwischenmenschlichen Ebene in einem diametralen Gegensatz zu dem, was ihrer kultischen Funktion entspricht. Und in diesem Zusammenhang ist ein erzählerisches Detail noch besonders hervorzuheben: Es wird nämlich nicht nur gesagt, dass sie an dem Überfallenen vorbeigehen (*parerchomai*), sondern dass ihr Vorbeigehen gegen den halbtot Darniederliegenden gerichtet ist (*antiparerchomai*).

Man könnte dies im Deutschen damit wiedergeben, dass sie gewissermaßen einen Bogen um ihn machen oder die Straßenseite wechseln.

Das griechische Wort *antiparerchomai* meint im Deutschen, dass Priester und Levit gewissermaßen einen Bogen um ihn machen oder die Straßenseite wechseln.

Davon hebt sich nun das Verhalten des Samaritaners deutlich ab, sodass eine ins Gegenteil gewendete Personenkonstellation narrativ arrangiert wird. Im Gegensatz zu dem Priester und dem Leviten tritt der Samaritaner nämlich zu dem Verletzten heran und wendet sich nicht in die entgegengesetzte Richtung, also auf die andere Straßenseite, ab. Als Grund dafür wird das Mitleid benannt, das ihn angesichts des Schwerverletzten ergriffen hat und das seine Reaktion und sein Verhalten auslöst. In sprachlicher Hinsicht ist dabei auffällig, dass im Lukasevangelium wie im überhaupt im Neuen Testament hinter dem deutschen Wort „Mitleid" drei unterschiedliche griechische Begriffe stehen, und dass Lukas an dieser Stelle ein Verb jener Wortfamilie verwendet, welche wohl am stärksten den Aspekt eines schmerzhaft empfundenen Mitleids zur Sprache bringt.[2] Dieses Verb – es handelt sich um *splagchnizomai* – leitet sich von jenem Nomen ab, mit dem Organe wie Leber, Lunge und Milz, vor allem aber auch der Unterleib, also der Sitz der menschlichen Leidenschaften bezeichnet wird. Mit dem in Lk

2 Vgl. hierzu Th. Schumacher, Das Motiv Barmherzigkeit im Neuen Testament. Eine Bestandsaufnahme, in: F.-X. Amherdt/S. Loiero, Das Prinzip Barmherzigkeit und die Theologie. Interdisziplinärer Studientag der Theologischen Fakultäten von Fribourg und Salzburg/Le principe miséricorde et la théologie. Colloque interdisciplinaire des Facultés de théologie de Fribourg et de Salzbourg (= Praktische Theologie im Dialog/Théologie pratique en dialogue 56), Basel 2021, 105–128.

10,33 verwendeten Wort wird sehr deutlich markiert, dass der Samaritaner von dem Leid des Schwerverletzten so intensiv, ja geradezu schmerzhaft berührt wurde, dass eine „Empathie“ im eigentlichen Wortsinn, also „Mit-Leid“, vorliegt. Er zeigt also jene Gefühlsregung, die im Grunde den Priester und den Leviten hätte erfassen sollen.

Und dieses Verhalten ist nun umso bemerkenswerter, als den drei jüdischen Protagonisten mit dem Samaritaner ein Vertreter jener religiösen Gruppierung entgegengestellt wird, welche in persischer Zeit ein eigenes JHWH-Heiligtum auf dem Berg Garizim – knapp 50 km nördlich von Jerusalem gelegen – einrichtete und sich damit vom religiösen Zentrum des Judentums mit seinem Tempel und Kult distanzierte. Juden und Samaritaner stehen also hinsichtlich der rechten Gottesverehrung – und zwar vor allem in der Frage des rechten Kultortes – in einem gegnerischen Verhältnis, doch zugleich eint sie der JHWH-Glaube und die Bezogenheit auf den Pentateuch, also die fünf Bücher Mose. Auf dieser Basis konnte es einerseits zu religiös-politischen Übergriffen kommen, andererseits war damit aber auch die Möglichkeitsbedingung einer konstruktiven Nachbarschaft gegeben, was unter anderem daran deutlich wird, dass eine gemeinsame Delegation im Jahr 6 n. Chr. nach Rom reiste, um gegen den Herodessohn Archelaos zu intervenieren oder dass die Samaritaner sich an den jüdischen Aufstandsbewegungen gegen Rom beteiligten.[3] Dies erklärt, weshalb auch in der lukanischen Darstellung die Gruppe der Samaritaner zwischen Fremdlingen (Lk 17,18) und einer Zugehörigkeit zu Israel (Apg 1,8) changiert. Der im Gleichnis als Verhaltensvorbild Dargestellte erscheint aus jüdischer Perspektive also bestenfalls ambivalent.

Das jesuanische Fallbeispiel nimmt damit die gestellte Nachfrage des Gesetzeskundigen nach dem Nächsten bzw. worauf das Gebot der Nächstenliebe zu beziehen sei, thematisch auf und gibt es diesem zur Beantwortung zurück. Und hier bestätigt sich erneut der Eindruck, dass der Dialogpartner Jesu durchaus dessen theologische Akzentsetzung begreift und dementsprechend in dem Samaritaner ein Vorbild angemessenen Handelns erkennt.

3 Vgl. hierzu M. Böhm, Samaritaner in: wibilex (https://www.bibelwissenschaft.de/stichwort/25967/).

Zur Kontextualisierung innerhalb des Lukasevangeliums

Betrachtet man das Gleichnis vom barmherzigen Samaritaner im Kontext des Lukasevangeliums, so ist noch eine für die hier gestellte Frage relevante Beobachtung nachzutragen: Die bereits erwähnte begriffliche Auffälligkeit, dass das erweckte Mitleid aufseiten des Samaritaners mittels des Verbs *splagchnizomai* ausgedrückt wird, verweist nämlich auf eine kompositorische Besonderheit, die das ganze Evangelium betrifft. Diese Wortfamilie – konkret das Nomen *splagchnon* und das Verb *splagchnizomai* – begegnet nämlich viermal im Lukasevangelium, und alle Belege stehen in einem unmittelbaren und kontextuellen Zusammenhang, der darauf abzielt, die Lebens- bzw. Auferstehungsthematik zu entfalten. Den Auftakt bildet gewissermaßen in Form eines hermeneutischen Schlüssels die Erwähnung, dass die Sendung Jesu darauf abzielt, Menschen aus dem Bereich des Todes heraus- und dem Leben zuzuführen: „Durch die barmherzige Liebe (*splagchnon*) unseres Gottes wird uns besuchen das aufstrahlende Licht aus der Höhe, um allen zu leuchten, die in Finsternis sitzen und im Schatten des Todes, und unsre Schritte zu lenken auf den Weg des Friedens." (Lk 1,78–79)

Im Lichte dieses Auftaktes ist nun beachtenswert, dass die drei folgenden Textpassagen, in denen das Verb *splagchnizomai* verwendet wird, einem Dreischritt gleich die mit Leben und Tod verbundenen Aspekte entfalten. Der erste Schritt führt dabei zu Lk 7,13 und damit zu jener Perikope, in der die Totenerweckung des jungen Mannes von Naïn erzählt wird (Lk 7,11–17). Die nächste Erwähnung von *splagchnizomai* findet sich, wie bereits erwähnt, in Lk 10,33, also im Kontext des Gleichnisses vom barmherzigen Samaritaner. Mittels der bewusst gewählten Begrifflichkeit „halbtot" (Lk 10,30) weitet sich der Blick über den Bereich des biologischen Todes hinaus auf körperliche Versehrtheit als eine defizitäre Form von Leben und eine metaphorisch mit dem Tod in Verbindung gebrachte Gegebenheit. Und dieser Linie folgend führt schließlich die letzte Erwähnung von *splagchnizomai* in Lk 15,20, also im Rahmen des Gleichnisses vom verlorenen Sohn (Lk 15,11–32), zu einer weiteren Entfaltung der mit Leben und Tod verbundenen Vorstellungen: Hier findet sich nun die Rede von „tot" und „lebendig", um eine gestörte bzw. wieder hergestellte familiäre Beziehung zu beschreiben; so heißt es zweimal – also versehen mit einem entsprechenden Akzent – der Sohn bzw. der Bruder

„war tot und lebt wieder; er war verloren und ist wiedergefunden worden" (Lk 15,24.32). Mit dieser Verwendung der Konzeptionen von Leben und Tod weitet der dritte und letzte Schritt den Blick auf den Bereich zwischenmenschlicher Beziehungen, die damit ebenfalls in den sprachlichen Fokus der Aussagen von Leben und Tod geraten.

Mit dieser Begriffsauslotung steckt das Lukasevangelium in einer großen Weite ab, was sich mit einer Kultur des Lebens verbindet.

Das Lukasevangelium steckt in einer großen Weite ab, was sich mit einer Kultur des Lebens verbindet.

Neben einer rein biologischen Betrachtungsweise wird damit auch der Aspekt von Gesundheit und Krankheit und schließlich gar eine soziale Realität bezeichnet. Insofern kommt dem Gleichnis vom barmherzigen Samaritaner eine wichtige Funktion für den Erkenntnisweg zu, den die Leserinnen und Leser des Lukasevangeliums geleitet werden und der einen Weg der Verwandlung initiieren will und ausbuchstabiert, was es konkret heißt, sich zu erniedrigen und zum Bruder, zur Schwester aller zu werden.

Resümee

Wenn Papst Franziskus in „Fratelli tutti" also auf das Gleichnis vom barmherzigen Samaritaner Bezug nimmt, so greift er damit einen biblischen Referenztext auf, der geeignet ist, den Aspekt der geschwisterlichen Verbundenheit über harte religiöse Grenzen hinweg zu entfalten. Allerdings sollte die Kluft zwischen Samaritanern und Juden nicht im Sinne einer absoluten religiösen und kulturellen Differenz verstanden werden, denn beide teilen ja den Bezug auf die Pentateuchtradition. Somit steht das Gleichnis vom barmherzigen Samaritaner durchaus in einer thematischen Nähe zum Gedanken der sogenannten abrahamitischen Ökumene, also dem Gespräch zwischen Judentum, Christentum und Islam, der auch im Hintergrund von „Fratelli tutti" auszumachen ist. Insofern knüpft diese Enzyklika an einen in „Nostra Aetate", dem Religionsdekret des II. Vatikanums, entfalteten Grundgedanken an, wonach die interreligiöse Relation nicht über den Bruch, sondern über das Verbindende zu bestimmen ist. Der entscheidende Akzent liegt aber gewiss darauf, dass im Gleichnis vom barmherzigen

Samaritaner ein Plädoyer dafür formuliert wird, eine Kultur des Lebens zu entfalten – und diesen Aspekt für die Fragen und Herausforderungen der Gegenwart fruchtbar zu machen, ist das zentrale Anliegen und ein großer Verdienst dieser Enzyklika.

Dr. Thomas Schumacher, Professor für Neues Testament, Fribourg CH

„Seid barmherzig,
wie euer Vater barmherzig ist." (Lk 6,36)

Lieben wir Gott, indem wir aus ganzem Herzen Barmherzigkeit üben, weil die Barmherzigkeit unendlich schön ist und würdig, um ihrer selbst willen geübt zu werden, da sie zum ureigenen Wesen Gottes gehört.

Barmherzig sein bedeutet, sein Herz den Elenden zuneigen, den geistlich, intellektuell, materiell Armen ..., den Bösen, den Irrenden und den Unwissenden, den Armen, den Kranken, den Leidenden ... allen Unglücklichen.

Seien wir barmherzig und predigen wir die Barmherzigkeit. Lehren wir sie und praktizieren wir sie, wie Jesus sie praktiziert und gelehrt hat.

Charles de Foucauld

Franziskus, Charles, Franziskus
Geschwisterlichkeit ohne Grenzen

Die Enzyklika Fratelli tutti, beginnt im Zeichen von Franz von Assisi und schließt in dem von Charles de Foucauld. In diesen beiden großen Gestalten wird das bewahrt, was wir als das Eigentliche der Enzyklika bezeichnen könnten. Der außerordentliche Reichtum der christlichen Geschwisterlichkeit, der im Text unterschwellig bleibt, wird jedoch im strahlenden Zeugnis des Lebens der beiden großen Heiligen voll ans Licht gebracht. (Red.)

Der folgende Text ist ein Ausschnitt aus einer Konferenz in Turin anlässlich des Todestages von Charles de Foucauld am 1. Dezember 2020.

Geschwisterlichkeit ohne Grenzen verbindet Franz von Assisi und Charles de Foucauld. Für beide sind alle Menschen Geschwister wer auch immer sie sind: Sünder oder Heilige, Arme oder Reiche, Räuber oder Soldaten, Christen oder Muslime. Für beide zeichnet sich diese Geschwisterlichkeit durch den privilegierten Platz der Armen und Kleinen aus, seien es die Leprakranken im mittelalterlichen Umbrien oder die Tuareg in der Sahara. Und in beiden ist der Wunsch nach anderen Menschen, mit denen sie diese Geschwisterlichkeit teilen können, sehr lebendig: Schließlich sind die beiden Ausdrücke, mit denen sie ihre (tatsächlichen oder gewünschten) Gefährten bezeichnen, die „kleinen Brüder" des Franziskus und die „Kleinen Brüder" von Charles de Foucauld, sehr nahe beieinander, wenn nicht sogar im Wesentlichen identisch. Und doch gibt es Unterschiede in der Deutung der christlichen Geschwisterlichkeit: Wir könnten sagen, dass die Vision des Franz von Assisi kosmischer ist, während die von Charles christologischer ist.

Und genau auf den seligen und bald heiligen Charles und seine Erfahrung und Vision der Geschwisterlichkeit sei jetzt die Aufmerksamkeit gerichtet.

Jesus – der geliebte Bruder und Herr

Charles de Foucauld spricht Jesus gerne als *„seinen geliebten Bruder und Herrn"* an. Mit Worten tiefen Respekts und zugleich zärtlicher Zuneigung ist Jesus für Charles *„sein geliebter Bruder"*: ein wahrer und angemessener christologischer Titel, der im Keim die Entwicklungen seiner ganzen Vision der Brüderlichkeit enthält. Im Neuen Testament wird sehr oft von Brüdern gesprochen, aber dieser Titel wird nie auf Jesus angewandt. Sicherlich wird von Jesus als „dem Erstgeborenen unter vielen Brüdern" (Röm 8,29) gesprochen oder es wird gesagt, dass Jesus „sich nicht schämt, uns Brüder zu nennen" (Heb 2,11). Außerdem ist es in einigen wenigen, aber wichtigen Passagen der Evangelien Jesus selbst, der die Seinen als Brüder und Schwestern anspricht (z.B. Mk 3,34–35), und es ist noch bedeutsamer, dass dies besonders im Zusammenhang mit den Erscheinungen des Auferstandenen geschieht (Joh 20,17; Mt 28,10), gerade so als ob die Auferstehung die Beziehung der Geschwisterlichkeit, die den Herrn mit den Seinen verbindet, zur vollen Vollendung bringt. Im gesamten Neuen Testament wird Jesus jedoch nie als Bruder bezeichnet, noch wird er von jemandem auf diese Weise angesprochen.

Es sei auf zwei Texte aus unseren Tagen hingewiesen, in denen Jesus auf diese Weise genannt wird.

Zur menschlichen Solidarität bekräftigt Gaudium et spes: „Diese Solidarität muss stetig wachsen bis zu jenem Tag, an dem sie vollendet sein wird und die aus Gnade geretteten Menschen als eine von Gott und Christus, ihrem Bruder, geliebte Familie Gott vollkommen verherrlichen werden." (GS 32)

Und in einer der Präfationen des V. Eucharistischen Hochgebetes heißt es zum Vater gewandt: „Du hast uns deinen Sohn gegeben, Jesus Christus, unseren Bruder und Erlöser." Bei der Revision des Neuen Messbuchs ist der Ausdruck „unser Bruder" allerdings wieder durch das üblichere „unser Herr" ersetzt worden, was zumindest von einer gewissen Verlegenheit im Gebrauch dieser Redewendung zeugt. Aber auch das gehört zum Skandal der Menschwerdung, eines Gottes, der wirklich Mensch und wahrhaftig Bruder der Menschen werden wollte.

Zwei wichtige Texte, die aber nach Charles de Foucauld entstanden und – wer weiß! – sogar von ihm inspiriert worden sein könnten. In jedem Fall bleibt dieser christologische Titel in der Theologie, im Lehramt und in der Liturgie nebensächlich. Und das ist schade, denn wie uns Charles' spirituelle Erfahrung bezeugt, hat er große Vorzüge. Gerade weil der Sohn Gottes unser Bruder geworden ist, indem er an unserem Fleisch und Blut teilhatte und sich so uns, seinen Brüdern, ähnlich machte (vgl. Hebr 2,14–18), können wir, mit ihm vereint, Kinder des ewigen Vaters sein.

In der Heiligen Familie – Charles der kleine Bruder Jesu

Was inspiriert Charles, sich mit Jesus zu unterhalten und ihn auf diese Weise anzusprechen? Der Ausgangspunkt ist Nazaret. Schon bei seiner ersten Pilgerreise ins Heilige Land im Jahr 1888 war Charles tief beeindruckt von der Armut der Orte und der Armut des Lebens, das der Herr in Nazaret geführt haben könnte. Der allerhöchste, heilige Gott, den er dank der Gläubigen des Islam bei seiner Erkundung Marokkos kennengelernt hatte, der Schöpfer von allem, war gekommen, um als armer Arbeiter unter uns zu leben und unser Bruder zu werden. Charles blieb zutiefst beeindruckt vom Geheimnis der Menschwerdung, das ihn immer wieder mit Staunen erfüllte. Während seiner Jahre im Heiligen Land schreibt er: „Die Menschwerdung hat ihren Ursprung in der Güte Gottes ... Aber eines erscheint vor allem so wunderbar, so funkelnd, so erstaunlich, dass es wie ein blendendes Zeichen leuchtet: es ist die unendliche Demut, die ein solches Geheimnis enthält: Gott, das Wesen, der Unendliche, der Vollkommene, der allmächtige Schöpfer, der unermessliche, souveräne Herr aller Dinge, der Mensch wird, der sich mit einer menschlichen Seele und einem menschlichen Körper vereint und als Mensch auf der Erde erscheint, der letzte der Menschen."[1] Die besondere Art und Weise, in der Charles die Bedeutung der Menschwerdung interpretiert, ergibt sich gerade aus dem Staunen, das ein Gott hervorruft, der sich den Menschen zum Bruder macht. Und es ist dann sein langer Aufenthalt in Palästina in den Jahren von 1897 bis 1900, der es ihm erlaubt,

1 Ch. de Foucauld, *La vita nascosta. Ritiri in Terra Santa 1897–1900*, Città Nuova, Roma 1974, 47–48.

nicht nur das Geheimnis von Nazaret, sondern auch die Betrachtung von Jesus als Bruder weiter zu vertiefen.

Es gibt wunderschöne Passagen in seinen Schriften, die helfen, in das einzudringen, was in Charles' innerer Welt in jenen Jahren geschieht. Während er als Hausknecht im Klarissenkloster lebt, wohnt Charles tatsächlich auch und vor allem im Nazaret des Evangeliums, im Haus von Jesus, Maria und Josef. Er ist immer in ihrer Gesellschaft, ob beim Beten oder bei der Verrichtung der ihm anvertrauten Arbeit. „Während dieser Zeit arbeite ich für dich, o Jesus, vor dir, mit dir, zwischen dir, Maria und Josef, ohne aufzuhören, dich anzuschauen, dich zu betrachten, dich zu verehren. ... Mit dir verlasse ich die Arbeit, mit dir spreche ich meine liturgischen Gebete, mit dir stehe ich in stiller Anbetung vor deinem Vater, mit dir lese ich, mit dir nehme ich Speisen zu mir, die den deinen ähneln: alles mit dir, alles in deiner Gegenwart und in deiner Gesellschaft, alles wie du, alles dich anschauend, dich betrachtend, dich anbetend, dich nachahmend, zwischen dir, Maria und Josef! Wie glücklich bin ich!"[2] Und hier, in diesem Leben in der beständigen Gegenwart von Jesus, Maria und Josef, identifiziert sich Charles auf eine bestimmte Weise: „Ich arbeite mit dir, unter deinem Blick, wie du, teile deine Arbeit, helfe dir bei deiner Arbeit wie ein kleiner Bruder ... während ich dich anschaue, dich betrachte, dich ohne Unterlass anbete, zwischen Maria und Josef und mit ihrer Hilfe."[3] Da er im Haus von Nazaret lebte, wurde Charles ein kleiner Bruder von Jesus, der von der Heiligen Familie adoptiert wurde. „Alles tue ich zwischen Dir, Maria und Josef, wie ihr, Maria und Josef, euch nachahmend, euer Leben teilend, euch anschauend, euch betrachtend, euch ohne Unterlass anbetend, o mein Jesus, der du mich als deinen kleinen Bruder anzunehmen gewürdigt hast, unter euch, Maria und Josef, von euch unterstützt, von euch getragen, die ihr mich in eurer Güte eng an euch haltet, mich an euch drückt und mich als euren kleinen Sohn angenommen habt."[4]

Ignatianisch ausgedrückt würde man sagen, dass Charles sich voll und ganz in das Haus von Nazaret hineinversetzt hat bis dahin, dass er sich als

2 Ch. de Foucauld, Considérations sur les fêtes de l'année. Œuvres spirituelles du Père Charles de Foucauld. Volume I., Paris 1987, 435.

3 Ebd., 435–436.

4 Ebd., 436.

kleiner Bruder Jesu und als kleiner Sohn der Heiligen Familie erkennt. Und seine Dankbarkeit für dieses Geschenk, von Jesus als dessen kleiner Bruder angenommen worden zu sein, kennt keine Grenzen.

Vielleicht spielt auch seine schmerzhafte persönliche Geschichte eine Rolle bei dieser Identifikation. Der frühe Verlust seiner Eltern einerseits und dann, kurz nach seiner Bekehrung, die von ihm selbst gewollte und gewählte, aber nicht minder erlittene Trennung von seiner Familie und insbesondere von seiner Cousine Marie de Bondy, die ihm zur zweiten Mutter geworden war, hinterließen in ihm ein Gefühl der Sehnsucht nach einer einladenden und warmen familiären Wirklichkeit, die in seinem Herzen nie aufhörte präsent zu sein. Doch nun, in Nazaret, findet Charles eine neue Familie, die ihn aufnimmt und adoptiert. In deren Mittelpunkt steht Jesus, den er als *„seinen geliebten Bruder und Herrn"* entdeckt und als dessen kleinen Bruder er sich fühlt.

> Charles sieht in Jesus seinen älteren Bruder, der seinen jüngeren Bruder zärtlich liebt.

Und dieser kleine Bruder hat seinerseits sein Herz an seinen älteren Bruder verloren und wird von dem Wunsch verzehrt, bei ihm zu sein, ihn anzusehen, ihn nachzuahmen, ihn zu lieben, ihn anzubeten.

Die lieben, die Jesus so sehr liebte

Dies ist das Fundament, auf dem seine Berufung als „Bruder aller Menschen" reift. Diese Erfahrung in der Heiligen Familie von Nazaret entwickelt sich schrittweise und zunehmend weiter in zwei Bewegungen. Die erste Bewegung führt Charles auf den Weg der immer engeren Vereinigung mit Jesus. Und dies löst die zweite Bewegung aus, die bisher nur in einem Keimstadium geblieben war. Verbunden mit Jesus und in dem Wunsch, ihn so vollkommen wie möglich nachzuahmen, wird Charles allmählich zu dem immer größeren Wunsch geführt, diejenigen zu lieben, die Jesus geliebt hat, besonders diejenigen, die er in Mt 25 als „seine geringsten Brüder und Schwestern" bezeichnet. Dieser Abschnitt des Evangeliums hat den tiefsten

Eindruck auf Charles gemacht und sein Leben am meisten verändert.[5] Verbunden mit Jesus, der sein Leben für seine Brüder und Schwestern gegeben hat, und in dem Bestreben, ihm immer ähnlicher zu werden, fühlte sich Charles auch zu den Menschen hingezogen, in denen er von nun an nichts anderes als die von Jesus geliebten Brüder und Schwestern sehen konnte, unter denen sein geliebter Bruder leben wollte, bei denen er vorüberging und ihnen Wohltaten erwies und für die er sein Leben am Kreuz hingab. Aus der Betrachtung Jesu in Nazaret und dann in allen Geheimnissen seines Lebens sowie aus der Betrachtung des in der Eucharistie gegenwärtigen und dargebotenen Jesus erwächst der Wunsch, ihn vor allem in den Kleinen gegenwärtig zu finden und sich mit Jesus auch in deren Dienst und im Werk zu ihrem Heils zu vereinen. Um es mit Charles' eigenen Worten zu sagen, aus der *„liebenden Betrachtung"* Jesu kommt sein Wunsch nach einem *„fruchtbaren Apostolat"*.[6]

Dieser Wunsch wird ihn zunächst dazu bringen, die Priesterweihe zu empfangen, die er zu diesem Zeitpunkt nicht mehr als Hindernis sieht, sondern als eine größere Chance der Gleichgestaltung mit Christus im Dienst an den Brüdern (und Schwestern), und dann nach Algerien zu gehen, wo er sich zunächst in Beni Abbès und dann in Tamanrasset niederlassen wird. In der Wüste Sahara erfüllt sich der Wunsch, Jesus darin nachzuahmen, ein Bruder unter Brüdern und Schwestern zu sein, und seine Berufung sich in dem Wunsch äußert, „Bruder aller" zu sein: „Ich möchte alle Einwohner, Christen, Muslime, Juden und Götzendiener, daran gewöhnen, mich für ihren Bruder, den universellen Bruder, zu halten."[7]

Angetrieben von diesem Bestreben gelang es Charles, zumindest teilweise die Grenzen zu überwinden, die ihm seine eigene Kultur und die seiner Zeit auferlegt hatte, die von einem Gefühl der Überlegenheit der weißen Franzosen gegenüber der algerischen Bevölkerung geprägt war, und explizit und klar Stellung zum Phänomen der Sklaverei zu beziehen. Charles wünschte

---

5 Brief an Louis Massignon vom 1. August 1916: In: J.-F. Six, L'aventure de l'amour de Dieu. 80 lettres inédites de Charles de Foucauld à Louis Massignon. Paris 1993

6 In: A. Mandonico: *Mio Dio, come sei buono.* La vita e il messaggio di Charles De Foucauld, LEV, Città del Vaticano - Roma 2020, 259.

7 Ch. de Foucauld, Brief an Madame de Bondy (7. Januar 1902), zitiert in P. Sourisseau, Charles de Foucauld 1858–1916. Biographie, Paris 2016, 318.

auch Bildungsmöglichkeiten für die Tuareg, die dazu führen würden, dass sie den Franzosen gleichgestellt wären. Es ist der gleiche Wunsch, der ihn dazu bringt, jeden Tag viele Stunden dem Studium der Tuareg-Sprache zu widmen, denn nur wenn er die Sprache und Kultur des Volkes, mit dem er lebt, immer besser kennenlernt, kann er wirklich ein Bruder für die Männer und Frauen werden, die zu diesem Volk gehören. Das alles sind Elemente, die Charles' Sinn für Geschwisterlichkeit leicht mit dem von Papst Franziskus verbinden.

Sein Apostolat verzichtete jedoch nicht auf den Stil von Nazaret: Im Gegensatz zu dem, was er bei Franz von Assisi sah, wollte Charles nicht mit Worten evangelisieren, sondern mit dem Leben, der Güte und dem Beispiel, und vor allem, indem er Bindungen echter Freundschaft mit jedem Menschen schuf.

Charles wollte anders als Franz von Assisi nicht mit Worten evangelisieren, sondern mit dem Leben, der Güte und dem Beispiel, und vor allem, indem er Bindungen echter Freundschaft mit jedem Menschen schuf.

Das ist es, was er für sich selbst und auch für seine erwünschten Begleiter wollte. In den Konstitutionen der Kleinen Brüder vom Heiligsten Herzen Jesu heißt es: „Die Kleinen Brüder vom Heiligsten Herzen ... werden allen Gästen, armen wie reichen, die gleiche Nahrung, die gleiche Unterkunft, die gleiche Aufmerksamkeit geben, da sie in allen den einen Jesus sehen. Möge ihre universale und brüderliche Nächstenliebe wie ein Leuchtturm leuchten; möge niemand, auch kein Sünder oder Ungläubiger, für lange Zeit im Ungewissen sein, dass sie die universalen Freunde, die universalen Brüder sind, die ihr Leben damit verbringen, für alle Menschen ohne Ausnahme zu beten und ihnen Gutes zu tun; dass ihre Bruderschaft ein Hafen, ein Schutzraum ist, in dem jeder Mensch, besonders wenn er arm oder unglücklich ist, jederzeit brüderlich eingeladen, erwünscht und aufgenommen wird... ".[8]

Und auch hier ist die Verbindung zu dem, was der Papst schreibt, offensichtlich, sowohl für das große Thema der sozialen Freundschaft, das für

8 Ch. de Foucauld, Opere spirituali, Paoline, Rom 1984, 407–408.

„Fratelli tutti" zentral ist, als auch für die bekannten Bilder der Kirche, die Franziskus am Herzen liegen: die Kirche als Feldlazarett oder als Haus des Vaters mit der immer offenen Tür.

Freundschaft und Geschwisterlichkeit leben von der Gegenseitigkeit

Zum Abschluss möchte ich jedoch noch eine Episode aus Charles' Leben berichten, durch die sein Dasein als universeller Bruder auch jenseits seines Willens und Bewusstseins zu einer wahreren und tieferen Realität wurde. Im Winter 1907/1908 wurde Charles die Möglichkeit gegeben, die Trennwand zwischen ihm und den Einheimischen in Tamanrasset zumindest teilweise zu überwinden und so wirklich arm und ein echter Bruder für die Tuareg zu werden, neben denen er lebte, und sogar über das hinauszugehen, was an seinem Bestreben, ein universeller Bruder zu werden, noch abstrakt oder idealisiert sein konnte.

Seit Jahren lebt Charles in Tamanrasset in großer Armut, die in ihrer extremen Radikalität kaum nachgeahmt werden kann. Und doch, schreibt Antoine Chatelard, „hat niemand jemals einen Armen in ihm sehen können... Er ist da, um zu geben... und fährt fort, der Wohltäter zu sein, bereit zu helfen und an jeden Menschen entsprechend seiner Not zu verteilen."[9] Doch im Winter 1908 wurde Charles schwer krank: Er konnte nichts mehr tun, und es waren die Tuareg, die ihn retteten, indem sie für ihn auf das Wenige, das sie hatten, verzichteten. Und genau in dem Moment, in dem er auf seine Ohnmacht reduziert ist, unfähig, etwas zu sagen, völlig abhängig von seinen Nachbarn, fühlen sie sich für ihn verantwortlich und treten in sein Leben. Es brauchte einen solchen Zustand der krankheitsbedingten Auslöschung, damit seine Gastgeber ihm etwas anbieten und ihm auf Augenhöhe begegnen konnten. ... Dieser Zustand der Schwäche und Krankheit erlaubte ihm, eine neue Beziehung zu diesen Menschen zu leben, die seine Freunde wurden. Es ist eine echte Umkehr, ein bemerkenswerter Fortschritt beim Teilen. Vielleicht hatte er zuvor geglaubt, auf jene Gegenseitigkeit verzichten zu können, ohne die es keine Freundschaft geben kann: eine kostbare

9 A. Chatelard, Charles de Foucauld. Le chemin vers Tamanrasset, Paris 2002, 256.

Perle, ‚eine so seltene Realität in dieser Welt', die ihm von nun an helfen wird zu leben. Er hatte daran gedacht, alles aufzugeben: jetzt akzeptiert er, das Hundertfache auf dieser Erde anzunehmen. Von diesem Moment an ändert sich Charles' Verhältnis zu seinen armen Nachbarn: Er tut nicht mehr nur etwas für die Armen, sondern empfängt von ihnen und akzeptiert, dass sie etwas für ihn tun, der wirklich arm geworden ist.

Und das macht den Unterschied aus, denn „Liebe besteht in gegenseitiger Kommunikation"[10], in einem Austausch von Gaben, bei dem nicht nur einer gibt und der andere empfängt, sondern einer und der andere abwechselnd geben und empfangen. Wenn der Sohn Gottes in Jesus Mensch und unser Bruder geworden ist, ist es dann nicht gerade, um einen wahren Austausch von Gaben mit uns zu verwirklichen, indem er auch etwas von uns annimmt, ausgehend vom Leben, von der Liebe und von all dem, was er von Maria und Josef erhalten hat, als er ein kleines, völlig von ihnen abhängiges Kind war? Hat er sich nicht selbst arm gemacht hat, um uns mit seiner Armut zu bereichern? Wurde Jesus nicht in Bethlehem, in Nazaret und dann am Kreuz wirklich einer von uns, ohne aufzuhören, der Sohn Gottes zu sein, ein Bruder für alle, besonders für die Armen, und zu sterben wie seine Brüder und Schwestern in dieser Welt? Und ist es nicht gerade in dieser Situation der Armut und der totalen Ohnmacht, die durch die Krankheit hervorgerufen wurde, dass Charles zum „universellen Bruder" wurde? Die universelle Geschwisterlichkeit verwirklichte sich für Charles in der Konkretheit des Bandes der Freundschaft, das ihn mit den wenigen Tuareg verband, die neben ihm in Tamanrasset lebten.

> Die universelle Geschwisterlichkeit verwirklichte sich für Charles de Foucauld in der Konkretheit des Bandes der Freundschaft, das ihn mit den wenigen Tuareg verband, die neben ihm in Tamanrasset lebten.

Am Ende von „Fratelli tutti" äußert sich der Papst so über Charles de Foucauld: „Seine Vision einer Ganzhingabe an Gott fand ihre Verwirklichung schließlich in seiner Identifikation mit den Geringsten und Verlassenen in den Wei-

10 Ignatius v. Loyola, „Betrachtung, um Liebe zu erlangen", Exerzitienbuch Nr. 231.

ten der afrikanischen Wüste. In diesem Zusammenhang äußerte Charles de Foucauld den Wunsch, sich als Bruder eines jeden Menschen empfinden zu können. So bat er einen Freund: ‚Beten Sie zu Gott, dass ich wirklich der Bruder aller Seelen [...] sein kann«. Er wollte letztendlich ‚der Bruder aller' sein. Aber nur durch die Identifikation mit den Geringsten wurde er zum Bruder aller Menschen. Möge Gott jeden von uns zu dieser Vision inspirieren." (FT 287)

Diese Identifikation mit dem Letzten wurde wirklich erreicht, als er selbst zum Letzten wurde, als er mit seinem geliebten Bruder ein wenig diesen letzten Platz teilen konnte, der ihn immer fasziniert hatte, seit er durch die Worte von Abbé Huvelin darauf aufmerksam geworden war.

Von der Begegnung mit Jesus, dem Bruder und Herrn, der ihn in einen seiner kleinen Brüder verwandelt, bis zur Begegnung mit den kleineren Brüdern und Schwestern Jesu und damit auch seinen Geschwistern: das ist der Weg von Charles de Foucauld. Von seinem geliebten Bruder und Herrn Jesus geliebt, wünscht sich Charles nichts anderes, als ihn zu lieben und nachzuahmen. Aus diesem Grund liebt er seine kleineren Brüder und Schwestern und lernt, sich von ihnen als Bruder lieben zu lassen, so wie andererseits Jesus selbst von uns, seinen kleinen Brüdern und Schwestern, geliebt werden möchte. In diesen leuchtenden Harmonien der geschwisterlichen Liebe, die uns mit dem Herrn und miteinander verbindet, verbirgt sich der Schlüssel zum Verständnis der Bedeutung der universellen Geschwisterlichkeit von Charles de Foucauld. Und hier liegt wohl auch das verborgene Geheimnis, das die ganze Enzyklika von Papst Franziskus inspiriert.

Ferruccio Ceragioli, Professor für Fundamentalheologie, Turin
Übersetzung: Marianne Bonzelet

Ganzhingabe an Gott
Gastfreundschaft als ein lebendiges Zeugnis des Glaubens[1]

Christsein ist mit Charles de Foucauld als eine Lebensform heiliger Gastfreundschaft zu verstehen, die an den Orten, wo sie gewährt wird, vertrauensbildend wirkt und Hoffnung gibt. (Red.)

Diaspora: Fremde und Gäste

Durch die Corona-Pandemie ist die Weltordnung getroffen und erschüttert. Die Menschheit steht vor neuen, grundlegenden Fragestellungen im Miteinander der Menschen, der Religionen, der Kulturen und der Wissenschaften. Die Globalisierung fordert geradezu ein neues Denken, ein kontextuelles Denken, ein Denken, das Weite atmet in der Antwortsuche der unterschiedlichen Szenarien für die Zeit nach der Corona-Krise.

Fakt ist, dass die Welt, dass die Gesellschaften von einer ethnischen, kulturellen, und religiösen Vielfalt geprägt sind. Blicken wir in unseren Kontext, in unser Land, dann sehen wir uns seit Jahren mit veränderten Situationen in der religiösen Vielfalt konfrontiert. Für die beiden großen christlichen Kirchen zeigt sich, dass die Beteiligung am kirchlichen Leben noch weiter zurückgehen und die Zahl derjenigen wächst, die sich bewusst von Glauben und Kirche distanzieren oder gleichgültig gegenüberstehen. Für

1 Erstveröffentlichung: In: S. Laurs, I. Proft, M. Schulze (Hg.), Gott für die Welt. Festschrift für George Augustin, 431–438. Hier geringfügig gekürzt. Vgl. Zum Christsein in der Diaspora: Günter Riße / Clemens A. Kathke (Hg.), Diaspora: Zeugnis von Christen für Christen, Paderborn 1999; Annegret Beck, Christ sein können. Religiöse Kompetenz in der katholischen Diaspora Ostdeutschlands (Erfurter Theologische Studien, 95), Würzburg 2009.

unsere Breiten können wir schon eine Glaubensdiaspora diagnostizieren. Die Diasporasituation schreitet unaufhörlich voran.

In der Diaspora zu leben und eine Diasporasituation auszuhalten, ist dem Judentum nicht fremd. Diaspora, dass ist der Aufenthalt Israels in fremder Umgebung. Auch die ersten Christen bilden in neutestamentlicher Zeit eine kleine Minderheit. Ausdrücklich sind zwei der Briefe des Neuen Testaments an die Gemeinden in der Diaspora adressiert. Jakobus schreibt an die auserwählten „zwölf Stämme in der Zerstreuung / Diaspora" (Jak 1,1). Der 1. Petrusbrief bedenkt und reflektiert den bedeutenden und wichtigen Grundgedanken der Diaspora und den damit einhergehenden Status als Gast und des Fremdsein des Menschen. Der Verfasser des Briefes adressiert sein Schreiben an die Auserwählten in der Diaspora (1,1), die als Christen „Fremde und Gäste in dieser Welt" sind (1Petr. 2,11). Und schließlich mahnt der Hebräerbrief die zerstreuten Gemeinden eindringlich: „Die Gastfreundschaft vergeßt nicht. Denn durch sie haben etliche, ohne es zu merken, Engel gastlich aufgenommen." (Hebr. 13,2)[2]

Dass Engel als Gäste zu Besuch kommen, ist biblisch an vielen Stellen anschaulich beschrieben. Am bekanntesten das in der Kunst und Ikonographie dargestellte Motiv, wie Abraham die drei Engel in Mamre als Gäste empfängt und bewirtet (Gen 18).

Im Neuen Testament ist die Gastfreundschaft ebenfalls ein zentrales Thema. Der Evangelist Johannes beginnt seinen Prolog mit dem Gast- und Fremdsein des Sohnes Gottes, Jesus Christus: „In sein Eigentum kam Er, und die Eigenen nahmen Ihn nicht auf." (Joh 1,11) Nichtaufgenommen und Nicht-immer-bleibend, ohne den Menschensohn an einen festen Ort zu binden, schreibt der Evangelist von der Menschwerdung Jesu im Prolog weiter: „Und Er, das Wort, ward Fleisch, zeltend unter uns." (Joh 1,14)

Christus ist ein Fremder und zeltender Gast auf Erden und in seiner Heimat, der auf seinen Wanderwegen immer ein Fremder bleibt, der angewiesen ist auf die Zuwendung und Gastfreundschaft der Menschen: „Die Füchse", so Jesus zu dem Schriftgelehrten, „haben Höhlen, und die Vögel

2 Dieses und die nächsten neutestamentlichen Bibelzitate nach: Das Neue Testament. Übersetzt von Fridolin Stier, München 1989.

des Himmels Nester; doch der Menschensohn hat nichts, wo er den Kopf hinbetten könnte" (Mt 8,20).

Im Philipperhymnus spricht der Apostel Paulus von der Kenosis – dem Ausgeleertsein – und der Annahme in Knechtsgestalt des Sohnes Gottes (Phil 2,5–11) und bezeugt so die Fremdheit des Herrn und sein Gaststatus, dem es als Christ, gestärkt durch die Heilsbotschaft von Tod und Auferstehung des Messias, nachzufolgen gilt.

Der fremde Gast Jesu Christi aber wird selbst zum Gastgeber des Mahles, der das Brot bricht und das Brot – sich selbst – den Jüngern reicht. So anschaulich in der Tradition über- liefert bei der Erscheinung Jesu den zwei Jüngern auf dem Weg nach Emmaus (Lk 24,13–35) und der Mahl-Erscheinung am See von Tiberias (Joh 21).

Der Gaststatus Jesu, seine Gastfreundschaft, das Fremdsein Jesu und die daraus sich nährende Liebe zum Fremden findet sich aktuell in der Enzyklika „Fratelli tutti" des Papstes Franziskus wieder, der Öffentlichkeit übergeben am Fest des Poverello von Assisi, dem Heiligen Franziskus, am 4. Oktober 2020.

Enzyklika: „Fratelli tutti"

In der Enzyklika „Fratelli tutti"[3], die der Papst selbst als eine Sozialenzyklika bezeichnet, zeigt der Papst auf, dass Geschwisterlichkeit und soziale Freundschaft die Wege sind, um eine bessere, gerechtere und friedlichere Welt aufzubauen und zu fördern. Im Hintergrund steht die Corona-Pandemie, die, wie Franziskus formuliert, „unerwartet ausbrach, als ich dieses Schreiben verfasste". Der globale Gesundheitsnotstand habe einmal mehr gezeigt, dass niemand sich allein rette und dass jetzt wirklich die Stunde gekommen sei, um „von einer einzigen Menschheit zu träumen", in der wir „alle Geschwister" sind.

Gegen eine „Kultur der Mauern" stellt der Papst in der Enzyklika das leuchtende Beispiel des barmherzigen Samariters „ein Fremder auf dem Weg" entgegen. Alle tragen Mitverantwortung beim Aufbau einer Gesell-

3 Vgl. (bis in die wortwörtliche Formulierung hinein) https://www.vaticannews.va/de/papst/news/2020-10/fratelli- tutti-papst-franziskus-zusammenfassung-enzyklika-sozial.html

schaft, die alle Hilfsbedürftigen zu integrieren und zu unterstützen versteht. Die Liebe baut Brücken, und „wir sind für die Liebe geschaffen“, schreibt der Papst, um vor allem die Christen dazu zu ermutigen, Christus in jedem ausgeschlossenen Menschen zu erkennen. Der Papst betont, dass die „Heiligkeit des menschlichen Lebens“ überall auf dem Globus zu achten sei, wo auch immer „Teile der Menschheit geopfert werden“. Hier ist auch die Rolle der Kirche eindeutig und unmissverständlich: Sie verlegt ihre Mission nicht in den privaten Bereich, und auch wenn sie selbst nicht Politik macht, verzichtet sie doch nicht auf die politische Dimension, auf die Aufmerksamkeit für das Gemeinwohl und auf die Sorge für eine integrale menschliche Entwicklung, so wie es den Prinzipien des Evangeliums entspricht.

Das Abschlusskapitel der Enzyklika – es trägt die Überschrift: „Die Religionen im Dienst an der Geschwisterlichkeit in der Welt“ – bekräftigt, dass Terrorismus sich nicht auf Religion berufen darf, sondern in Wirklichkeit auf irrtümlichen Interpretationen religiöser Texte beruht und auch mit Hunger, Armut, Ungerechtigkeit und Unterdrückung zu tun hat. Gewalt oder Terror jeglicher Art, ob religiös oder nicht religiös begründet, wird vom Papst eine Absage erteilt. Mehrfach wiederholt Papst Franziskus seine Überzeugung, dass eine friedliche Koexistenz der Religionen auf dieser Erde möglich ist; Religionen sind Wege des Friedens. Sein Votum, sein nachdrücklicher Auftrag an die Vertreter der Religionen der Welt ist der Einsatz und das Streben nach Gerechtigkeit und Frieden wie der Einsatz und der Respekt für das fundamentale Recht auf Religionsfreiheit.

Zu guter Letzt zitiert Franziskus das „Dokument über die Brüderlichkeit aller Menschen“, das er am 4. Februar 2019 zusammen mit dem Großimam der al-Azhar-Universität, Ahmed al-Tayyib, in Abu Dhabi unterzeichnet hat. Diesem grundlegenden interreligiösen Text entnimmt der Papst den Appell, dass, um der Geschwisterlichkeit aller Menschen willen, immer grundsätzlich auf den Dialog als Weg, die Zusammenarbeit als Stil und das Wissen umeinander als Methode und Kriterium gesetzt werden solle. Wir zitieren die Schlusspassage dieser wegweisenden Enzyklika von Papst Franziskus, er schreibt:

„Bei diesen Überlegungen zur Geschwisterlichkeit aller Menschen habe ich mich besonders von Franz von Assisi, aber auch von nichtkatholischen Brüdern inspirieren lassen: Martin Luther King, Desmond Tutu, Mahatma Gandhi und viele andere. Zum Schluss möchte ich jedoch an einen weiteren Menschen tiefen Glaubens erinnern, der aus seiner intensiven Gotteserfahrung heraus einen Weg der Verwandlung gegangen ist, bis er sich als Bruder aller fühlte. Dies ist der selige Charles de Foucauld.

Seine Vision einer Ganzhingabe an Gott fand ihre Verwirklichung schließlich in seiner Identifikation mit den Geringsten und Verlassenen in den Weiten der afrikanischen Wüste.

> Charles de Foucaulds Vision einer Ganzhingabe an Gott fand ihre Verwirklichung schließlich in seiner Identifikation mit den Geringsten und Verlassenen in den Weiten der afrikanischen Wüste.

In diesem Zusammenhang äußerte Charles de Foucauld den Wunsch, sich als Bruder eines jeden Menschen empfinden zu können. So bat er einen Freund: ‚Beten Sie zu Gott, dass ich wirklich der Bruder aller Seelen [...] sein kann'. Er wollte letztendlich ‚der Bruder aller' sein. Aber nur durch die Identifikation mit den Geringsten wurde er zum Bruder aller Menschen. Möge Gott jeden von uns zu dieser Vision inspirieren. Amen."[4]

Der Papst endet seine Enzyklika mit zwei Gebeten, das eine Gebet zum Schöpfer und das andere für die Ökumene.

Durch die hohe Bedeutung der Religionen, die Papst Franziskus in der Enzyklika „Fratelli tutti" herausgearbeitet hat, und durch die namentliche Nennung des seligen Charles de Foucauld – dessen „Vision einer Ganzhingabe an Gott" und sein Wunsch „Bruder eines jeden Menschen" zu sein – als eine wesentliche Inspiration für seine Enzyklika und seinen Blick auf die

4 Enzyklika Fratelli tutti von Papst Franziskus – Über die Geschwisterlichkeit und die soziale Freundschaft. Hg. vom Sekretariat der Deutschen Bischofskonferenz (Verlautbarungen des Heiligen Stuhls, Nr. 227), Bonn 2020. (Nr. 286 und Nr. 287). Vgl. auch H. Waldenfels, Wann, wenn nicht jetzt. Papst Franziskus in der Krise der Zeit, Kevelaer 2019.

Religionen, werden und sind auch wir herausgefordert uns von der Spiritualität eines Charles de Foucauld in der Begegnung der Religionen noch mehr inspirieren zu lassen.

Bruder Karl: Bruder aller Menschen

Die Biografie von Bruder Karl, seine einzelnen Lebensabschnitte – stets durchwoben vom Status des Fremdseins und des Gastseins –, seine Theologie wie sein geistliches Leben waren tief durchdrungen von der Brüderlichkeit (Geschwisterlichkeit) zu einem jeden Menschen.

Charles de Foucauld war von der Begegnung mit Muslimen und mit dem Islam geprägt. Im Zentrum seines Daseins aber steht Jesus. Er, der Herr, ist sein Gefährte und Freund. Die Christusliebe steht im Zentrum seiner Herz-Jesu-Verehrung und der Liebe zur Eucharistie, die wiederum sich am verborgenen Leben Jesu in Nazaret orientiert und Kraftspender ist für die Werke der Barmherzigkeit und tätigen Nächstenliebe, das missionarische Apostolat der Güte und der Gastfreundschaft – alles wiederum Rückverweise auf Christus selbst.[5]

Der Gottsucher, Beter und Mystiker Charles de Foucauld starb vor mehr als hundert Jahren. Mit seiner ganzen Person hat Charles de Foucauld das Christuszeugnis in einer nichtchristlichen Welt gelebt. Mit Leidenschaft und Entschlossenheit hat dieser Jahre nach seinem Tod Menschen in der interreligiösen Begegnung angesteckt und befähigt, sich im Dialog der Religionen zu engagieren.

5 Vgl. zu Charles de Foucauld: J.-F. Six, Charles de Foucauld. Mit Leidenschaft und Entschlossenheit. Übersetzt von D. Frericks, bearbeitet von Ch. Lechner. München 2008; A. Chatelard, Charles de Foucauld. Der Weg nach Tamanrasset. Übersetzt von Maria Walburg, Oberpframmern 2005; M. Bonzelet, Charles de Foucauld – Impulse zum Christsein heute, in: Lebendiges Zeugnis 65 (2010) 284–293. B. Bürkert-Engel, Charles de Foucauld: Christliche Präsenz unter Muslimen: Analyse und kritische Auseinandersetzung mit einer Islamrezeption in Biographie und Nachlass (Christentum und Islam im Dialog, Bd. 1), Münster 2000.

Die Nazaret-Spiritualität Charles de Foucaulds ist eine Spiritualität, die sich aus der Verborgenheit und des Schweigens speist, ist wie ein Leuchtturm, der Christen und Nichtchristen in unserer Zeit Orientierung gibt und geben kann.

In diesem, säkularen Kontext bekommt Foucaulds mystische Spiritualität der Gastfreundschaft – als ein lebendiges Zeugnis des Glaubens – eine zukunftsweisende Aktualität, um Christus in Milieus zu vergegenwärtigen, in denen der Glaube verschwunden, noch nicht hingelangt oder die Evangelisierung erschwert ist.

Dazu ein prophetisches, zeugnisgebendes Wort von Charles de Foucauld, das zum innersten seines Lebens vordringt und Strahlkraft bis in unsere Tage hinein hat. Er schreibt:

„Unser ganzes Leben, so still es auch sein mag, das Leben von Nazaret, das Leben in der Wüste sowie das öffentliche Leben müssen eine Verkündigung des Evangeliums durch das Beispiel sein; unsere ganze Existenz, unser ganzes Wesen muss das Evangelium von den Dächern rufen; unsere ganze Person muss Jesus atmen; all unser Handeln, unser ganzes Leben muss ausrufen, dass wir zu Jesus gehören, muss das Bild des evangeliumsgemäßen Lebens vermitteln; unser ganzes Wesen muss eine lebendige Predigt sein, ein Spiegelbild Jesu, (…) etwas, das Jesus hinausruft, das Jesus sehen lässt, das wie ein Bild Jesu leuchtet. Möge unser ganzes Leben Jesus und das Evangelium von den Dächern rufen!“[6]

Charles de Foucauld ist ein Glaubenszeuge, der mit Wort und Tat Gottes Gastsein ein Gesicht gegeben hat, der im Notleidenden oder im Fremden Christus vergegenwärtigte. Seine Sprache der gastfreundlichen Liebe ver-

6 J. Kittel, Füreinander. Dienst in der Nachfolge Jesu, Paderborn 2020, 70 (Die Fußnote Nr. 58, 106f. zitiert die Quelle: „Ch. de Foucauld, La bonté de Dieu. Œuvres spirituelles du Père Charles de Foucauld. Volume VI. Tome 1, Montrouge 1996, 285.

mag auch heute noch überall dort zu wirken, wo in der (Neu-)Evangelisierung die Aufträge der Glaubensverkündigung wie Glaubensweitergabe nicht zur Sprache gebracht werden können.

In den Spuren Charles de Foucaulds – ein Inspirator für eine missionarische Kirche, Christus in den Herzen der Menschen eine dauerhafte und beständige Heimat zu ermöglichen – denkt Christoph Theobald, der in Paris lehrende Fundamentaltheologe, weiter, wenn er das gegenwärtige Diasporachristsein im Missionsland Europa, die Exkulturation des Glaubens aus der Gesellschaft und die Glaubwürdigkeitskrise untersucht.[7] Die wesentliche Chance, dem Christsein neue Lebenskraft zu vermitteln, sieht Chr. Theobald vor allem darin, Christsein als eine Lebensform heiliger Gastfreundschaft zu verstehen, die vertrauensbildend ist und Hoffnung gibt. Wenn wir die Gastfreundschaft Jesu, seine Liebe zum Fremden und die daraus resultierenden Freiheitsräume mit ihrem Begegnungs- und Beziehungsgeschehen tiefer verstehen, dann haben wir, so Christoph Theobald, einen weiteren Schlüssel in der Hand, um die zur Zukunft des Christentums zu gestalten und um weitere Brücken zu bauen, in der der christlichen Botschaft auch künftig herausfordernden Begegnung der Religionen.

Wir brauchen Brückenbauer, wir benötigen Menschen, die das Wissen sich aneignen und haben, um eine Brücke zu schlagen, die die Kenntnis haben, dass sich immer wieder Brücken finden lassen und / oder gebaut werden können, um so auf das andere Brückenufer zu gelangen. Brücken überwinden Grenzen und schaffen Gastfreundschaft. Wirkliche Gastfreundschaft aber „gibt es nicht ohne Überraschungen. Sich ihnen nicht verschließen, verändert uns, weil sich unsere Erfahrung Gottes verändert und es verändert unser Reden von Gott, vielleicht nicht die Worte, aber das Handeln, unseren Stil, in dem wir Gott zur Sprache bringen. An der Geschichte Gottes mit Charles de Foucauld lässt sich dies buchstabieren, und deshalb ist seine Rede von Gott aktuell.“[8]

Günter Riße, Union-Netzwerk Charles de Foucauld, Bonn

7 Ch. Theobald, Christentum als Stil. Für ein zeitgemäßes Glaubensverständnis in Europa, Freiburg 2018.

8 A. Stadlmeier, Du sollst Dir kein Bildnis machen ..., In: MiW 58/2020, Heft 209, 15.

„Fratelli tutti"
Ein Ruf nach Geschwisterlichkeit[1]

Reinhard Kardinal Marx kommt in seinem Beitrag aus weltkirchlicher Perspektive zu dem Schluss, dass die Enzyklika „Fratelli tutti" durchaus als eine erste Summe dessen gelesen werden kann, was Papst Franziskus der Welt und auch der Kirche selbst ins Stammbuch und auf die Agenda schreiben will. (Red.)

In seiner Enzyklika „Fratelli tutti" (FT) über Geschwisterlichkeit und soziale Freundschaft betrachtet Papst Franziskus diese Begriffe nicht rein abstrakt und richtet sie als Forderung an Dritte, sondern er stellt auch sein eigenes Denken und Handeln mit dieser Schrift unter die Anforderung, sich um Geschwisterlichkeit mit allen Menschen stetig zu mühen. Dies tut er etwa auch, indem er benennt, dass ihn katholische und nicht-katholische Geschwister zu seinen Überlegungen inspiriert haben. Er nennt explizit Franz von Assisi, Martin Luther King, Desmond Tutu, Mahatma Gandhi und den seligen Charles de Foucauld. Ihn beschreibt Papst Franziskus als einen „Menschen tiefen Glaubens, der aus seiner intensiven Gotteserfahrung heraus einen Weg der Verwandlung gegangen ist, bis er sich als Bruder aller fühlte" (FT 286). Es ist eine herausragende Würdigung des seligen Charles de Foucauld, die Papst Franziskus damit vornimmt und durch die er ihn auch der gesamten Welt noch einmal und manchen vielleicht auch zum ersten Mal vorstellt.

1 Dieser Beitrag beruht im Kern auf meinem Gastbeitrag zur Enzyklika „Fratelli tutti", der am 09.01.2021 im L'Osservatore Romano erschienen ist.

Papst Franziskus leitet mit dieser Würdigung und Zitaten von Charles de Foucauld ein „Gebet zum Schöpfer" ein, das die Enzyklika als eines von zwei Gebeten abschließt. Diese Passage aus der Enzyklika zitiere ich hier einmal im Ganzen:

„Seine Vision einer Ganzhingabe an Gott fand ihre Verwirklichung schließlich in seiner Identifikation mit den Geringsten und Verlassenen in den Weiten der afrikanischen Wüste. In diesem Zusammenhang äußerte Charles de Foucauld den Wunsch, sich als Bruder eines jeden Menschen empfinden zu können. So bat er einen Freund: „Beten Sie zu Gott, dass ich wirklich der Bruder aller Seelen [...] sein kann". Er wollte letztendlich „der Bruder aller" sein. Aber nur durch die Identifikation mit den Geringsten wurde er zum Bruder aller Menschen. Möge Gott jeden von uns zu dieser Vision inspirieren. Amen.

Gebet zum Schöpfer

Herr und Vater der Menschheit,
du hast alle Menschen mit gleicher Würde erschaffen.
Gieße den Geist der Geschwisterlichkeit in unsere Herzen ein.
Wecke in uns den Wunsch nach einer neuen Art der Begegnung,
nach Dialog, Gerechtigkeit und Frieden.
Sporne uns an, allerorts bessere Gesellschaften aufzubauen
und eine menschenwürdigere Welt
ohne Hunger und Armut, ohne Gewalt und Krieg.
Gib, dass unser Herz sich
allen Völkern und Nationen der Erde öffne,
damit wir das Gute und Schöne erkennen,
das du in sie eingesät hast,
damit wir engere Beziehungen knüpfen
vereint in der Hoffnung und in gemeinsamen Zielen.
Amen." (FT 287)

Es ist vielleicht auch ein Gebet, das in der Geistlichen Familie von Charles de Foucauld aufgegriffen, meditiert und gebetet werden könnte, um die Inspiration von de Foucauld weiter zu vertiefen. Papst Franziskus verbindet auch im Rückgriff auf die Inspiration durch de Foucauld in einer zeitgenössischen Form die beiden Bewegungen von Mystik und Politik zu einer weltzugewandten Glaubenstiefe, mit der er viele Menschen unserer Tage erreichen kann.

Zeitnah zur Enzyklika hat Papst Franziskus 2020 ein Buch veröffentlicht, das ebenfalls mit hoher Aufmerksamkeit beachtet wurde: „Wage zu träumen!"[2] Er wendet sich – wie auch in der Enzyklika ausdrücklich benannt – an alle Menschen, an die ganze Welt. Die Enzyklika und das Buch versammeln auch Reflexionen und weiterführende Gedanken von Papst Franziskus angesichts der Corona-Pandemie, die die Welt nunmehr seit nahezu zwei Jahren beschäftigt und die unser persönliches Leben, aber auch das Leben in unserer Gesellschaft und als Weltgemeinschaft auch „nach Corona" prägen wird. In diesem Buch unterstreicht Papst Franziskus den Appell zur Geschwisterlichkeit und betont den Kairos, die aktuelle Zeitstunde, die kein Zögern mehr zulässt, um zu einer neuen nachhaltig wirksamen Haltung zu kommen:

„Die Moderne, die mit so viel Entschiedenheit Gleichheit und Freiheit hervorgebracht hat, muss sich nun mit dem gleichen Elan und derselben Hartnäckigkeit auf die Geschwisterlichkeit konzentrieren, um sich den vor uns liegenden Herausforderungen zu stellen. Die Geschwisterlichkeit wird es der Freiheit und der Gleichheit erlauben, ihren rechtmäßigen Platz im Gleichklang einzunehmen."[3]

Papst Franziskus bietet mit seinem Buch „Wage zu träumen!" eine Art Verstärkung der Enzyklika. Es machte für mich 2020 ein wenig den Eindruck, als wolle er ganz sicher gehen, dass wirklich alle verstehen, dass er auch selbst in seinem Amt Grenzen überwinden möchte und uns aufruft, es ihm gleichzutun in unseren jeweiligen Verantwortungsbereichen. Diese Grundmelodie, dass es um das Überwinden (vermeintlicher) Grenzen geht, gibt schon die erste Zwischenüberschrift in „Fratelli tutti" vor, denn sie lautet: „Ohne Grenzen" (FT 3).

---

2 Papst Franziskus: Wage zu träumen! Mit Zuversicht aus der Krise. München 2020.

3 Ebd., 14.

Papst Franziskus steht, wie auch schon bei der Enzyklika „Laudato si'" (2015), eindeutig in der Tradition der Katholischen Soziallehre und knüpft an den heiligen Franz von Assisi an, vor allem an dessen Einladung zu einer Liebe, „die alle politischen und räumlichen Grenzen übersteigt" (FT 1). Ein besonders starkes Signal von „Fratelli tutti" ist ganz in diesem Sinn die Anknüpfung an die Begegnung mit Großimam Ahmad Al-Tayyeb in Abu Dhabi 2019 und das gemeinsame Dokument über die Brüderlichkeit aller Menschen für ein friedliches Zusammenleben in der Welt. Damit betont Papst Franziskus einmal mehr, dass Religionen nicht zur Abgrenzung und zur Verstärkung von Ideologien dienen dürfen, sondern alle im Dienst an der einen Menschheitsfamilie stehen müssen, und erteilt damit auch allen fundamentalistischen Versuchen, Religion für ihre Zwecke zu instrumentalisieren und zu verengen, eine deutliche Absage. Diese dialogische Brücke ist ja auch eine starke Nähe zu Charles de Foucauld.

Papst Franziskus betont einmal mehr, dass Religionen nicht zur Abgrenzung und zur Verstärkung von Ideologien dienen dürfen, sondern alle im Dienst an der einen Menschheitsfamilie stehen müssen.

Vielleicht kann man „Fratelli tutti" durchaus als eine erste Summe dessen lesen, was Papst Franziskus der Welt und auch der Kirche selbst ins Stammbuch und auf die Agenda schreiben will. In Anknüpfung an die Enzyklika „Caritas in veritate" (2009) von Papst Benedikt XVI. fordert Papst Franziskus die Kirche dazu auf, ihrer öffentlichen Rolle gerecht zu werden und sich in den „Dienst der Förderung des Menschen und der weltweiten Geschwisterlichkeit" (Caritas in veritate 11) zu stellen.

In ersten kritischen Stimmen zu „Fratelli tutti" kurz nach Erscheinen war zu vernehmen, dass soziale Geschwisterlichkeit keine klassische Kategorie der Soziallehre sei, sondern der Gedanke der Solidarität und der sozialen Gerechtigkeit für das hier bezeichnete ausreichend seien und es keine neuen Begrifflichkeiten brauche. Solidarität ist ein soziales Ordnungsprinzip und eine moralische Tugend, so wie es auch das „Kompendium der Soziallehre der Kirche"[4] erläutert, die „den Rang einer grundlegenden sozialen Tugend ein[nimmt], weil sie im Raum der Gerechtigkeit angesiedelt ist, der Tugend schlechthin"[5]. Ebenso wie bereits „Caritas in veritate" stärkt „Fratelli tutti" das sozialethische Prinzip der Solidarität, das sich gerade nicht darin erschöpft, eine gleichsam rechtlich einklagbare und gegebenenfalls sozialstaatlich abgesicherte Kategorie zu sein, sondern grundlegend ein Wohlwollen aller gegenüber allen formuliert und einfordert. Soziale Geschwisterlichkeit greift eine philosophische Grundkategorie des Wohlwollens, der Freundschaft auf, wie sie etwa auch Aristoteles in der Nikomachischen Ethik beschreibt als Freundlichkeit, mit der wir unseren Mitmenschen grundsätzlich in einer Haltung der Liebenswürdigkeit, Akzeptanz und Rücksichtnahme begegnen. Denn ohne solche Freundschaft kann es kein wirkliches Verstehen des anderen geben, das ja eine Grundlage des guten Miteianders der Menschen ist, so wie Charles de Foucauld es in Nordafrika gelebt hat.

Soziale Geschwisterlichkeit greift eine philosophische Grundkategorie des Wohlwollens, der Freundschaft auf, mit der wir unseren Mitmenschen grundsätzlich in einer Haltung der Liebenswürdigkeit, Akzeptanz und Rücksichtnahme begegnen.

Papst Franziskus schreibt unserer Zeit in der Tat etwas ins Stammbuch, das universelle und zeitlose Gültigkeit hat und für alle Menschen guten Willens prinzipiell zustimmungsfähig sein sollte: „Aufeinander zugehen, sich äußern, einander zuhören, sich anschauen, sich kennenlernen, versuchen, einander zu verstehen, nach Berührungspunkten suchen – all dies wird in dem Wort Dialog zusammengefasst." (FT 198) Und auch in diesem Zusammenhang fällt es nicht schwer, auch an das Leben und Wirken des seligen Charles de Foucauld zu denken.

---

4 Päpstlicher Rat für Gerechtigkeit und Frieden: Kompendium der Soziallehre der Kirche. Freiburg 2006.

5 Ebd., 193.

Ich bin sehr dankbar dafür, dass Papst Franziskus diese scheinbar so selbstverständliche Haltung im Umgang miteinander, die Bereitschaft zum Dialog, durch seine Enzyklika noch einmal in den Vordergrund stellt und damit gerade in einer Zeit erstarkender Populismen, Nationalismen und Ideologien Orientierung gibt, die gerade nicht das Trennende betont, sondern stets das Verbindende, das Gemeinsame sucht. Zu dieser Haltung braucht es jedoch die freie Zustimmung, das Anderssein aller Menschen zu akzeptieren und respektieren. Das ist nach meinem Dafürhalten ein notwendiger „common sense", um Spaltungen innerhalb von Staaten und Gesellschaften, aber auch weltweit zu überbrücken beziehungsweise bestenfalls sogar schon zu verhindern. Denn die Gefahr sehe ich ebenso wie Papst Franziskus in „Wage zu träumen!": „Das Fehlen ehrlichen Dialogs in unserer öffentlichen Kultur macht es schwieriger, einen gemeinsamen Horizont zu schaffen, auf den wir uns zusammen zubewegen können."[6] Gerade im zweiten Jahr der Corona-Pandemie ist diese Gefährdung auch in unseren gesellschaftlichen Bezügen noch offenkundiger und vielleicht auch brisanter geworden: Denken wir nur an die zum Teil hitzig und nicht dialogbereit und respektvoll geführten Debatten um Triage, Impfpflicht, „Corona-Leugnung", Freiheitsrechte und Solidarität. Es sind Fragen, die die Verantwortlichen in Politik, Wissenschaft und Gesundheitswesen aber auch uns alle als mündige Bürgerinnen und Bürger zuweilen stark herausfordern, uns detailliert zu informieren, sachgerechte Positionen zu finden, Abwägungen auch ethischer Natur zu treffen und etwa die Fragen von Solidarität, Gerechtigkeit, Freiheit und Verantwortung in einem demokratischen Staat neu durchzudenken. Und wir stellen fest, dass es im Falle gegensätzlicher Interessen, die es legitimerweise immer gibt und geben muss, nicht so einfach ist, einen „common sense" herzustellen, mit dem wir auch langfristig als Gesellschaft gut weiterleben können. Denn sosehr wir uns das auch manchmal wünschen mögen: Es wird keine Zeit „vor Corona" mehr geben, sondern wir gehen als Einzelne und als Gesellschaften verändert aus dieser kritischen Zeit hervor.

Papst Franziskus hat schon mit seiner Enzyklika „Laudato si'" für einen gemeinsamen Horizont geworben, der Hoffnung geben kann, um das „ge-

6 Papst Franziskus, Wage zu träumen, 100f.

meinsame Haus der Schöpfung" förderlich und zum Wohl aller Menschen gestalten zu können, ausgehend von einem positiven Menschenbild, einer Anthropologie, die im Glauben an den Schöpfergott gründet. (vgl. Laudato si, 13) In Fortschreibung davon fordert Papst Franziskus in „Fratelli tutti" zu einem Umdenken auf, das zu einer neuen Fortschrittsidee der Menschheit führen muss angesichts der weltweiten existentiellen Krisen. Er spricht in „Wage zu träumen!" sogar von den „verborgenen Pandemien der Welt",[7] wie Hunger, Gewalt und Klimawandel, die wir als eine Menschheitsfamilie in ihrem hohen Krisenpotential geschwisterlich und nachhaltig bestehen müssen.
Das „gemeinsame Haus der Schöpfung" kann nicht im Modus der Abgrenzung gefunden werden, sondern ausgehend von der Orientierung am Gemeinwohl. Die Ursprünge des Gemeinwohlprinzips reichen zurück bis in die griechische Antike und sind weiter wirkmächtig auch in der Soziallehre der Kirche. Papst Franziskus greift dieses Prinzip schon in „Laudato si'" auf, ordnet ihm die Sozialprinzipien von Personalität, Solidarität und Subsidiarität zu, und setzt so das Kaleidoskop der christlichen Soziallehre seit „Rerum Novarum" 1891 gleichsam neu zusammen. „Laudato si'" definiert wie das Zweite Vatikanische Konzil Gemeinwohl als „die Gesamtheit jener Bedingungen des gesellschaftlichen Lebens, die sowohl den Gruppen, als auch deren einzelnen Mitgliedern ein volleres und leichteres Erreichen der eigenen Vollendung ermöglichen" (Gaudium et spes 26).

Der Anspruch der Geschwisterlichkeit und des Dialogs in „Fratelli tutti" richtet sich aber auch auf die Kirche selbst, die als Gemeinschaft von Menschen eben nicht immun ist gegen die Versuchungen des Egoismus und des Individualismus, des Missbrauchs der Macht, der Ideologisierung und des Fundamentalismus. Die Kirche ist dagegen weder immun in innerkirchlichen Beziehungen noch in ihrer Verhältnisbestimmung zur Welt. Auch in der Kirche braucht es den Dialog, Geschwisterlichkeit und soziale Freundschaft!

Die Versuchung der Entgrenzung des Ich, des Selbst ist auch der biblischen Überlieferung bekannt, was in „Fratelli tutti" in wunderbarer Weise in der Katechese des Gleichnisses vom Barmherzigen Samariter zutage tritt. Im

7 Ebd., 12.

Blick auf diejenigen, die an dem verletzten Menschen vorbeigehen, sagt Papst Franziskus: „Sie waren religiöse Menschen. [...] Es weist darauf hin, dass die Tatsache, an Gott zu glauben und ihn anzubeten, keine Garantie dafür ist, dass man auch lebt, wie es Gott gefällt." (FT 74)

Auch die Erfahrungen mit Missbrauch und Gewalt im Raum der Kirche haben – vor allem den Betroffenen – schmerzlich deutlich gemacht, wie gefährlich Macht sein kann, wenn Amtsträger und Verantwortungsträger sich der Grenzen ihrer Macht nicht bewusst bleiben und Macht nicht kontrolliert wird, wenn die Würde des Menschen missachtet und verletzt wird. Wir haben als Kirche gelernt und müssen weiterhin lernen, damit sich ein neues Denken ausbreiten kann, das nicht an Selbsterhaltungsinteressen einiger orientiert ist, sondern am Wohl des gesamten Volkes Gottes. Dazu braucht es die Kraft zum Dialog und zur Freundschaft.

Eine wesentliche Grundlage dieser erneuerten Haltung, die biblisch begründet ist, ist der Gedanke der „chiesa synodale", das Prinzip der Synodalität, das Papst Franziskus auch in seinem Buch „Wage zu träumen!" aufgreift: „Dieses alte Vorgehen wollte ich aber nicht nur für die Kirche neu entwickeln, sondern auch als Dienst an der Menschheit, die so oft in lähmenden Streitigkeiten gefangen ist."[8] Damit die Kirche jedoch in diesem Dienst an der Menschheit glaubwürdig sein kann und somit auch der frohen Botschaft Gottes den Weg bereitet, muss sie sich auch in analoger Weise in ihren eigenen innerkirchlichen Beziehungen daran ausrichten. Da ist noch manches zu tun und es ist deshalb richtig, dass die Weltbischofssynode 2021–2023 sich mit dieser Frage der Synodalität intensiv in allen Ortskirchen auseinandersetzt.

Mit „Fratelli tutti" vertieft und weitet Papst Franziskus abermals den Horizont kirchlicher Verkündigung und kirchlichen Handelns: Es schärft den Blick für die Peripherien des Menschseins, des Weltseins und des Kircheseins. Und das ist vielleicht auch motiviert von dem Wunsch, die notwendigen innerkirchlichen Debatten in synodaler Weise so zu führen, dass davon der Blick auf das, was für den Menschen und die Menschheit insgesamt

8 Ebd., 106.

wichtig und bedeutsam ist, nicht getrübt wird. Dahinter steht die zentrale Frage, wofür die Kirche da ist. Und die Antwort von Papst Franziskus ist ebenso zentral und eindeutig: Die Kirche ist nicht für sich selbst da, sondern damit alle Menschen Hoffnung haben, die von Gottes Liebe selbst ausgeht!

Die Kirche ist nicht für sich selbst da, sondern damit alle Menschen Hoffnung haben, die von Gottes Liebe selbst ausgeht!

Die Kirche ist Werkzeug der Einheit unter den Menschen, und dieser Auftrag richtet sich an jede und jeden einzelnen und an die institutionell verfasste Kirche. Es geht darum, Bruder und Schwester aller Menschen, wirklich aller Mensch sein zu wollen. Das sollten wir uns von Papst Franziskus auch mit „Fratelli tutti" und in der Inspiration durch den seligen und bald heiligen Charles de Foucauld ganz deutlich ins Stammbuch schreiben lassen: „Möge Gott jeden von uns zu dieser Vision inspirieren." (FT 287)

Reinhard Kardinal Marx, Priestergemeinschaft Jesus Caritas, München

Ikone aus dem Trappistenkloster
Notre Dames des Neiges/Frankreich

Charles de Foucauld

Ein Leben im Dialog

Papst Franziskus mahnt immer wieder die Wichtigkeit des Zu- und Hinhörens an, das in Kirche und Gesellschaft weitgehend in Vergessenheit geraten zu sein scheint und doch gerade für geistliches Leben unerlässlich ist. Charles de Foucauld hat das Wort „Dialog" zwar nie benutzt, ihn aber gelebt und interessante Hinweise für sein Gelingen hinterlassen. (Red.)

Charles de Foucauld erzählte selbst, wie er zum Glauben seiner Kindheit zurückfand, und wie sehr diese Rückkehr eine Begegnung mit Jesus von Nazaret war, den er als engen, lebendigen Freund wiederentdeckte. Fortan hatte er den tiefen Wunsch, „... nur für Ihn zu leben...", wie er gerne wiederholt. Einem Freund erklärt er: „Ich habe mein Herz an diesen JESUS von Nazaret verloren, der vor 1900 Jahren gekreuzigt wurde, und ich verbringe mein Leben damit, ihn so gut wie möglich nachzuahmen, in all meiner Schwäche."[1]

Das Bemerkenswerte an seinem Weg ist, dass er in dem Bestreben Jesus von Nazaret nachzuahmen von einem Leben der radikalen Trennung von der Welt (als Mönch hinter Klostermauern und als Einsiedler in einer Gartenlaube) zu einem Leben in einem Milieu übergeht, das sich sehr davon unterscheidet – dem der Tuareg in Algerien – und in das er sich von den Menschen aufnehmen lässt. Als Charles Ende 1901 in Algerien eintrifft, kommt er mit dem Wunsch, den anderen zu begegnen, demjenigen zu begegnen, der am weitesten entfernt ist, der am meisten anders ist.

1 Brief an Gabriel Tourdes vom 07. März 1902: In: Ch. de Foucauld, Lettres à un ami de lycée [Gabriel Tourdes], Bruyères-le-Châtel 2010, 161.

Von diesen letzten Jahren seines Lebens können wir sagen, dass er sie „im Dialog" gelebt hat.

Seltsamerweise fehlt das Wort „Dialog" im Wortschatz von Charles de Foucauld. Wir begegnen ihm nie in den vielen Schriften und Briefen, die er uns hinterlassen hat! Aber während er das Wort nicht benutzt, lebt er die Praxis. Er selbst spielt darauf an, wenn er z.B. an den apostolischen Präfekten der Sahara schreibt: „Allein an einem Ort zu leben, ist eine gute Sache. Man erreicht etwas, auch wenn man nicht viel tut, weil man anfängt, zum Land zu gehören. Man ist dort ansprechbar und unscheinbar: es gibt einem eine solche Kleinheit!"[2]: „Zum Land gehören", klein und ansprechbar sein, das bedeutet, sich darum zu bemühen, die Grenzen zu überwinden, die die Kommunikation verhindern. Einige Monate vor seinem Tod lässt er sein Leben noch einmal Revue passieren: Auf der Suche nach einem Priester, der die Leitung der Bruderschaft übernehmen könnte, die zu gründen ihm ein Anliegen war, schreibt er: „Ich halte mich für weniger fähig, dieses Unternehmen in Angriff zu nehmen, als fast jeder andere Priester, da ich nur gelernt habe, in der Einsamkeit zu beten, zu schweigen, mit Büchern zu leben und höchstens mit armen Leuten intim zu plaudern."[3] Es ist eine großartige Intuition für das, was ihm wohl am meisten gelungen ist, nämlich zu lernen, „mit armen Leuten vertraulich zu plaudern". Das kann man lernen! Und Gott weiß, wie viele Stunden Charles de Foucauld damit verbracht hat, die Sprache, die Kultur, die Sitten und die Familienstrukturen der Tuareg zu entschlüsseln, die er um Gastfreundschaft bat.

Charles de Foucauld, der, wie bereits erwähnt, leidenschaftlich für Jesus von Nazaret brannte, war aber auch von dem Wunsch beseelt, denjenigen bekannt zu machen, der ihm das Leben schenkte: „Entzünde ein Feuer auf der Erde!" Das ist der Gedanke aus dem Evangelium, den er als Primizspruch anlässlich seiner Priesterweihe wählte. Seine schönsten Gedanken über den Dialog können im Kontext der Verkündigung des Evangeliums, das in ihm brennt, bei „den Menschen, die Jesus nicht kennen", gesehen

2 Brief an Mgr Guérin vom 02. Juli 1907. In: Ch. de Foucauld, Correspondances Sahariennes. Lettres inédites aux Pères blancs et aux Sœurs blanches (1901–1916), Paris 1998, 527.

3 Brief an Pater Voillard vom 11. Juni 1916. In: Ch. de Foucauld, Correspondances Sahariennes, a.a.O., 908.

werden.[4] Wir dürfen weder den kirchlichen noch den theologischen Kontext seiner Zeit vergessen. „Außerhalb der Kirche kein Heil!", war der gemeinsame Hintergrund aller Christen und Missionare.

Auch wenn Charles de Foucauld keine Theorie des Dialogs entwickelt hat, so können wir doch in seinen Schriften Elemente erkennen, die zeigen, wie er sich den Dialog vorstellte:

„Verbanne den militanten Geist"

„Verbanne den militanten Geist weit von uns. ‚Ich sende euch wie Schafe unter die Wölfe', sagt JESUS... Was für ein großer Unterschied zwischen der Art und Weise, wie Jesus handelt und spricht, und dem militanten Geist derer, die keine oder schlechte Christen sind und die Feinde sehen, die es zu bekämpfen gilt, anstatt kranke Brüder, um die man sich kümmern muss; Verwundete, die auf der Straße liegen, für die wir gute Samariter sein müssen... Nicht kämpferisch mit jemandem zu sein: JESUS hat uns gelehrt, ‚wie Schafe unter Wölfen' zu gehen, nicht bitter, hart oder beleidigend zu reden oder zu den Waffen zu greifen."[5]

> „Verbanne den militanten Geist"! Das bedeutet, sich zu weigern, andere um jeden Preis überzeugen zu wollen, sich nicht auf die Ebene eines Kampfes um heiß verteidigte Ideen zu begeben.

Es ist der Versuch, den anderen zu verstehen und was ihn am Dialog hindert, was ihn „krank" macht..., verletzt, wie Charles de Foucauld sagt.

4 Ch. de Foucauld, Seul avec Dieu. Retraites à notre Dame de Neiges et au Sahara. Œuvres spirituelles du Père Charles de Foucauld. Volume X., Montrouge 2004, 100.

5 Brief an Joseph Hours vom 03. Mai 1912. In: Ch. De Foucauld, Correspondances lyonnaises (1904–1916). Lettres à Suzanne Perret, à l'Abbé Antoine Crozier, à Joseph Hours et à l'Abbé Constant Pel, Paris 2005, 92.

Den Wert des anderen und seinen Anteil an der Wahrheit erkennen

„Der Islam ist sehr verführerisch. Er hat mich sehr verlockt. Aber der katholische Glaube ist wahr. Er ist leicht zu beweisen und folglich sind alle anderen Irrtümer… Nun, wo es Irrtum gibt, gibt es immer Schaden (auch wenn die Wahrheiten, die sich unter den Irrtümern befinden, gut sind und immer fähig sind, großes und wahrhaft Gutes hervorzubringen, was beim Islam der Fall ist).“[6]

Geprägt von den Ideen seiner Zeit, ist es ihm dennoch möglich, weiter zu sehen und einen Raum zu öffnen, der den Horizont erweitert und den anderen als Träger der Wahrheit erkennen lässt. Es ist ein Raum, in dem man anerkennt, dass diese Wahrheit in sich selbst gut und es folglich normal ist, dass der Gesprächspartner an sie gebunden ist, wenngleich mit den ihm zur Verfügung stehenden Mitteln der Interpretation, und dass dieses Gute dazu bestimmt ist, Frucht zu bringen, Frucht der Wahrheit.

Am Ende seines Lebens bestand Charles de Foucauld oft auf dieser Haltung des Vertrauens in das Wirken der Wahrheit im Herzen eines jeden Menschen, in seine Aufrichtigkeit. Denn jeder Mensch ist fähig, das Gute zu erkennen, es zu wünschen und sein Leben danach auszurichten. In seinen letzten Lebensjahren arbeitete Charles sehr intensiv daran, eine Vereinigung zu gründen, die allen Christen (Priestern, Laien, Alleinstehenden, Verheirateten, Ordenschristen) offen steht und ein dreifaches Ziel hat: 1. das Evangelium in den Mittelpunkt des eigenen Lebens zu stellen und daraus zu leben; 2. die Eucharistie, das Sakrament des frei geschenkten Lebens, zu lieben und daraus zu leben; 3. sich dafür einzusetzen, das Evangelium denen bekannt zu machen, die ihm noch fern sind. Und er schreibt eine Art Lebensregel für die Mitglieder dieser Vereinigung, das Direktorium. Es ist bemerkenswert, wie sehr er darauf besteht, dass die Christen vor jeder Predigt die großen Werte des Lebens wie Liebe, Respekt vor anderen, Bescheidenheit des Lebens usw. in die Praxis umsetzen. Diese großen Werte

6 Brief an Henri de Castries vom 15. Juli 1901. In: Ch. de Foucauld, Lettres à son ami Henry de Castries (1901–1916), Paris 2011, 57.

vermögen die Vernunft und das Herz eines jeden anzusprechen. Werden diese Werte gelebt und die darin enthaltenen Früchte entdeckt, kann in jedem der Wunsch wach werden, sich ebenfalls in diese Werte zu vertiefen und sie in die Praxis umzusetzen.

Die Grundhaltung des Dialogs besteht darin zu glauben, dass der andere aufrichtig ist und aufrichtig mit dem ihm verfügbaren Licht sucht, weder an seinem guten Glauben zu zweifeln noch an seiner Fähigkeit, offen zu sein. So beginnt ein gemeinsam zu beschreitender Weg, auf dem jeder durch die Werte des anderen bereichert werden kann.

In eine gegenseitige Beziehung eintreten: die Geschichte von Tarichat

„Während des Massakers bei der Flatter-Mission zeigte eine Tuareg-Frau aus einer adligen Familie eine sehr schöne Haltung. Sie widersetzte sich der Tötung der Verwundeten, nahm sie auf und pflegte sie in ihrem Haus. Attissi, der [...] sie selbst umbringen wollte, verweigerte sie den Zutritt und nach ihrer Genesung ließ sie sie nach Tripolis zurückbringen. Sie ist jetzt zwischen 40 und 43 Jahre alt, hat großen Einfluss und ist für ihre Nächstenliebe bekannt.

Ist diese Seele nicht bereit für das Evangelium? Wäre es nicht angebracht, ihr zu schreiben, um ihr einfach zu sagen, dass die Nächstenliebe, die sie nicht müde wird zu praktizieren und mit der sie vor 22 Jahren die Verwundeten aus der französischen Mission aufgenommen, gepflegt, verteidigt und in die Heimat zurückgeführt hat, uns bekannt ist und uns mit Freude und Dankbarkeit gegenüber Gott erfüllt... Gott sagte: ‚Das 1. religiöse Gebot ist, Gott von ganzem Herzen zu lieben. Das 2. ist, alle Menschen ohne Ausnahme zu lieben wie dich selbst.‘ Gott sagte auch: ‚Ihr seid alle Brüder. Ihr habt alle denselben Vater, Gott, und ‚Das Gute und das Böse, das ihr anderen antut, tut ihr Gott an‘. Voll Bewunderung und Gott dankend, dass Sie Nächstenliebe gegenüber den Menschen praktizieren, was die zweite Pflicht ist, die erste ist die Liebe zu Gott, schreiben wir diesen Brief, um Ihnen zu sagen, dass alle Christen, die von Ihnen hören, Sie segnen, Gott für Ihre Tugenden loben und zu Ihm beten werden, dass Er Sie mit Gnaden in dieser Welt und Herrlichkeit im Himmel erfüllt... Wir schreiben Ihnen auch, um Sie zu bitten, für uns zu beten, in der Gewissheit, dass Gott, der einen so festen Wunsch zu lieben und zu dienen in Ihr Herz gelegt hat, ihre Gebete erhör. Wir bitten Sie, für uns und für alle Menschen zu beten, dass wir Ihn von ganzer Seele lieben und Ihm gehorchen. Ihm sei die Herrlichkeit, der Segen, die Ehre, das Lob, jetzt und in Ewigkeit. Amen."[7]

Wir finden hier die tiefen Beweggründe von Charles de Foucauld: Als er von der Haltung dieser Frau hört, möchte er mit ihr in Kontakt treten, um ihr das Evangelium zu verkünden, aus dem sie in seinen Augen bereits lebt. Doch wie geht er dabei vor? Erstens, indem er sich in einer für sie verständlichen Weise ausdrückt: Charles beginnt seinen geplanten Brief mit zwei Zitaten aus heiligen Texten und schließt mit einer Formel zum Lob Gottes. Dies ist eine konkrete Art und Weise, in das einer gläubigen Muslimin vertraute kulturelle Universum einzutreten, um den Austausch zu erleichtern.

Dann drückt Karl seiner Gesprächspartnerin gegenüber das Gute aus, das er in ihr sieht und wie sehr er dieses Gute schätzt – die zweite Grundhaltung des Dialogs ...

Aber was noch bemerkenswerter ist – wenn wir uns an den kirchlichen Kontext der Zeit vor mehr als hundert Jahren erinnern –, ist die Tatsache, dass er als katholischer Priester eine muslimische Frau bittet, für ihn und für alle Menschen zu beten, und dabei die Gewissheit ausdrückt, dass Gott ihr Gebet erhören wird, angesichts der Art und Weise, wie sie die Liebe zu ihrem Nächsten praktiziert. Das ist kein Relativismus. Für Charles de Foucauld ist es eine Reflexion der katholischen Tradition in ihrem tiefsten Inneren, in der Erkenntnis, dass unsere verschiedenen Glaubenswege an der Qualität unseres Dienstes an den Schwächsten gemessen werden können. Und dass wir auf diesem Weg von der anderen Person lernen und empfangen können.[8]

Von Charles de Foucauld lernen, dass jeder etwas zu geben und zu empfangen hat.

---

7 Tagebucheintrag in Beni Abbès vom 21. Juni 1903. In: Ch. de Foucauld, Carnet de Beni Abbès (1901–1905). Œuvres spirituelles du Père Charles de Foucauld. Volume XIII. Introduction par Pierre Sourisseau. Paris 1993, 70.

8 Charles de Foucauld spricht über all dies in dem ihm eigenen Kontext, aber diese Elemente des Dialogs sind natürlich auf jede alltägliche Situation, in der wir uns befinden, anwendbar.

Eine Bestätigung dieses gegenseitigen Gebens und Empfangens liefern die Schriften von Charles selbst: Er verbrachte viel Zeit im Gespräch Menschen, besonders in Beni-Abbes und Tamanrasset. Mit einigen wenigen unterhielt er echte Freundschaften, geprägt von Vertrauen und gegenseitigem Dienst und Austausch von Ratschlägen:

„Ich habe hier mindestens vier ‚Freunde', auf die ich mich voll und ganz verlassen kann. Wie sind sie meine Freunde geworden? Auf die gleiche Weise, wie wir untereinander Bindungen aufbauen. Ich habe ihnen keine Geschenke gemacht. Aber sie haben verstanden, dass sie in mir einen Freund haben, dass ich ihnen zugetan bin, dass sie mir vertrauen können, und sie haben die gleiche Haltung mir gegenüber erwidert ... [...] Es gibt noch andere, die ich mag, die ich hoch schätze, auf die ich in vielen Dingen zählen kann. Aber diese vier kann ich um jede Art von Rat, Information oder Hilfe bitten und sicher sein, dass sie ihr Bestes für mich geben werden."[9]

Wir dürfen nicht vergessen, dass es die Tuareg waren, die sich um ihn kümmerten und ihm das Leben retteten, als er im Winter 1907–1908 sehr krank war. Er wird ihnen sehr dankbar bleiben.

Der „Sprache" des anderen zuhören: sich vom Leben berühren lassen

Es ist nicht unser Ziel, über den enormen wissenschaftlichen Beitrag zu sprechen, den Charles de Foucauld zum Verständnis der Tuareg-Sprache geleistet hat – ein Beitrag, der bis heute als Referenz dient. Erinnern wir uns nur an die vielen Stunden, die Charles im Dialog mit den Menschen verbracht hat, um zuzuhören, zu verstehen und in den Reichtum einer Kultur durch ihre Gedichte, Sprichwörter, soziale Organisation usw. einzudringen.

Über diese Arbeit an der Sprache hinaus richtet sich seine Aufmerksamkeit auch auf das Leben und die Gefühle der Menschen um ihn herum. Das Leben ist eine Sprache, auf die man hören lernen muss. Dies ist eine Konstante auf dem Lebensweg von Charles de Foucauld. Er lässt sich von dem, was er vom Leben

9 Brief an Garnier vom 23. Februar 1913.

um ihn herum wahrnimmt, in Frage stellen, bis hin zu einer Richtungsänderung. Sich auf einen Dialog einzulassen bedeutet, das Risiko zu akzeptieren, dass das Leben eines anderen Menschen mich in Frage stellt und verändert.

Sich auf einen Dialog einzulassen bedeutet, das Risiko zu akzeptieren, dass das Leben eines anderen Menschen mich in Frage stellt und verändert.

Das erfahren wir schon während seiner Reise nach Marokko:

„Der Islam hat einen sehr tiefen Eindruck bei mir hinterlassen. Der Anblick eines solchen Glaubens, von Menschen, die in der ständigen Gegenwart Gottes leben, ließ mich ahnen, dass es etwas Größeres und Wahreres gibt als weltliche Beschäftigungen. ‚ad majora nati sumus'[10].

„Ich begann, den Islam zu studieren, dann die Bibel, und durch das Wirken der Gnade Gottes fand sich mein Kinderglaube bestätigt und erneuert …"[11]

Auch als Trappist ist es die Situation der Menschen um ihn herum, die ihn in Frage stellt, destabilisiert und seine Träume verändert:

„Vor acht Tagen wurde ich zur Totenwache eines armen einheimischen Katholiken geschickt, der im Nachbardorf gestorben war: Welch ein Unterschied zwischen seinem Haus und unseren Gebäuden. Ich sehne mich nach Nazaret."[12]

„Unsere größte Arbeit ist die Arbeit auf den Feldern: (…) Vorgestern haben wir die Ernte beendet. Es ist die Arbeit der Bauern, eine Arbeit, die unendlich gut für die Seele ist, denn während sie den Körper beschäftigt, lässt sie der Seele Zeit zum Beten und Meditieren. Und diese Arbeit, die schwieriger ist als man sich vorstellt, wenn man sie noch nie getan hat, vermittelt ein solches Mitgefühl für die Armen, eine solche Nächstenliebe für

10 „Wir sind für Größeres geboren".

11 Brief an Henri de Castries vom 08. Juli 1901 a.a.O., 53.

12 Brief an Marie de Bondy vom 10. April 1894. In: Ch. de Foucauld, Lettres à Mme de Bondy. De la Trappe à Tamanrasset. Introduction de Georges Gorrée, Paris 1966, 52.

die Arbeiter, für die Werktätigen! Man erkennt den Preis eines Stücks Brot, wenn man selbst sieht, wie viel Leid es kostet, es herzustellen!"[13]

Als er später in Nazaret merkt, dass er selbst gut behandelt wird, während andere Besucher des Klosters weniger gut behandelt werden, empfindet er ein gewisses Unbehagen und beginnt über einen Weggang nachzudenken.

„Die Mutter Äbtissin ist immer so gut zu mir, so gut, dass sie immer neue Wege erfindet, freundlich zu mir zu sein. Und die ganze Gemeinschaft tut dasselbe... Aber das an sich stört mich. Ich will nicht undankbar sein, aber ich will auch nicht in Schmeichelei verfallen, was ebenso würdelos ist. Aber auch wenn die ehrwürdige Mutter diese extreme Güte zu mir hat, (...) hindert sie das nicht daran, ziemlich hart, kalt und schroff gegenüber anderen zu sein, die besser sind als ich und die auf jeden Fall alle Glieder Jesu sind (...) Manchmal bringt mich dieser Mangel an Nächstenliebe oder sogar an Gerechtigkeit in eine schwierige Situation, und zwar umso mehr, als niemand es wagt, es mir gegenüber zu erwähnen – sie wissen oder ahnen, was ich dazu sagen würde – und jeder versucht, es vor mir zu verbergen ... [...] Man sollte offen und ehrlich sein und die Dinge offen erklären. Aber ich kann das nicht tun, ohne denen, die mit ihren Leiden zu mir kommen, Probleme zu bereiten, [...] und so habe ich, um nicht in Schmeichelei zu verfallen oder mitschuldig zu sein oder in irgendeiner Weise an dieser Art des Handelns teilzunehmen, mehr als einmal daran gedacht, fortzugehen und diesen Aufbruch zu nutzen, um an einen Ort zu gehen, an dem ich wirklich absolut unbekannt bin und bleibe."[14]

So sehr Foucauld ein Einsiedler in seinem Gartenhäuschen ist, so ist er doch auch in Kontakt mit den Menschen und hört ihnen genügend aufmerksam zu, um das, was sie bewegt und den Ausdruck ihres Leidens wahrzunehmen. Dieses Hören auf das Leben der anderen erschüttert ihn und stellt ihn in Frage bis dahin, dass er eine Lebensänderung in Betracht zieht ...

13 Brief an Marie de Blic, seine Schwester vom 03. Juli 1891. In: Ch. de Foucauld, Lettres à sa sœur Marie de Blic, Mesnil Saint Loup 2005, 47f.

14 An Abbé Huvelin, 22. März 1900. In: Ch. de Foucauld, 20 ans de correspondance entre Charles de Foucauld et son directeur spirituel 1890–1910, Bruyères-le-Châtel, 2010, 191f.

Und man könnte vermuten, dass Laperrine, der seinen Freund und dessen Fähigkeit, sich vom Leben in Frage stellen zu lassen, kannte, Charles den Bericht über die Nächstenliebe von Tarichat zukommen ließ, um sein Interesse an der Kontaktaufnahme mit den Tuareg zu wecken, die ihn schließlich dazu bringen wird, sich in Tamanrasset niederzulassen.

Der Schlüssel zum Verständnis von Charles de Foucaulds Haltung bzgl. des Dialogs liegt zweifellos in dem eingangs zitierten Rat, „den kämpferischen Geist zu verbannen“. Denn um in eine Beziehung einzutreten, gibt es für ihn nur einen Weg. Es ist „durch Güte, Zärtlichkeit, brüderliche Zuneigung, das Beispiel der Tugend, durch Demut und Sanftmut, die immer anziehend und so sehr christlich sind“. Er wird sein ganzes Leben lang auf dieser Dimension der Zärtlichkeit, die Türen öffnet, beharren: „Habt jene zärtliche Güte, die in die Details eindringt und es versteht, durch kleinste Kleinigkeiten Balsam auf die Herzen der Menschen zu legen.“[15] Und das alles fasst er zusammen in eine tiefe und einfache Formel, die er selbst unterstreicht: „Sieh vor allem in jedem Menschen einen Bruder.“[16] Im Dialog zu leben, heißt, in allen, denen ich begegne, Brüder und Schwestern zu sehen und ihnen gegenüber so zu handeln, dass sie selbst „mich als ihren Bruder, den universalen Bruder, ansehen können!“[17]

Dialog leben, heißt, in allen Menschen, denen ich begegne, Brüder und Schwestern zu sehen und ihnen gegenüber so zu handeln, dass sie selbst „mich als ihren Bruder, den universalen Bruder, ansehen können“!

Denn der Schlüssel zum Dialog liegt immer in der Hand des anderen. Ich kann meine Hand ausstrecken, aber es ist immer der andere, der sie ergreifen und zu mir sagen kann: „Komm herein, du bist mein Bruder!“

Marc Hayet, Kleiner Bruder Jesu, Lille
Übersetzung: Marianne Bonzelet

15 Meditation über das Markusevangelium (5, 35–43): Die Auferweckung der Tochter des Jairus

16 Brief an Joseph Hours, 03. Mai 1912, a.a.O., 91.

17 Brief an Marie de Bondy vom 07. Januar 1902, a.a.O., 93–97.

Gewaltfreie Kommunikation (GFK)

Ein Weg zu geschwisterlichem Umgang

Die eingeübte Praxis der gewaltfreien Kommunikation führt zu einem geschwisterlichen Umgang miteinander. Das von Marshall Rosenberg entwickelt Konzept hat als Haltung zum Leben auch eine spirituelle Dimension. (Red.)

Am 3. Oktober 2020 unterzeichnete Papst Franziskus die Enzyklika „Fratelli tutti" als „demütigen Beitrag zum Nachdenken". Zu dieser Enzyklika haben ihn viele Menschen inspiriert, die sich für einen wertschätzenden Umgang miteinander engagiert haben. Papst Franziskus nennt u.a. Martin Luther King, Desmond Tutu, Mahatma Gandhi, Franz von Assisi, Großimam Ahmad Al-Tayyeb und Charles de Foucauld, der den Wunsch hatte, sich als „Bruder eines jeden Menschen" empfinden zu können (282).

Angesichts des Umgangs vieler Menschen, Völker und Regierungen miteinander und der Herausforderungen unserer Zeit appelliert Papst Franziskus, „darauf mit einem Traum der Geschwisterlichkeit und der sozialen Freundschaft zu antworten". (FT 6)

Den Traum von geschwisterlichem Umgang zu verwirklichen, ist auch das Anliegen der Gewaltfreien Kommunikation (GFK). Wie kann die GFK dazu beitragen, diesen Traum des Papstes umzusetzen?

Zwischen dem Aufruf des Papstes zu geschwisterlichem Umgang und der GFK gibt es viele Berührungspunkte.

Die GFK ist eine praktische Anleitung zu „geschwisterlichem Umgang". Die Erläuterung der Grundlagen zeigen Verbindungslinien auf. Die GFK wurde in den 60er Jahren in Zusammenhang mit den Auseinandersetzungen zwischen Weißen und Schwarzen in den USA durch den Psychologen

Marshall Rosenberg entwickelt. Rosenberg, ein Rogers Schüler, interessierte besonders die Frage, wie wir mit unserer einfühlsamen Natur selbst in herausfordernden Situationen in Kontakt bleiben können. Dabei zeigte er Muster unserer Sprache auf, die die Verbindung zwischen Menschen erschweren und eher Verhärtung statt einvernehmlicher Lösungen fördern. Diese Sprache nennt Rosenberg die „Wolfssprache". Hier finden sich sprachliche Mittel wie z.B. moralische Urteile (z.B. „Du bist unkooperativ"), Vorwürfe (z.B. „Hättest du das anders gemacht, wäre das nicht passiert") oder Drohungen („Wenn die Unterlagen nicht bis morgen fertig sind, dann wird das Folgen haben") und weitere Kommunikationssperren.

Oft kennen wir nur diese Sprache, mit der wir anderen Schuld zuweisen, sie kritisieren, vergleichen, oder in Schubladen stecken. Wer sich nicht unseren Vorstellungen entsprechend verhält, dem werden leicht Fehlverhalten oder gar böse Absichten unterstellt. Diese urteilende Sprache erschwert die Verbindung zu anderen Menschen. Rosenberg war überzeugt, dass die Art unseres Sprechens eine entscheidende Rolle bei unserer Fähigkeit spielt, einfühlsam zu sein. Eine Verbesserung des zwischenmenschlichen Miteinanders wird dann möglich, wenn es gelingt, in einem echten empathischen Kontakt miteinander zu sein.

Rosenberg bezeichnet die Gewaltfreie Kommunikation auch als „Sprache des Herzens". Als Symbol für diese Sprache wählte er die Giraffe, weil sie das an Land lebende Säugetier mit dem größten Herzen ist. Es war sein Anliegen, zu Frieden und Verständigung beizutragen. Er mediierte in zahlreichen Konflikten in vielen Ländern der Erde. Weltweit lehrte er die GFK und bildete TrainerInnen aus. Marshall Rosenberg war Mitglied des Ehrenschutzkomitees der Internationalen Koordination für die Dekade für eine Kultur des Friedens und der Gewaltfreiheit für die Kinder der Welt (eine Organisation der UN).

Haltung der Gewaltfreien Kommunikation – Geschwisterlichkeit

Die Vision der Gewaltfreie Kommunikation ist es, zu einer Veränderung im Miteinander („social change") beizutragen. Ihr zugrunde liegt die Sehnsucht nach einer Welt, in der die Bedürfnisse aller Menschen berücksichtigt werden. Hier lässt sich eine Verbindung zum Traum von Papst Franziskus erkennen, „ein weltweites Streben nach Geschwisterlichkeit zum Leben zu erwecken“, und die Würde eines jeden Menschen anzuerkennen. (FT 8)

Die GFK hat sich in vielen Kontexten als geeigneter Ansatz erwiesen, ein Bewusstsein für die eigenen Bedürfnisse UND die des Gegenübers zu schärfen und dadurch einen Wandel im Miteinander zu ermöglichen.

Ihr liegt eine Haltung zugrunde, die von drei Grundannahmen geprägt ist:

- Alle Menschen haben die gleichen Bedürfnisse.
- Alles, was Menschen tun, tun sie, um sich Bedürfnisse zu erfüllen.
- Jeder Mensch tut das Beste, das ihm zum Zeitpunkt seines Handelns zur Verfügung steht.

Bedürfnisse veranlassen uns zu handeln: Wenn ich hungrig bin, esse ich, um leben zu können. Wenn ich von Hunger oder Krieg bedroht bin, versuche ich vielleicht, mein Bedürfnis nach Sicherheit durch Flucht in ein anderes Land zu erfüllen. Bedürfnisse wie Liebe, Gerechtigkeit, Sicherheit... sind allen Menschen gemeinsam.

Bedürfnisse sind leider auch oft nicht erfüllt. Papst Franziskus schreibt: „Es gibt heute in der Welt zahlreiche Formen der Ungerechtigkeit... Was sagt das über die Gleichheit der Rechte aus, die in derselben Menschenwürde begründet liegen?“ (FT 22)

Wie schön wäre es, wenn die Bedürfnisse aller gesehen und berücksichtigt würden! Wenn es uns doch gelänge, der Bruder (oder die Schwester) aller zu sein, wie es der sehnlichste Wunsch Charles de Foucaulds war.

> Die gewaltfreie Kommunikation zeigt einen Weg, weg von Erwartungen, wie Menschen sich „richtig“ benehmen sollen, von Vorstellungen, wie es „richtig“ zu sein hat, hin zu einem Weg, der gegenseitiges Verstehen fördert.

In Fratelli tutti heißt es: „Der echte Dialog setzt die Fähigkeit voraus, den Standpunkt des anderen zu respektieren und zu akzeptieren.“ (FT 203)

Die GFK bietet ein Sprachmodell, dessen Ziel es ist, dem Anderen zuzuhören und selbst gehört zu werden, und das so immer wieder hilft, eine geschwisterliche Haltung einzuüben.

Worin unterscheidet sich die Gewaltfreie Kommunikation von unserer üblichen Art zu sprechen?

Beobachten statt bewerten

Die GFK lädt ein, andere und deren Verhalten in einer Weise zu beobachten, die frei ist von Bewertung, von Beurteilung oder Kritik. Der Einstieg in ein Gespräch mit einer Beobachtung statt einer Bewertung macht es dem Gegenüber leichter zuzuhören:

„Bei den letzten drei Besprechungen kamen Sie 10 Minuten nach der vereinbarten Zeit.“ statt „Sie kommen ständig zu spät.“

Wer beide Formulierungen auf sich wirken lässt, spürt einen Unterschied in der Wirkung. Einer Beobachtung kann der andere zustimmen, weil es sich um Fakten handelt. Eine Bewertung führt eher dazu, dass mein Gegenüber innerlich abgleicht, ob er dieser zustimmt, nicht bis zum Ende zuhört und sofort nach Gegenargumenten sucht.

Gefühle statt Interpretationen

Alles, was wir erleben, löst Gefühle in uns aus. Deshalb ist es hilfreich, nach der Beobachtung auch das durch sie ausgelöste Gefühl zu benennen. Wir sind im Wahrnehmen unserer Gefühle meist wenig geschult und verwenden oft unkonkrete Formulierungen wie „Mir geht es gut“. Dabei hat unsere Sprache eine Vielzahl von Worten für unser Befinden: begeistert, berührt, erleichtert, zufrieden, zuversichtlich, … oder ängstlich, angespannt, ärgerlich, bedrückt, wütend... Von meinen Gefühlen zu hören, zeigt dem Gegenüber, wie es mir geht und fördert Verstehen. Das wiederum trägt zu Verbindung bei.

Als angeborenes Orientierungssystem zeigen uns Gefühle, wie es uns geht. Wir können sie als „Wegweiser“ hin zu unseren Bedürfnissen nutzen. Nehme ich angenehme Gefühle wahr, sind meine Bedürfnisse erfüllt. Nehme ich dagegen unangenehme Gefühle wahr, sind sie ein Hinweis auf nicht erfüllte Bedürfnisse. Dann kann ich dafür sorgen, dass sie wieder erfüllt werden. Was ich erlebe, ist der Auslöser meines Gefühls. Ursache jedoch ist das erfüllte oder nicht erfüllte Bedürfnis. Ein Beispiel macht dies deutlich:

Ein Freund ruft an und sagt, er käme leider 30 Minuten später zu unserem Termin. Ich habe im Anschluss einen weiteren Termin und komme unter Druck, weil ich für diesen Termin verlässlich sein möchte. Bin ich aber vielleicht selbst verspätet und ohne weiteren Termin im Anschluss, dann erfüllt sich das Bedürfnis nach Entspannung durch die Verschiebung um 30 Minuten und ich bin erleichtert.

Je nachdem, welches Bedürfnis für mich gerade Priorität hat, werden unterschiedliche Gefühle durch die gleiche Beobachtung in mir ausgelöst.

Da wir wenig gelernt haben, unsere Gefühle wahrzunehmen und zu benennen und uns nicht klar ist, dass die Ursache in unseren erfüllten oder unerfüllten Bedürfnissen liegt, neigen wir dazu, die Verantwortung für unsere Gefühle mit unserer Sprache dem Gegenüber zu übertragen. „Ich bin ärgerlich, weil du zu spät kommst …“. So erschwert Sprache Verbindung, denn niemand möchte für die Gefühle des anderen verantwortlich sein. In der Gewaltfreien Kommunikation übernehmen wir selbst die Verantwortung für unsere Gefühle.

Bedürfnisse von Strategien trennen

Das Nennen unseres Bedürfnisses (z. B. Rücksichtnahme, Aufrichtigkeit, Gesundheit, Klarheit, Verantwortung, Verlässlichkeit …) wirkt wie eine Brücke im Dialog. Damit zeigen wir, um was es uns geht. Und es klingt im anderen etwas an, denn alle diese Bedürfnisse kennt er auch. Zu hören, worum es wirklich geht, trägt zu Verstehen und Verbindung bei.

Bedürfnisse sind abstrakte Begriffe. Sie können durch unterschiedliche Handlungen (Strategien) erfüllt werden. Rosenberg orientiert sich im Wesentlichen am Bedürfnisbegriff des Soziologen Manfred Max-Neef, der davon ausgeht, dass Bedürfnisse stillbar sind.

Auf der Bedürfnisebene gibt es keine Konflikte, denn Bedürfnisse verbinden uns mit allen anderen Menschen. Auf der Strategieebene aber haben Menschen sehr unterschiedliche Vorstellungen, wie Bedürfnisse erfüllt werden können. Konflikte werden ausgelöst durch das Bestehen auf bestimmten Strategien zur Erfüllung meines Bedürfnisses, wenn mein Gegenüber andere Lösungsstrategien sieht.

Bitten von Forderungen unterscheiden

In der Bitte teile ich mit, mit welcher konkreten Handlung (Strategie) mein Bedürfnis erfüllt werden kann. Zwar sagen wir in unserer gelernten Sprache oft „bitte", stellen aber eigentlich eine Forderung, weil wir erwarten, dass die Bitte genauso erfüllt wird, wie wir sie ausgesprochen haben. In der GFK ist eine Bitte eine Bitte. Sie kann auch abgelehnt werden. Dann wird im Wechsel zwischen Aufrichtigkeit und Empathie eine Lösung (Strategie) gesucht, die für beide Seiten stimmig ist.

Aufrichtigkeit und Empathie

An der Reaktion auf die Ablehnung einer Bitte zeigt sich die Bereitschaft, die Sichtweise des Gesprächspartners zu verstehen. Die GFK lädt ein, durch empathisches Nachfragen die Gefühle und Bedürfnisse des Gegenübers zu verstehen.

Hier wird der Unterschied zwischen unserer gelernten Sprache und der Gewaltfreien Kommunikation deutlich. Ziel ist es nicht, den anderen mit Argumenten zu überzeugen, sondern zu hören, wie es ihm geht und was er braucht. Durch den Wechsel von aufrichtigem Ausdruck (Wie geht es mir und was brauche ich?) und empathischen Nachfragen (Wie geht es Dir und was brauchst Du)? ermöglicht die gewaltfreie Kommunikation gegenseitiges Verstehen. In einem solchen Dialog können wir Lösungen finden, die für alle passen. Und das gelingt auch, wenn nur ein Gesprächspartner diese Sprache sprechen kann.

Papst Franziskus schreibt: „Wie schön wäre es, wenn wir, so wie wir die Entdeckung neuer entfernter Planeten gemacht haben, die Bedürfnisse unseres Bruders und unserer Schwester wiederentdecken würden" (FT 31) „Das ist die authentische Anerkennung des anderen, die nur durch Liebe möglich ist; das bedeutet, sich in den anderen hineinzuversetzen, um zu entdecken, was es an Authentischem oder zumindest Verständlichem unter seinen Motivationen und Interessen gibt." (FT 221)

Den anderen verstehen, heißt nicht, immer einverstanden zu sein mit dem, was er tut.

Deshalb betont die GFK die Balance von Aufrichtigkeit und Empathie. Tragfähige Lösungen finden sich dann, wenn die Bedürfnisse aller berücksichtigt werden. So kann ein geschwisterliches Miteinander entstehen.

GFK und Spiritualität

Rosenberg unterstreicht, dass der Methode der vier Schritte eine Spiritualität zugrunde liegt, eine Haltung zum Leben, in der sich spirituelles Handeln zeigt: „Ich brauche einen Weg, an Gott zu glauben, der für mich funktioniert, also andere Worte oder Wege, um diese Schönheit zu sehen…Ich erkenne die Göttliche Energie, in dem ich mich mit Menschen auf eine bestimmte Weise verbinde. Ich sehe nicht nur Göttliche Energie, ich schmecke sie, ich fühle sie, ich BIN sie…Dann ist Gott sehr lebendig für mich… So ist Gewaltfreie Kommunikation einfach eine Manifestation dessen, was ich unter Liebe verstehe.“ [1]

Rosenberg hat mit Menschen aller Religionen gearbeitet; in Krisengebieten, in vielen politischen und sozialen Bereichen. Sein Herzensanliegen war es, auf der Grundlage von Gefühlen und Bedürfnissen zu Verbindung, Versöhnung und dadurch zum Frieden beizutragen.

Ausblick und Einladung

Papst Franziskus ruft auf zu einem geschwisterlichen Miteinander: „Aufeinander zugehen, sich äußern, einander zuhören, einander verstehen... – all dies wird im Wort Dialog zusammengefasst.“ (FT 198)

Mit der GFK hat Rosenberg einen Weg aufgezeigt, wie Dialog gelingen kann, so dass alle Beteiligten gehört werden und die Bedürfnisse aller berücksichtigt werden können.

1 M. B. Rosenberg, Lebendige Spiritualität. Gedanken über die spirituellen Grundlagen der GFK, Paderborn 2005, S. 9–13.

Angesichts der Herausforderungen unserer Zeit in Gesellschaft, Politik und Kirche ist es dringend geboten, in einen Dialog, ein sich Verstehenwollen, ein Aufeinanderzugehen zu kommen, um Lösungen zu finden, die die Bedürfnisse aller berücksichtigen.

Es kommt darauf an, Prozesse der Begegnung in Gang zu setzen. (FT 217) Dabei kann der Ansatz der Gewaltfreien Kommunikation einen wertvollen Beitrag leisten, um sich gegenseitig auf Augenhöhe zu begegnen, Unterschiede und Gemeinsamkeiten wahrzunehmen und die Chancen und Potentiale darin zu erkennen.

Die Verantwortung liegt bei uns. Machen wir uns auf den Weg: im täglichen Miteinander, in kirchlichen und öffentlichen Kontexten: „So besitzt ein jeder eine wesentliche Rolle, um eine neue Seite der Geschichte zu schreiben, eine Seite voller Hoffnung, voller Frieden, voller Versöhnung.“ (FT 231)

Irmgard und Robert Macke, Gründungsmitglieder des Fachverbandes Gewaltfreie Kommunikation e.V., Stuttgart

Wer Visionen hat, der soll zum Arzt gehen

Eine psychologische Betrachtung der Enzyklika Fratelli tutti

Papst Franziskus entwickelt in seiner Enzyklika Fratelli tutti eine Vision für die Menschheitsgemeinschaft, die keineswegs eine Wunschvorstellung formuliert, vielmehr in ihrem Realitätsgehalt für die Zukunft der Menschheit von höchster Bedeutung ist. (Red.)

„Wer Visionen hat, der soll zum Arzt gehen", so kommentierte Helmut Schmidt 1980 die politischen Visionen Willi Brandts, in denen er den Realitätsgehalt vermisste.

Ein großer visionärer Wurf ist auch die Enzyklika des Papstes, die Vision einer Welt der offenen Grenzen, in der sich die Menschen in Geschwisterlichkeit und sozialer Freundschaft verbunden wissen. Es ist die Vision Jesu von Nazaret, wie er sie im Gleichnis vom barmherzigen Samariter malt, und die der Papst in seiner Enzyklika ausbuchstabiert. Es ist letztlich die Vision Gottes, der die Welt als ein Gefüge ins Leben setzt, in dem alles mit allem in seinem jeweiligen Werden, Sein und Vergehen in einer unhintergehbaren Relationalität verknüpft ist.

Die Corona-Pandemie und die globale ökologische Katastrophe, auf die wir Menschen zusteuern, zeugen davon, dass der Vision des Papstes ein höchster Realitätsgehalt zukommt.

Die tatsächliche Wirklichkeit, und das ist das Krankhafte, ist freilich eine andere. Ihr ist das erste Kapitel der Enzyklika gewidmet. Es endet mit einer Einladung zur Hoffnung, die der Papst dann auf der Grundlage des Gleichnisses vom barmherzigen Samariter in den nachfolgenden Kapiteln ausfaltet. Es ist eine „Kontra-Apokalypse“ (Catherine Keller)[1] angesichts der Apokalypse der Gewalt und des Zerstörungspotentials, die wie ein Smog über der Welt liegen. Dafür tragen die Menschen die Verantwortung und wären deshalb auch grundsätzlich fähig, andere, das heißt gesündere Wege zu gehen.

Was bloß hindert uns Menschen daran, diese Wege einzuschlagen? Der Papst macht dafür in erster Linie die Haltung des Individualismus verantwortlich, bei der Menschen vor allem sich selber und ihr Wohlergehen im Blick und den anderen und dessen Wohlergehen aus dem Blick haben. Diese Haltung korrespondiert mit einer Wirtschaft, die „tötet“ und mit einer Form von Konfliktbereitschaft, der das Potential zu physischer und psychischer Gewalt innewohnt.[2]

Konflikte sind unvermeidlich

Wo Menschen (und auch Tiere) aufeinandertreffen, kommt es unweigerlich immer auch zu Konflikten. In einer global digital vernetzten Welt ist dies nicht nur auf unmittelbare Begegnungen begrenzt. Konflikte entstehen, weil Individuen und soziale Gebilde, wie Institutionen, Vereinigungen Staaten u.a., unterschiedliche Ziele und Interessen verfolgen und/oder über divergierende Wertvorstellungen, moralische Normen oder Glaubensüberzeugungen verfügen. Die Ziele und Interessen können trotz eines in der Regel gegebenen Interpretationsspielraumes logisch objektiv und/oder subjektiv unvereinbar sein. Letzteres ist der Fall, wenn sich eine Konfliktpartei zu etwas genötigt oder bedroht fühlt und deshalb beeinträchtigt wahrnimmt und die andere dies weiß, aber nicht bereit ist, darauf einzugehen. Die Bedrohung kann verschiedene Formen annehmen: verbale und physische Angriffe, Abwertungen, Machtdemonstration, Entzug von Sicherheit und Schutz, von Ressourcen und anderes mehr.

---

1 C. Keller, Über das Geheimnis. Gott erkennen im Werden der Welt. Eine Prozesstheologie, Freiburg 2013, 238–240.

2 Evangelii Gaudium, 53.

Wenn nun dahinter eine Absicht vermutet wird und eine Partei eine andere dafür verantwortlich macht, birgt dies immer eine hohe Konfliktwahrscheinlichkeit. Kommt es zu einem Konflikt, so weist dieser in der Regel eine Oberflächen- und eine Tiefenstruktur auf, das meint, einem offenkundigen Streitthema liegt oft ein anderes verborgenes Thema zugrunde, das bewusst oder unbewusst vermieden wird. Der Streit dreht sich dann über Pseudoalternativen, deren Muster Paul Watzlawick mit einem Beispiel aus der Weimarer Republik veranschaulicht: Auf der Oberfläche dieser Pseudoalternative ging es damals um die Auseinandersetzung zwischen Nationalsozialismus und Kommunismus, die den tiefer liegenden und eigentlichen Konflikt zwischen Demokratie und Diktatur verdeckte. Dessen Verborgenheit führte letztlich zur nationalsozialistischen Diktatur und in die Katastrophe des Zweiten Weltkrieges.

Dialog hilft die Welt besser zu machen (FT 198)

Konflikte sind Krisen und Herausforderungen: Sie können die Beteiligten auf eine ungesunde, destruktive Art und Weise aneinander binden, sie können eine Eigendynamik entwickeln, wo es nur noch darum geht, wie man einen anderen schädigen kann. Als Krisen und Herausforderungen können sie aber auch Lernchancen sein und das hängt davon ab, wie man sie austrägt.[3] Das meint die Bereitschaft und die Fähigkeit zum Dialog.

In all seinen Enzykliken räumt Papst Franziskus dem Dialog einen prominenten Platz ein. „Dialog" bildet einen Schlüssel, um sein Amtsverständnis zu begreifen. In der Enzyklika Fratelli tutti zitiert er Gabriel Marcel: „Ich kommuniziere nicht wirklich mit mir selbst, wenn nicht in dem Maße, wie ich mit dem anderen kommuniziere." (FT 87). Im Dialog „konstituiert sich zwischen mir und dem Anderen ein gemeinsamer Boden" (Merleau-Ponty), ein „Zwischen" (Lévinas), das es den am Dialog Beteiligten ermöglicht, sich selber und den anderen näher zu kommen. Das ist nur möglich in einer Atmosphäre weitgehender Angstfreiheit, in der sich die Dialogpartner signalisieren, wir vertrauen einander und meinen es gut miteinander.

3 Zur Struktur von Konflikten siehe: L. Montada/E. Kals, Mediation. Ein Lehrbuch auf psychologischer Grundlage, Weinheim 2001, 59–97.

Ob und wie ein Dialog auf diesem Niveau gelingt, hängt zum einen wesentlich von den persönlichen Voraussetzungen der Dialogpartner ab und zum anderen davon, ob sich die Dialogpartner als glaubwürdig erleben.

Die persönlichen Voraussetzungen können im Rahmen dieses Aufsatzes nur summarisch und unvollständig aufgeführt werden. Sie lassen sich unter dem Begriff Weisheit subsumieren. Damit ist gemeint: ein Wissen über die grundlegenden Fragen des Lebens und darüber wie diese umgesetzt werden können; die Fähigkeit, Wert- und Glaubensgrundsätze so zu relativieren, dass in einem von Respekt geprägten Dialog das Gemeinsame und Verbindende gesucht werden kann; die Kompetenz in den sich wandelnden sozialen Rahmenbedingungen, in die Handeln immer eingebunden ist, zu denken; die Akzeptanz der Ungewissheit und der Unvorhersehbarkeit der Zukunft sowie der Begrenztheit des eigenen Wissens.[4]

Kein Mensch wird weise geboren, Weisheit ist das immer vorläufige Ergebnis des biographischen Gewordenseins. Ob und in welchem Maße sie sich entwickelt, richtet sich nicht ausschließlich, aber entscheidend danach, ob ein Mensch in seinem Leben von seiner Kindheit an prägende dialogische Erfahrungen machten konnte, die sich so in sein Gedächtnis einprägten, dass sie gegenwärtiges Handeln bestimmen. Was für den einzelnen Menschen gilt, gilt analog auch für Gemeinschaften bis hin zu Staaten und Nationen, weil auch sie ein Gedächtnis entwickeln. (Vgl. FT 47) Aleida Assmann hat hierfür den Begriff des kulturellen Gedächtnisses geprägt[5].

Wo die dialogische Atmosphäre fehlt, dort herrschen die Symptome, die der Papst in seiner Analyse der Gegenwart anführt: es zählen „nur noch unsere individuellen Interessen"; „werden heute nicht nur Nahrung und überflüssige Güter zu Abfall, sondern oft werden sogar die Menschen ‚weggeworfen'"(FT19); wird eine „Kultur der Mauer" errichtet, „dass nicht mehr die eine Welt existiert, sondern nur noch die ‚meine'"(FT 27); kann „die Versessenheit auf einen konsumorientierten Lebensstil – vor allem, wenn nur einige wenige ihn pflegen können – nur Gewalt und gegenseitige Zerstörung auslösen"; (FT 25) existiert bittere Armut, Ungerechtigkeit und Zerstörung unserer Lebensgrundlagen.[6]

4 Vgl. R. Oerter/L. Montada, Entwicklungspsychologie, Weinheim 52002, 9f.

5 A. Assmann, Erinnerungsräume. Formen und Funktionen des kulturellen Gedächtnisses, München 1999.

6 Vgl. FT 177–178 und 233–235.

Den eigenen Schatten wahrnehmen

Wer die eigenen Interessen auf Kosten anderer absolut setzt, dem ermangelt es immer auch an dialogischer Aufrichtigkeit, weil er bereit ist, den Balken im eigenen Auge zu übersehen (Mt 7,3) und den Schatten nicht wahrzunehmen, der dem Idealbild, das man von sich haben möchte, entgegensteht.

Die Enzyklika scheint im Hinblick auf die Dialogfähigkeit der Kirche hier neue Akzente gesetzt zu haben, in dem sie die Kirche als Ganzes für ihre Beiträge zu ungerechten Strukturen wie der Sklaverei und verschiedenen Formen der Gewalt verantwortlich macht und nicht mehr nur einzelne Glieder, die schlechten Gebrauch von der Lehre der Kirche gemacht hätten. Die Kirche als Ganzes hat sich schuldig gemacht und dafür gibt es heute durch die Weiterentwicklung von Theologie und Spiritualität keine Entschuldigung mehr“ (FT 86).[7]

> Solange die Kirche das eigene Versagen nicht sehen will, schränkt sie ihre eigene Dialogfähigkeit ein, da ihre amtliche Verkündigung dann immer ein Glaubwürdigkeitsdefizit aufweist und ihre Paränese moralisierend ist.

Obwohl der Papst einerseits die bisherige Lehrverkündigung modifiziert, so verbleibt er bei der Frage der Diskriminierung der Frauen auf deren Linie und unterminiert an diesem Punkt seinen eigenen Dialoganspruch und den, den er sich für die Kirche wünscht, nämlich „Sakrament“ der universalen Geschwisterlichkeit und der sozialen Freundschaft zu sein.[8] Zu dieser Vision hat den Papst unter anderem Charles de Foucauld inspiriert, so wie dieser als „Bruder aller“ den Menschen nahe war (FT 287).

Anton Stadlmeier
Gemeinschaft Charles de Foucauld, Bad Herrenalb

---

7 Vgl. Michael Seewald (2021), „Durch die Weiterentwicklung von Theologie und Spiritualität haben wir heute keine Entschuldigung mehr“ (FT 86). Zum Problem der Lehrentwicklung in der Enzyklika Fratelli tutti, in: Ursula Nothelle-Wildfeuer, Lukas Schmitt (Hg.), Unter Geschwistern? Die Sozialenzyklika Fratelli tutti: Perspektiven – Konsequenzen – Kontroversen, Freiburg 2021, 107–122.

8 Vgl. FT 277–280.

Fratelli tutti und mein gewandelter Blick auf die Eucharistie

Mitten in die Vorbereitung einer vorweihnachtlichen Bußandacht platzt die Nachricht von der sofortigen Beurlaubung des Ortspfarrers ... Die dadurch ausgelösten inneren „Turbulenzen“ zusammen mit der Lektüre von Fratelli tutti führten den Autor zu einem gewandelten Blick auf die Eucharistie. (Red.)

Die Bußandacht stellte ich unter das Wort aus dem Johannes Evangelium: Das Licht leuchtet in der Finsternis. Schon die ersten Worte der Heiligen Schrift geben davon Zeugnis: In der Finsternis und über dem Chaos der Urflut schwebte der Geist Gottes. Schon in dieses anfängliche Tohuwabohu, legt Gott seinen schöpferischen Geist und spricht sein Wort: Licht, und es ward Licht. Johannes geht in dem Prolog zu seinem Evangelium noch viel weiter, er sagt, dass Gott selbst das Wort ist, durch das alles, unser gesamtes Universum, der gesamte Kosmos geworden ist und dass in diesem Wort das Leben war und ist, das Licht der Menschen. Johannes sieht die gesamte Schöpfung durchwirkt von diesem lebensschaffenden Wort, von dieser Christuswirklichkeit. In jeder Eucharistiefeier erhebt der Priester Brot und Wein, verdichtete Zeichen dieser Christuswirklichkeit und spricht den Lobpreis: Durch Ihn und mit Ihm und in Ihm ... Die ersten Jünger haben in dem Menschen Jesus diese weltformende Christuswirklichkeit erkannt und erfahren. Sie nannten ihn Messias, den Gesalbten Gottes, den Christus, denn in Ihm erkannten sie das Leben, das Licht und das Wort, den Sohn Gottes. Er war es, in dem alle Gegensätze aufgehoben und alles Trennende überwunden wurde, so bewirkte er Heil und Ganz sein, die Zeichen des anbrechenden Gottesreiches, so wurde er zum Modell des neuen Menschen.

Wenn die Christuswirklichkeit schon von Anbeginn an alles durchdringt und im Dasein hält, dann bedarf nicht nur Brot und Wein der Wandlung, sondern unsere Wahrnehmung der Wirklichkeit.

Leonardo Boff spricht von den zwei Kosmologien, die miteinander im Widerspruch stehen. Unsere derzeit bestimmende Kosmologie ist geprägt durch das Denken in Gegensätzen, ein egozentriertes Denken: „Ich denke, also bin ich". Und diese Gegensätze werden gleichzeitig bewertend gedacht: Mann – Frau, Geist – Körper, gesund – behindert usw. Es entstand eine Kosmologie der Herrschaft, der Macht, der Eroberung und Ausbeutung, die unser Denken und Handeln prägt. So wurde coronabedingt für die systemrelevanten Berufe der Kranken- und Altenpfleger*innen geklatscht, doch verdient wird in anderen Etagen.

Eine andere Wahrnehmung der Wirklichkeit

Im Gegensatz dazu gewinnt eine alternative und potenziell rettende Kosmologie an Einfluss, eine Kosmologie der wechselseitigen Beziehungen: Ubuntu = Ich bin, weil Du bist. Erst vor wenigen Jahren war es das Thema eines Misereor Hungertuches. Mit Blick auf die Folgen unseres Handelns, der drohenden Selbstvernichtung durch einen Atomkrieg, der Zerstörung unserer Lebensmöglichkeiten infolge des hausgemachten Klimawandels und der Vernichtung unserer Lebensgrundlagen durch ein immer schneller sich beschleunigendes Artensterben, gewinnt diese Kosmologie an Bedeutung.

Nach und nach entdecken wir die Wurzeln dieser neuen Kosmologie in den heiligen Schriften aller Religionen, in den Überlieferungen der indigenen Völker und in den integralen Ansätzen moderner Wissenschaft und Philosophie.

Papst Franziskus hat mit der Enzyklika Laudato si versucht, die in der alten Kosmologie getrennten Bereiche Frieden, Gerechtigkeit, Bewahrung der Schöpfung und Spiritualität als Einheit zu denken, um damit dem zu bewahrenden gemeinsamen Haus gerecht zu werden.

Leonardo Boff schreibt in seinem Buch „Traum von einer neuen Erde“: „Renommierten Kosmologen und Biologen zufolge ist die Erde ein lebendiger Planet, der das Physikalische, das Chemische und das Biologische in einer solchen Weise miteinander verbindet, dass es stets förderlich für das Leben ist. All seine Elemente sind auf so subtile Weise aufeinander abgestimmt, wie es nur ein lebendiger Organismus kann.“

Im Sonnengesang bringt es der heilige Franz von Assisi ins Wort, wenn er für die Elemente der Schöpfung dankt und sie lobt als Schwestern und Brüder. „In der Tat wusste sich der heilige Franziskus, der sich als Bruder der Sonne, des Meeres und des Windes verstand, noch viel tiefer eins mit denen, die wie er von menschlichem Fleisch waren. Er säte überall Frieden aus und ging seinen Weg an der Seite der Armen, der Verlassenen, der Kranken, der Ausgestoßenen und der Geringsten.“ (FT 2) Auch der Apostel Paulus war von dieser integralen Weltsicht geprägt, wenn er von der Kirche als Leib Christi spricht, in der sich jedes Organ und Körperteil in wechselseitiger Beziehung zu allen anderen befindet und alle füreinander Sorge tragen, ohne dass sich eines über das andere erhebt, oder wenn er bei seiner Rede auf dem Areopag von der Christuswirklichkeit spricht: „Denn in ihm leben wir, bewegen wir uns und sind wir.“

Die Kraft der Liebe

Und war es nicht Teilhard de Chardin, der von der beseelten Materie sprach und der die Liebe als treibende Kraft der Evolution zu immer komplexeren und bewussteren Einheiten verstand?

> Papst Franziskus entfaltet in seiner Enzyklika Fratelli tutti die Kraft der Liebe und befreit sie aus einer individuellen Engführung.

Er verortet sie in dem Bereich des Sozialen und der Politik, der Geschwisterlichkeit und sozialen Freundschaft. Er holt die Politik aus der Schmuddelecke des schmutzigen Geschäftes der Macht- und Eigeninteressen heraus und stellt sie in den leuchtenden Raum der Liebe, fähig, das Beste im Menschen zu wecken und in konkretes Handeln umzusetzen, im Dienst an den

Menschen und der gesamten Schöpfung. Diese soziale Dimension der Liebe demonstrierte die große Seele Indiens, Mahatma Gandhi, vor einem Jahrhundert, so schrieb er in seiner Autobiographie: „Darum bleibt ein Verehrer von Ahimsa seinem Glauben treu, wenn die Quelle aller seiner Handlungen Mitgefühl ist, selbst dem kleinsten Geschöpf gegenüber."

Wandlung geschieht

Wie Gandhi, so hatte auch Jesus seinen Freunden gezeigt, was es heißt, aus dieser Liebe zu handeln, er hatte sie hineingenommen in seine Option mit den Armen, hatte sie gelehrt, dass Liebe und Kreuz keine Gegensätze sind und dass das Ja Gottes zu uns, notwendigen Konflikten standhält.
In den Abendmahlsworten verbindet sich Jesus mit der Schöpfung und vollzieht, was er in der Menschwerdung begonnen hat. Dieses Stück Brot – mein Leib, dieses kleine Stück Materie, wie alle Materie – mein Leib, ja der ganze Kosmos – Fleisch gewordene Liebe Gottes. Und das Wort ist Fleisch geworden und zeltet unter uns.

Der Kirchenvater Lactantius hat das Wort Religion, auf das lateinische Verb *religare* zurückgeführt, was bedeutet: zurückbinden, an etwas festmachen.

Leonardo Boff sieht in dieser neuerlichen Rückbindung des Menschen an die Schöpfung die Voraussetzung für Heilung. Wir müssen lernen, uns wieder als Teil der Schöpfung zu begreifen, nicht als ihre Herren. „Der Mensch muss zur Erde zurückkehren, aus der er sich selbst verbannt hat, und sich als ihr Wächter und Hüter empfinden. Und wenn er sich dann noch dem Ursprungsquell allen Seins öffnet, dann wird er seinen unendlichen Durst stillen und als Frucht den dauerhaften Frieden mit sich selbst und mit dem Herzen aller Dinge erlangen."

Martin Güttner
Gemeinschaft Charles de Foucauld, Hamm

Geschwisterlichkeit und Verkündigung

Predigen im Geist von Bruder Karl und Papst Franziskus

Die gottesdienstliche Predigt lebt vom Dialog mit dem Leben und mit den Menschen, denen die Predigerin, der Prediger das Wort Gottes verkündet. Geschwisterlichkeit ist nicht nur das Ziel, sondern bereits Voraussetzung des Verkündigungsdienstes. (Red.)

Wir brauchen es dringend in Zeiten, in denen Katastrophen und Krisen die weltweite Gemeinschaft erschüttern. Aber auch in unserem je eigenen Alltag, der von den Herausforderungen der Corona-Zeit berührt wird. Die Rede ist vom Bewusstsein, dass wir als menschliche Gemeinschaft aufeinander verwiesen sind. Viele bezeichnen dieses Bewusstsein als Geschwisterlichkeit. Papst Franziskus hat die praktischen Auswirkungen dieses Bewusstseins in seiner Enzyklika „Fratelli tutti" wie folgt ausgedrückt: „Wir sind für die Fülle geschaffen, die man nur in der Liebe erlangt. Es ist keine mögliche Option, gleichgültig gegenüber dem Schmerz zu leben; wir können nicht zulassen, dass jemand ‚am Rand des Lebens' bleibt. Es muss uns so empören, dass wir unsere Ruhe verlieren und von dem menschlichen Leiden aufgewühlt werden. Das ist Würde."[1] Auf den folgenden Seiten möchte ich darüber nachdenken, was diese Geschwisterlichkeit für die Verkündigung unseres Glaubens bedeutet.

Familie auch hinter Masken – Anspruch und Wirklichkeit von Glaubens-Gemeinschaft

Lapidar könnte ich mit Blick auf unsere Gottesdienste feststellen: Das mit der Geschwisterlichkeit wird bereits in der ersten Minute geklärt. So werden die Mitfeiernden in der Regel als „Schwestern und Brüder" angesprochen. Bei staatlichen Zeremonien oder bei Vereinsfeiern wäre eine solche Anrede eher ungewöhnlich (Über die Rede von Freundinnen und Freunden in politischen Parteien möchte ich mich an dieser Stelle nicht näher äußern).
Auch wenn diese Schwestern und Brüder in den Gottesdiensten zurzeit auf Abstand und mit Maske sitzen, wird klar: Der Glaube kann eine grundlegende Verbundenheit schaffen. Wie Geschwister im echten Leben, sind auch Gläubige längst nicht immer einer Meinung. Sie bringen unterschiedliche Prägungen und Ziele mit, mühen sich aber im Idealfall auch um einen gewissen Zusammenhalt. Notwendigem (manchmal auch unnötigem) Streit gehen sie nicht aus dem Weg, aber Brücken bauen sie dennoch immer wieder zueinander (bitte nicht zuletzt auch dann, wenn sie sich „katholisch" nennen). Als Getaufte sind sie geliebte Kinder des Vaters im Himmel, die selbst zur Liebe berufen sind.

Gestärkt durch seine Geistkraft setzen sie sich in der Nachfolge Jesu für alle Mitglieder der Menschheitsfamilie und deren Würde ein. So weit, so

---

1 Papst Franziskus, Enzyklika „Fratelli tutti" über die Geschwisterlichkeit und die soziale Freundschaft (3. Oktober 2020), 68. Nach der Veröffentlichung war im deutschen Sprachraum zunächst Kritik am Titel der Enzyklika („Fratelli tutti" heißt wörtlich übersetzt „alle sind Brüder") zu vernehmen, der einem vom heiligen Franziskus verfassten Text entnommen ist. Vgl. hierzu https://www.br.de/nachrichten/kultur/viel-lob-und-etwas-kritik-fuer-enzyklika-von-papst-franziskus,SCXqhVC [23.10.2021].
Diese Kritik verstummte allerdings schon bald angesichts der deutschen Übersetzung der Enzyklika. Denn dort wurde klargestellt, dass die Geschwisterlichkeit Brüder *und* Schwestern umfasst. Zwischenzeitlich hat der Vatikan die Gründung einer Stiftung angekündigt, die sich der Umsetzung der Anliegen dieser Enzyklika wimden soll: https://www.vaticannews.va/de/vatikan/news/2021-10/stiftung-vatikan-fratelli-tutti-gambetti-kardinal-geschwister.html?utm_source=newsletter&utm_medium=email&utm_campaign=NewsletterVN-DE [23.10.2021].

theoretisch. Was bedeutet dies alles aber für die Praxis der Verkündigung des Evangeliums – oder anders gesagt: Wie predige ich geschwisterlich?

Die „Homilie" – kein kirchenpolitischer Kampfbegriff, sondern Beschreibung einer Grundhaltung

Mir kommt als Antwort auf die Frage nach der geschwisterlichen Predigt ein Begriff in den Sinn. Ich meine das Wort „Homilie". Es bezeichnet zunächst einmal die Predigt in der Eucharistiefeier. Aber meines Erachtens könnte es auch auf dem Weg zu einer geschwisterlichen Verkündigung eine wichtige Spur bieten. Zuvor müsste es allerdings vom Ballast befreit werden, der auf ihm lastet. Allzu oft wird die Homilie vor allem dazu benutzt, um abzugrenzen und auszuschließen. Im katholischen Kirchenrecht wird nüchtern festgestellt: „Unter den Formen der Predigt ragt die Homilie hervor, die Teil der Liturgie selbst ist und dem Priester oder dem Diakon vorbehalten wird; in ihr sind das Kirchenjahr hindurch aus dem heiligen Text die Glaubensgeheimnisse und die Normen für das christliche Leben darzulegen."[2] Folgt man diesen Weisungen, werden die meisten derjenigen, die – wir erinnern uns – zu Beginn als Geschwister angesprochen wurden, von dieser Art des Verkündigungsdienstes ausgeschlossen.

Es geht mir nun nicht darum, die wenig fruchtlose Diskussion fortzuführen, wer denn nun in der Eucharistiefeier alles predigen darf. Diese Kontroversen haben innerkirchlich schon viel zu viel Energie verbraucht, die wir als Gemeinschaft besser für die Verkündigung des Evangeliums genutzt hätten. Ich möchte nur auf Folgendes hinweisen: Nutzt man die Homilie lediglich als kirchenpolitischen Kampfbegriff, wird sie unter Wert verkauft. Als Beschreibung einer Grundhaltung hingegen kann sie inspirieren. Der Begriff als solcher kann nämlich bereits Horizonte weiten. So bezeichnet das griechische Verb homilein (ὁμιλεῖν hier Griech.) das Miteinander kommunizieren von Menschen, die einander vertraut sind und sich kennen. Folglich beschreibt der Begriff Homilie zunächst nichts anderes als ein vertrautes Gespräch. Verkündigung, die auf diesem Prinzip aufbaut, wird also nicht zur Abgrenzung tendieren, sondern Wege suchen, sich andere Men-

2 CIC 1983, can. 767 §1.

schen vertraut zu machen, d.h. sie kennenzulernen und ihr Vertrauen zu gewinnen. Auf der Grundlage dieses Vertrauensfundaments kann die Homilie ihren zweiten Bedeutungsinhalt entfalten, nämlich eine Verkündigung, die tiefer hineinführt in die Geheimnisse und Inhalte des Glaubens, in das vertraute Gespräch mit Gott im eigenen Inneren (Mystagogie).

Spannend ist, dass diese Homilie ausschließlich mit Worten erfolgen kann – es aber nicht muss. Denn die Glaubwürdigkeit der Verkündigung ist eng verbunden mit der Glaubwürdigkeit der Person, die verkündigt. Papst Paul VI. hat in seinem Apostolischen Schreiben „Evangelii nuntiandi" über die Verkündigung der Frohen Botschaft auf den Vorrang des Lebenszeugnisses hingewiesen, das jeder Verkündigung vorausgehen sollte. Was er dabei in prägnanter Weise formulierte, dürfte auch im Jahr 2021 noch relevant sein:

> „Der heutige Mensch hört lieber auf Zeugen als auf Gelehrte, und wenn er auf Gelehrte hört, dann deshalb, weil sie Zeugen sind."[3]

Auf derselben Spur befand sich auch Papst Franziskus, als er in einer Predigt bei einem Gottesdienst in Rom eine wichtige Weisung seines Namenspatrons, des heiligen Franziskus, an dessen Ordensbrüder zitierte: *„Verkündet das Evangelium und, sollte es nötig sein, auch mit Worten!"*[4]

Wird dadurch eine sorgfältig vorbereitete Predigt entwertet? Mitnichten. Keine Predigerin und kein Prediger, die eine Wort-Gottes-Feier gestalten, sollten sich davon entbunden fühlen, die Predigt ordentlich vorzubereiten und in bestmöglicher Form vorzutragen. Zugleich sollte uns bewusst sein, dass die Predigt schon vor dem Gottesdienst beginnt. Nicht zuletzt angesichts der aktuellen Gottesdienstbesuchszahlen in den deutschsprachigen Ländern wird die begrenzte Reichweite einer rein gottesdienstlichen Verkündigung deutlich. Aber auch für alle, die sich in Zeiten demütig stimmender Resonanz an den Ambo begeben, sollte ersichtlich sein, dass wir bereits vor dem ersten Wort verkünden.

3 Papst Paul VI., Apostolisches Schreiben „Evangelii nuntiandi" (8. Dezember 1975), Nr. 41.

4 Predigt von Papst Franziskus am 14. April 2013: www.vatican.va/content/francesco/de/homilies/2013/documents/papa-francesco_20130414_omelia-basilica-san-paolo.html [23.10.2021].

Geschwisterlich predigen mit Charles de Foucauld und Papst Franziskus

Bei meinen Überlegungen zur Gestalt einer geschwisterlichen Predigt beziehe ich mich auf Charles de Foucauld, dessen Lebenswerk – wie wir gleich sehen werden – auch Papst Franziskus und dessen Verkündigung geprägt hat. Charles warnte angesichts seiner Begegnungen mit den Muslimen in Marokko und Algerien davor, sie vorschnell mit Worten missionieren zu wollen: „Das Beispiel ist das einzige äußere Werk, durch welches man Seelen beeinflussen kann, die sich Christus gegenüber vollkommen ablehnend verhalten, die weder auf die Worte seiner Diener hören noch ihre Bücher lesen noch ihre Wohltaten empfangen, weder ihre Freundschaft annehmen noch irgendeine Verbindung mit ihnen haben wollen."[5]

Ihm war bewusst, dass allein die Strahlkraft einer Botschaft in Form und Inhalt noch nicht ausreichte, um diese zu verkünden. Es kam zunächst auf die Glaubwürdigkeit der Botschafterinnen und Botschafter an. In einem Brief an seinen Freund Henri de Castries verdeutlichte Bruder Karl, mit welcher Haltung er als katholischer Priester mitten unter den Muslimen leben wollte: „Es handelt sich auch nicht eigentlich um die Verkündigung des Evangeliums; ich bin dessen weder würdig noch fähig, und die Stunde dazu ist noch nicht gekommen; es handelt sich vielmehr um die Vorbereitung auf die Verkündigung, das Erwecken des Vertrauens und der Freundschaft, des Gefühls der Vertrautheit und der Brüderlichkeit bei den Hoggar und den Taitok."[6] Von Charles de Foucauld ist nicht überliefert, dass er den Muslimen vor Ort jemals eine Predigt gehalten hätte. Allerdings hat er diese explizite Form der Verkündigung auch niemals ausgeschlossen. Vielmehr war er sich darüber im Klaren, dass vor der Verkündigung des Evangeliums die eigene Evangelisierung Priorität hatte, d.h. die Bereitschaft, Christus im eigenen Leben transparent werden zu lassen: „Gutes wirkt man nicht im Maße

5 M. Gisi, (Hg.), Charles de Foucauld. Der letzte Platz: Aufzeichnungen und Briefe (Christliche Meister 50), 8. Auflage, Einsiedeln – Freiburg 2000, 40.

6 Ebd. Wie Charles diese Grundhaltung neben seinem Gebetsleben an einem normalen Arbeitstag in die Tat umsetzte, beschrieb er in einem Brief an Charles Guérin, den Bischof der Sahara: „Begegnungen mit 20 Sklaven, Aufnahme von 30 oder 40 Reisenden, Verteilung von Arzneien an 10 oder 15 Personen, Almosen an mehr als 75 Bettler", zitiert nach: F.-S. Six, Charles de Foucauld. Bruder aller Menschen, Freiburg 1977, 81.

dessen, was man sagt und tut, sondern in dem, was man ist, entsprechend der Gnade, die unsere Taten begleitet, im Maße, als Jesus in uns lebt und unsere Handlungen Handlungen des in uns und durch uns wirkenden Herrn sind. Um unserm Nächsten von Nutzen zu sein, müssen wir zuerst aus allen Kräften und ohne Unterlaß an unsrer eigenen Bekehrung arbeiten."[7]

Es geht also nicht um ein Entweder-Oder zwischen persönlichem Lebensbeispiel und expliziter Wortverkündigung, sondern um die richtige Reihenfolge. Das macht auch Papst Franziskus deutlich. Im Apostolischen Schreiben „Evangelii gaudium", das wenige Monate nach dem Beginn seines Pontifikates veröffentlicht wurde, betonte Franziskus – in für viele überraschend deutlicher Weise – die Bedeutung der Predigt.

Er wies aber auch unmissverständlich auf die Bedeutung des Dialogs hin, der jeder Predigt vorhergehen müsse: „Wer predigt, muss das Herz seiner Gemeinde kennen, um zu suchen, wo die Sehnsucht nach Gott lebendig und brennend ist und auch wo dieser ursprünglich liebevolle Dialog erstickt worden ist oder keine Frucht bringen konnte."[8]

In diesem Dialog gehe es nicht primär um den Austausch von Meinungen, sondern um die Begegnung zwischen Menschen: „Ein Dialog ist weit mehr als die Mitteilung einer Wahrheit. Er kommt zustande aus Freude am Reden und um des konkreten Gutes willen, das unter denen, die einander lieben, mit Hilfe von Worten mitgeteilt wird. Es ist ein Gut, das nicht in Dingen besteht, sondern in den Personen selbst, die sich im Dialog einander schenken."[9]

Franziskus formuliert hierbei einen hohen Anspruch an die Verkündigerinnen und Verkündiger der Frohen Botschaft, wenn er diesen ins Stammbuch schreibt: „Seine Botschaft [d.h. die Botschaft Christi, C.H.] muss wirklich den Weg über den Prediger nehmen, aber nicht nur über seine Vernunft, sondern indem es von seinem ganzen Sein Besitz ergreift."[10]

Mit dieser Forderung ist Franziskus nah an dem, was Charles de Foucauld als Ziel seines eigenen Glaubensweges formuliert hatte. So kann es nicht weiter verwundern, dass der Papst den Menschenfreund und Seelsorger in

7 M. Gisi, Charles de Foucauld, a.a.O., 45.

8 Papst Franziskus, Apostolisches Schreiben „Evangelii gaudium" (24. November 2013), Nr. 137.

9 Ebd., Nr. 142.

10 Ebd., Nr. 145.

der Sahara als Vorbild für eine Botschaft würdigt, die er in der bereits erwähnten Enzyklika „Fratelli tutti" ausformulierte.

In diesem Lehrschreiben über die Geschwisterlichkeit und die soziale Freundschaft, das unter dem Eindruck des Klimawandels, der Corona-Pandemie und weiterer Krisen von weltweiter Dimension entstanden ist, setzt sich der Pontifex maximus für eine Menschheit ein, die über die Grenzen der Religionen, Ethnien und Nationen hinweg zu mehr Miteinander findet. Bei seinen Überlegungen bezieht sich Franziskus auf seinen Namensvetter, aber auch auf vorbildliche Menschen außerhalb der eigenen Kirche. Am Ende seiner Enzyklika will er „jedoch an einen weiteren Menschen tiefen Glaubens erinnern, der aus seiner intensiven Gotteserfahrung heraus einen Weg der Verwandlung gegangen ist, bis er sich als Bruder aller fühlte. Dies ist der selige Charles de Foucauld. Seine Vision einer Ganzhingabe an Gott fand ihre Verwirklichung schließlich in seiner Identifikation mit den Geringsten und Verlassenen in den Weiten der afrikanischen Wüste. In diesem Zusammenhang äußerte Charles de Foucauld den Wunsch, sich als Bruder eines jeden Menschen empfinden zu können. So bat er einen Freund: ‚Beten Sie zu Gott, dass ich wirklich der Bruder aller Seelen [...] sein kann.' Er wollte letztendlich ‚der Bruder aller' sein. Aber nur durch die Identifikation mit den Geringsten wurde er zum Bruder aller Menschen. Möge Gott jeden von uns zu dieser Vision inspirieren."(FT 286)

Ziel: Geschwisterliche Verkündigung

Was steht also für alle an, die sich an ihre „Schwester und Brüder" wenden? Wie kann eine geschwisterliche Verkündigung konkret werden?

> Vor der Homilie in der Kirche kommt die Homilie als Gespräch zwischen Menschen, die miteinander vertraut sind und einander beistehen.

Eine solche Grundhaltung kann auch ein Beitrag zur Diskussion um das Verhältnis zwischen Lebenszeugnis und Wortverkündigung sein, die in der Geschichte unserer Gemeinschaften von Charles de Foucauld immer wieder aufgekommen ist. Wir brauchen für unseren Pilgerweg mitten in der Welt beides.

So sind wir zu allen Menschen gesandt und bekehren unser Leben angesichts der Schwestern und Brüder, die uns dabei begegnen, insbesondere derer, die an den so genannten Rändern dieser Gesellschaft leben (wobei ich nicht ausschließe, dass auch unsere eigene Kirche bereits Teil dieser Ränder ist). Inspiriert durch diese Erfahrungen pilgern wir weiter und predigen – wenn nötig auch mit Worten.

Statt eines Schlussworts empfehle ich zur Förderung dieser geschwisterlichen Grundhaltung das „Ökumenische Gebet“, das am Ende der Enzyklika „Fratelli tutti“ steht:

Herr, unser Gott, dreifaltige Liebe,
lass aus der Kraft deiner innergöttlichen Gemeinschaft
die geschwisterliche Liebe in uns hineinströmen.
Schenke uns die Liebe, die in den Taten Jesu,
in der Familie von Nazaret und in der Gemeinschaft
der ersten Christen aufscheint.
Gib, dass wir Christen das Evangelium leben
und in jedem Menschen Christus sehen können,
dass wir ihn in der Angst der Verlassenen und Vergessenen dieser Welt
als den Gekreuzigten erkennen
und in jedem Bruder, der sich wieder erhebt, als den Auferstanden.
Komm, Heiliger Geist, zeige uns deine Schönheit,
die in allen Völkern der Erde aufscheint,
damit wir entdecken, dass sie alle wichtig sind,
dass alle notwendig sind, dass sie verschiedene Gesichter
der einen Menschheit sind, die du liebst. Amen.

Dr. Christian Heß
Priestergemeinschaft Jesus Caritas, March

Charles de Foucauld und Fratelli tutti

Geschwisterlichkeit als Horizonterweiterung

Die Ordensgemeinschaft der Discepole del Vangelo (Jüngerinnen des Evangeliums) entstand 1975 in Castelfranco in der Diözese Treviso, Italien. Seit 2007 gehört sie zur Geistlichen Familie von Charles de Foucauld. Neben mehreren Niederlassungen in Italien hat Gemeinschaft inzwischen auch Niederlassungen in Frankreich (Viviers und Marseille), Albanien (Tirana) und seit Neuestem in Algier. (Red.)

Eine Enzyklika für alle

Fratelli tutti feiert die Schönheit der Beziehung zwischen den Menschen, so wie die Schönheit der Beziehung zur Schöpfung in „Laudato si" gefeiert wird. Der Titel der Enzyklika ist einem Brief des Heiligen Franz von Assisi entnommen. Er und andere inspirierten den Text des Papstes, der schreibt: „Zum Schluss möchte ich an einen weiteren Menschen tiefen Glaubens erinnern, der aus seiner intensiven Gotteserfahrung heraus einen Weg der Verwandlung gegangen ist, bis er sich als Bruder aller fühlte. Dies ist der selige Charles de Foucauld." (FT 286)

Bei seiner Ankunft in der Sahara wollte Charles, dass „alle Einwohner, Christen, Muslime, Juden und Götzendiener sich daran gewöhnen, mich als ihren Bruder, den universellen Bruder, zu betrachten".[1] Und er wollte „der Bruder aller Menschen ohne Ausnahme oder Unterschied"[2] sein. Außerdem wollte er sicherstellen, dass die Menschen um ihn herum, ob gläubig oder nicht, ihrerseits allen Menschen zum Bruder/zur Schwester werden.

Charles de Foucauld lehrt uns Geschwisterlichkeit und Freundschaft

Die Enzyklika bestätigt den Wunsch Charles de Foucaulds wie auch den unseren als *Jüngerinnen des Evangeliums*, jeden Mann und jede Frau bei unserer Mission im Blick zu haben. Bei Charles de Foucauld hat die Geschwisterlichkeit tiefe Wurzeln, eine einzigartige Erfahrung, interessant zu beobachten und zu leben. Seit seiner Kindheit erlebte Charles zerstörte Beziehungen. Als er 6 Jahre alt war, starben seine Eltern und seine Großmutter väterlicherseits. Es ist eine Zeit der Abwesenheit von Geschwisterlichkeit und Vertrautheit, doch auch ein überraschender Ort der Fürsorge, denn seine Familie „adoptiert" die beiden. Die Fürsorge für die Großfamilie ist heute eine wertvolle Dimension, die wir *Jüngerinnen* in unseren Lebenskontexten, zu leben und anzubieten versuchen.

Ein Blick auf die Freundschaftsbeziehungen von Foucauld zeigt, wie wichtig die Beziehungen zu seinem Freund Gabriel Tourdes und zum Kommandanten Henri Lapperine waren. Charles selbst hielt sie für die besten Freunde, denn er bat darum, dass diese „zwei unvergleichlichen Freunde"[3] im Falle seines Todes benachrichtigt würden.

Sein ganzes Leben lang informierte Charles seinen Freund Gabriel über seine Berufung und seine Mission. Er zeigt seinen Freunden gerne, dass er sich nach Nähe sehnt und Trost sucht. Er schrieb an Gabriel: „Ich schreibe dir, um mich zu trösten: das ist mir eine große Hilfe, wenn ich etwas habe,

1 G. Gorrée, *Sur les traces du père de Foucauld,* La Colombe, Paris 1953, 127.

2 G. Gorrée, *Les amitiés sahariennes du père de Foucauld,* zitiert in : A. Mandonico, *Nazaret nella spiritualità di Charles de Foucauld,* Messaggero, Padova 2002, 222.

3 Vgl. M. Perrin, *Trois lettres inédites du Père de Foucauld,* 'Le corps et l'esprit. Revue d'hygiène physique et de réconfort moral' 8 (1934) 346–354.

das mich bedrückt."[4] Es ist eine echte Freundschaft voller Aufmerksamkeit, gereift in gegenseitiger Wertschätzung, in der Kraft der Kultur, im Austausch von Perspektiven mit weitem Horizont, z. B. wenn er sagt: „Wir sind beide zu philosophisch, um uns vorzustellen, dass es etwas Endgültiges in der Welt geben könnte."[5] Ein schöner Ausdruck, der uns an das Unendliche erinnert, an die großen Horizonte, die Menschen, Dinge und Geheimnisse enthalten.

Wenn er konnte, konfrontierte Charles seine Freunde auch mit der religiösen Frage. Er schrieb an Gabriel: „Wir haben es leider verlernt, gemeinsam zu dem guten Gott zu beten."[6] Und er fügte hinzu: „Es ist unmöglich, dir von dem Frieden und der Ruhe zu erzählen, in denen ich lebe, seit ich ins Kloster eingetreten bin; für die Gesundheit genügt ein Wort [...], aber es ist die Seele, von der gesprochen werden muss; in der Seele fühlt man ein besonderes Geschenk Gottes."[7] Es sind die Gefühle, die uns öffnen und uns bereichern, ebenso dauerhafte Beziehungen, Menschen, die Beziehungen prägen, Einfluss auf eine Person ausüben und Spuren hinterlassen. Die Erinnerung an Beziehungen, die unser Leben geprägt haben, bedeutet, ein Gepäck an Gutem, an Weisheit mit sich zu tragen.

Charles verstand, dass die Geschwisterlichkeit eine Horizonterweiterung, eine Lebensqualität ist.

Aber als er zum katholischen Glauben zurückkehrte und dabei die Werte des Islam kennenlernte, verstand er etwas sehr Wichtiges: Die geschwisterliche Verbundenheit mit Jesus hat eine einzigartige Qualität. Er verstand, dass die Geschwisterlichkeit durch die Beziehung zu Gott einen besonderen Wert erhält. Deshalb entschied er sich, sich von Gott und dem Evangelium leiten zu lassen. Denn wahre Geschwisterlichkeit findet sich in der Beziehung zum Vater und zum Sohn Jesus. Er verstand, dass es in Gott Leben gibt, dass es Liebe gibt, und dass man, um von dieser Liebe genährt zu werden, in ständiger Beziehung zu Gott und zu denen stehen muss, die er liebt.

---

4 *Brief an Gabriel Tourdes*, 29 octobre 1878, in *Lettres à un ami de lycée. Correspondance avec Gabriel Tourdes (1874–1915)*, Bruyères-le-Châtel 2010, 103.

5 Brief an Gabriel Tourdes vom 18 November 1885, a.a.O., 137.

6 Brief an Gabriel Tourdes vom 11 Mai 1891, a.a.O., 149.

7 *Ebd.* 149–150.

Geschwisterlichkeit mit den Kleinen und den „Fremden“

Als Charles den Wert der Geschwisterlichkeit entdeckte, eröffnete sich ihm Schritt für Schritt eine neue Welt. Geschwisterlichkeit ist nicht für jeden das Gleiche. Sie hängt von unseren Überzeugungen, unserem Glauben und den Werten ab, mit denen wir sie gestalten.

In seinem Leben als Trappist reifte in Charles der Wunsch, eine Bruderschaft der „Kleinen“ zu gründen, um sich in den Dienst der Armen zu stellen. Wahre Geschwisterlichkeit zeigt sich daran, dass ihr die Vergessenen am Herzen liegen. Das zweite Kapitel von Fratelli tutti befasst sich ausführlich mit dem „Fremden auf dem Weg“. Wer ist dieser Fremde für mich? Es ist leicht, sofort an denjenigen zu denken, der kommt und um Hilfe bittet, aber der wirkliche Fremde ist eher derjenige, den ich von meinen körperlichen oder geistigen Grenzen fernhalte.

> Auf dem Weg unserer Sendung wird uns zunehmend bewusst, wie wichtig es ist, diejenigen kennenzulernen, die wir nicht kennen, die uns fremd erscheinen und denen wir fremd sind.

Dank ihrer Gastfreundschaft erkannten wir, dass uns die Schätze im anderen erst bewusst werden, wenn wir in ihm nicht den „Fremden“, sondern einen Bruder oder eine Schwester sehen.

Die Fremdheit einer Person hängt also nicht von ihr ab, sondern von mir. Ich entscheide, ob ich mich mit meinen Nachbarn vertraut machen will oder nicht. Der andere ist für mich erst dann wie ein Bruder oder eine Schwester, wenn ich es auch will. In unseren neuen Niederlassungen in Albanien und Algerien fühlen wir uns von denen, die uns bereits kennen, angenommen und umsorgt, denn wir sind „Fremde“, die bei den Menschen, die wir nicht kennen und mit denen wir unseren Alltag teilen wollen, der Begleitung bedürfen. Der Papst erinnert uns daran, dass der Übergang von der Betrachtung des Fremden zur Betrachtung als Bruder oder Schwester Möglichkeiten der Mitverantwortung eröffnet, um „neue Prozesse und Veränderungen einzuleiten und zu bewirken“. (FT 77)

Immer offene und unterstützende Horizonte

Unser Leben ist sinnvoll, wenn unser Horizont nicht eingeschränkt, sondern offen ist. In den letzten Jahren haben wir *Jüngerinnen des Evangeliums* Gemeinschaften außerhalb Europas gegründet, um unsere Horizonte zu erweitern. Der Papst bittet uns, „aus seinem Selbst [herauszutreten], um eine vollere Existenz in einem anderen zu finden". (FT 88) Wenn wir in einem bekannten und vertrauten Kontext bleiben, laufen wir Gefahr, den Reichtum anderer Völker und Kulturen nicht zu erkennen. Wenn wir aus dem begrenzten Kontext unserer Existenz heraustreten (vgl. FT 89), können wir die Welt und das Leben mit größerer Objektivität betrachten und das ermöglicht uns, uns selbst, unsere Wünsche und Grenzen, besser kennenzulernen. Die Entscheidung zur Offenheit in den Beziehungen begünstigt eine neue Solidarität, die sich um die Zerbrechlichkeit der anderen und von uns selbst kümmert und die Solidität des Lebens für uns selbst und für die anderen garantiert (vgl. FT 115).

An andere zu denken bedeutet auch, dass man „im Sinne der Gemeinschaft denkt und handelt, dass man dem Leben aller Vorrang einräumt – und nicht der Aneignung der Güter durch einige wenige." (FT 116)

> Solidarität bedeutet, in dem Bewusstsein zu leben, dass das Heil für alle da ist. Wenn es für mich verheißen ist, dann auch für andere.

Wir sollen als ein „Wir" denken, so der Papst, denn „wenn jemand nicht das Notwendige zu einem Leben in Würde hat, liegt das daran, dass ein anderer sich dessen bemächtigt hat." (FT 119)

Charles de Foucauld beschloss, seinen Horizont offen zu halten. Vom Norden der Sahara ging er in den Süden, zum Volk der Tuareg. Um mit ihnen vertraut zu werden, unternahm er verschiedene Anstrengungen und gab sogar sein Leben für sie. In dieser Selbsthingabe aus Liebe können wir die Erfüllung der universellen Geschwisterlichkeit erkennen, die er sich so sehr wünschte und an die auch wir glauben. Er wollte nicht auf die Verkündigung des Evangeliums verzichten, wollte dies aber gemäß der Auffassungsgabe und in der Achtung seiner Gesprächspartner zu tun. Er wählte den Weg einer hingebungsvollen und vorbehaltlosen Annäherung, indem er einen geduldigen Weg der „Zähmung" beschritt: „Zuerst zu ihnen gehen, wenn sie oft abseits stehen und vor uns fliehen, sie zähmen, ihnen Vertrauen schenken, in ihnen Achtung und Zuneigung wecken, auch wenn es lange dauern mag und viel Geduld erfordert, um schließlich mit ihnen einen engen Kontakt, eine Beziehung der Freundschaft herzustellen."[8]

Foucauld wiederholt des Öfteren in seinen Schriften, dass der Christ eine Haltung des Vertrauens, der Wertschätzung und der Zuneigung gegenüber denjenigen einnehmen müsse, die dem Evangelium fern stehen. Er war sich bewusst, dass er in der Sahara die Brüder und Schwestern nur durch solche Zuwendung erreichen konnte.

In engem Kontakt mit den muslimischen Tuareg entwickelte Foucauld die Überzeugung, dass Jesus, das Wort, bekannt gemacht werden muss, „indem man IHN in sich trägt", so wie Maria IHN zu Elisabeth trug. Er wollte ihn den Menschen in der Stille und durch persönliches Zeugnis nahe bringen: „Wenn die Menschen uns sehen, sollen sie etwas von Deinem Duft aufnehmen. Mögen alle unsere Worte und Taten so sehr die Deinen sein, dass die Menschen Dich erkennen, wenn sie uns sehen!"[9]

Bei dieser Arbeit des sich Vertraut Machens verstand Charles auch, dass das Evangelium nicht nur bezeugt, sondern auch durch die Mitwirkung des Empfängers aufgenommen werden muss und nicht jedem auf die gleiche Weise vermittelt werden kann, sondern jeden Menschen auf eigene Weise erreichen muss. Daher verbrachte Foucauld die letzten zehn Jahre seines Lebens damit, die Tuareg, ihre Sprache, ihre Bräuche, ihre Stärken und Schwächen auf besondere Weise kennenzulernen. Er knüpfte Beziehungen der Freundschaft und Geschwisterlichkeit mit den Tuareg und war darin sehr treu. Häufig besuchte er die Tuareg, empfing ihre Besuche und nahm Anteil an ihrem Leid und ihrer Freude.

---

8 *Ch. de Foucauld, Conseils évangéliques. 'Directoire'*, Paris 2000, 80.

9 Ch. de Foucauld, La bonté de Dieu. Œuvres spirituelles du Père Charles de Foucauld. Volume VI., Tome 1, Montrouge 1996, M/191, 112.

Der Reichtum der Begegnung mit unterschiedlichen Menschen

Mit vier Verben erinnert die Enzyklika an die Anstrengungen, die wir unternehmen können, um die Aufnahme und Integration von Menschen zu fördern, die aus anderen Ländern und Kulturen kommen: „aufnehmen, schützen, fördern und integrieren." (FT 129)

Gemäß unserem Charisma als *Jüngerinnen des Evangeliums* wollen wir die Gastfreundschaft im Geiste von Charles de Foucauld leben. Mit anderen zusammen, schenkt eine jede von uns neben ihrer Arbeit und ihren pastoralen Aufgaben Zeit, um Menschen, vor allem Frauen in schwierigen Situationen einen würdigen Platz zu gewähren, was uns auch selbst bereichert und verändert. Einladend zu sein bedeutet, Raum für andere zu schaffen, zu verstehen, was sie erleben, was in ihnen lebendig ist, welchen Reichtum sie uns durch ihr Leben und ihre Kultur geben. Die Enzyklika erinnert uns daran, dass die Ankunft von Menschen aus einem anderen Lebens- und Kulturkreis zu einem Geschenk wird (vgl. FT 133).

Die Begegnung mit anderen Menschen lässt uns erkennen, dass „es keinen Dialog mit dem anderen gibt, wenn man nicht selbst fest mit dem eigenen Volk und seiner Kultur verbunden ist." (FT 143) Es ist also wichtig, in einer Situation selbstbestimmt zu handeln, anstatt sich der Meinung anderer zu beugen und deren Gedanken zu folgen. Indem ich meine eigene Identität, meine Überzeugungen kultiviere, ist eine echte Begegnung mit dem anderen möglich, denn auf dieser Grundlage kann ich „das Geschenk des anderen annehmen und ihm etwas Authentisches anbieten" (FT 143). Wir brauchen die Fähigkeit zur Selbstbestimmung, um uns gegenseitig zu bereichern und den Wert eines jeden Menschen in seinen Möglichkeiten, seinen Schwächen und seiner Offenheit für das Verschiedene zu erkennen. Denn je eingeschränkter mein Horizont in Kopf und Herz ist, desto weniger kann ich mein Gegenüber verstehen.

Universelle Geschwisterlichkeit hat Gott als Ursprung und als Ziel

Die Enzyklika schließt mit dem Thema des Dialogs zwischen den Menschen verschiedener Religionen. Als Gläubige sind wir alle Kinder desselben

Vaters, und „nur in diesem Bewusstsein von Kindern, die keine Waisen sind, können wir untereinander in Frieden leben“ (FT 272) und Geschwisterlichkeit verwirklichen.

Der interreligiöse Dialog erfordert jedoch nicht, dass der eigene Glaube verwässert wird. Er ist gerade dann möglich, wenn der Glaube gefestigt ist und unsere Identität ausmacht (FT 282). Der Papst ermutigt daher dazu, die Geschwisterlichkeit zwischen den verschiedenen Religionen mit allen Mitteln zu suchen, und schlägt vor, sie im Geiste der gegenseitigen Wertschätzung zu leben.

Charles entschied sich, mit Menschen einer anderen Religion als seiner eigenen zusammenzuleben. Er wollte „universeller Bruder“ genannt werden, weil er der Bruder aller sein wollte, unabhängig von ihrer Herkunft oder Religion. „Der Mensch ist das Grenzwesen, das keine Grenzen hat“ (FT 150), denn er trägt in sich die Merkmale seiner Menschlichkeit, aber auch ein Verlangen nach dem Unendlichen, so Georg Simmel. Dieser Wunsch war schon in Charles lebendig, als er angeregt durch den Glauben von Muslimen zum christlichen Glauben in der leidenschaftlichen Begegnung mit Jesus von Nazaret zurückfand. Der Papst erinnert daran, dass Charles „aus seiner intensiven Gotteserfahrung heraus einen Weg der Verwandlung gegangen ist, bis er sich als Bruder aller fühlte“ (FT 286) und von dem profitierte, was die verschiedenen Religionen für ihn bedeuteten.

Er ließ die universelle Geschwisterlichkeit wachsen, weil er Gottes Logik der Geschwisterlichkeit, seine Art zu lieben, nachahmte. Er war überzeugt, dass *„alles immer auf die Liebe zu Gott zurückgeht“*. Es ist nicht möglich, Gott zu lieben, was immer Gott für mich ist, wenn ich meine Brüder und Schwestern vernachlässige. Liebe zu Gott ist immer auch Liebe zu den Menschen oder es ist keine Liebe.

Schließlich betont Papst Franziskus, dass die Geschwisterlichkeit nicht nur deshalb in Charles reifte, weil er Gott als deren Ursprung und Ziel sah, sondern auch, weil er sich mit den Geringsten identifizierte:

„Seine Vision einer Ganzhingabe an Gott fand ihre Verwirklichung schließlich in seiner Identifikation mit den Geringsten und Verlassenen in den Weiten der afrikanischen Wüste. In diesem Zusammenhang äußerte Charles de Foucauld den Wunsch, sich als Bruder eines jeden Menschen empfinden zu können. So bat er einen Freund: „Beten Sie zu Gott, dass ich wirklich der Bruder aller Seelen [...] sein kann“. Er wollte letztendlich „der Bruder aller“ sein. Aber nur durch die Identifikation mit den Geringsten wurde er zum Bruder aller Menschen.“ (FT 287)

Charles de Foucauld war überzeugt, dass es wahre Geschwisterlichkeit gibt. Deshalb blieb er auf der Suche. Er hatte auch verstanden, dass die wahre Universalität der Geschwisterlichkeit nur dann in uns heranreift, wenn wir uns auf Gott und die Armen beziehen.

Dank Gott und seinen Kindern sind wir keine Waisen, sondern Brüder und Schwestern mit gleicher Würde, Menschen, die lieben und lieben sollen:

„Mein Gott, [...] Du liebst die Menschen so sehr, Du willst ihnen alles gewähren, was sie erbitten, willst ihre Bedürfnisse erfüllen, ihnen geben, ohne dass sie darum bitten [...]. Du liebst die Menschen so sehr und wünschst, dass sie erkennen, dass [...] Du die stärksten Mittel ergreifst, um dieses Ziel zu erreichen, indem Du genaue, strenge und erhellende Vorschriften machst [...], um die Herrschaft dieses Friedens, dieser universellen Liebe in Deiner menschlichen Familie zu gewährleisten: ‚Damit sie eins sind, wie wir eins sind‘“.[10]

Antonella Fraccaro, Discepole del Vangelo, Castelfranco
Übersetzung: Marianne Bonzelet

10 *Ch. De Foucauld, La bonté de Dieu, a.a.O.*, M/ 304, 270f.

Geschwisterlichkeit als universalmenschliche Solidarität

Zu Papst Franziskus Enzyklika „Fratelli tutti" und der Bedeutung für den jüdisch-christlichen Dialog

Der folgende Beitrag deutet die Aussagen der Enzyklika Fratelli tutti im Licht der jüdisch-christlichen Tradition und zeigt, dass die universalmenschliche Solidarität bereits in den Schriften des Alten Testaments angelegt und gegeben ist. (Red.)

Mit der Enzyklika „Fratelli tutti – Über die Geschwisterlichkeit und soziale Freundschaft" hat Papst Franziskus am Festtag des Heiligen Franziskus im Jahr 2020 ein Lehrschreiben vorgelegt, das sich in einer ganz neuen Weise an die gesamte Menschheitsfamilie wendet. 1963 hatte Papst Johannes XXIII. in seiner Enzyklika „Pacem in terris" bekanntermaßen als erster Papst nicht allein die Gläubigen der römisch-katholische Kirche und mit ihr unierter Kirchen angesprochen, sondern „alle Menschen guten Willens."[1] Dieser Formulierung folgte Johannes Paul II. in seiner ersten Enzyklika „Redemptor Hominis" im Jahr 1979, aber auch in den Sozialenzykliken „Laborem exercens" 1981, „Sollicitudo rei socials" 1987, „Centesimus annus" 1991 sowie in der moraltheologischen Enzyklika „Veritatis splendor" aus dem Jahr 1993. Benedikt XVI. folgte seinem Vorgänger und übernahm den Passus in seiner Sozialenzyklika „Caritas in veritate" aus dem Jahr 2009.

1 Pacem in terris. Sozialenzyklika Papst Johannes XXIII. vom 11. April 1963.

In den Enzykliken von Papst Franziskus fehlt dieser Verweis. Dennoch ist bereits die Enzyklika „Laudato si“ ein Rundschreiben, das sich nicht auf die römisch-katholische Kirche beschränken will, sondern bereits zu Beginn „andere Religionen“[2] anführt. Die Weite, die Papst Franziskus für sich beansprucht, wird in „Fratelli tutti“ auch ohne den Verweis im Titel deutlich, wenn er etwa die Einleitung auf Spanisch „Sin fronteras“ betitelt[3] und vor dem ersten Kapitel mit den Worten schließt:

„Träumen wir als eine einzige Menschheit, als Weggefährten vom gleichen menschlichen Fleisch, als Kinder der gleichen Erde, die uns alle beherbergt, jeder mit dem Reichtum seines Glaubens oder seiner Überzeugungen, jeder mit seiner eigenen Stimme, alles Geschwister[4]“.

Das Gleichnis vom barmherzigen Samariter verweist auf die Tora

Das Herz dieses Texts über Geschwisterlichkeit und soziale Freundschaft bildet die Perikope vom Barmherzigen Samariter, die im zweiten Kapitel besprochen wird und als Voraussetzung für die weitere Entfaltung der Enzyklika zu verstehen ist. Dabei fällt auf, dass diese Erzählung zunächst auf die Tora (1. Mose 4,9), sodann auf den Tenach (Ijob 31,15) und – nach einem weiteren Zitat der Tora (3. Mose 19,18) – auf die mündliche Tora, nämlich den Talmud, verweist:

„Es wurde deutlich, dass man dem anderen nicht etwas zufügen darf, von dem man nicht will, dass es einem selbst angetan wird (vgl. Tob 4,15). Der Weise Hillel sagte in diesem Zusammenhang: ‚Darin besteht das Gesetz und die Propheten, alles andere ist nur die Erläuterung.‘ Der Wunsch, die göttliche Haltung nachzuahmen, führte zur Überwindung der Tendenz, sich nur auf die Nächsten zu beschränken“. (FT 59)

2 Enzyklika Laudato si von Papst Franziskus über die Sorge für das gemeinsame Haus, 4., korrigierte Auflage, hg. vom Sekretariat der Deutschen Bischofskonferenz, Bonn 2018 (Verlautbarungen des Apostolischen Stuhls, 202), Nr. 7 (S. 11).

3 Im Italienischen „Senza frontiere“, in der deutschen Übersetzung passend „Ohne Grenzen“.

4 Enzyklika Fratelli tutti von Papst Franziskus über die Geschwisterlichkeit und soziale Freundschaft, hg. vom Sekretariat der Deutschen Bischofskonferenz, Bonn 2020 (Verlautbarungen des Apostolischen Stuhls, 227), Nr. 8.

Bemerkenswert ist nicht allein die Rückführung der Perikope auf die Tora, sondern auch die explizite Zitation des babylonischen Talmuds in einer Enzyklika. Wenn Papst Franziskus das neutestamentliche „Alles, was ihr wollt, dass euch die Menschen tun, das tut auch ihnen! Darin besteht das Gesetz und die Propheten (Mt 7,12)“ (FT 60) betont, dann bestätigt er damit in der Fortführung die jüdische Tradition und bezieht sich auf eine auch im rabbinischen Judentum verbreitete Ansicht, die im Buch Levitikus das Prinzip der Menschlichkeit proklamiert sah.[5] Das neunzehnte Kapitel des Buchs Levitikus ist damit so etwas wie die Keimzelle der sozial-ethischen Beziehungen zum Nächsten und Papst Franziskus bezieht sich in seinen folgenden Ausführungen direkt auf diese jüdische Tradition, die in die christliche Tradition überführt wird. Dabei fällt auf, dass im neunzehnten Kapitel des Buchs Levitikus an drei Stellen, nämlich den Versen 13, 16 und 18 vom „Nächsten“ gesprochen wird, hebräisch „רֵעַ“[6]. In der Auslegung wurde diese dreifache Abfolge durchaus als Erweiterung eines ursprünglich (nämlich in Vers 13) enger gezogenen Kreises verstanden, der mit der Fremdheit des Nächsten und, hier zeigt sich die Komplexität des Hebräischen, zunächst auch mit dem morphologisch verwandten Wort für Böses oder Übel zu tun hat. Zunächst geht es um finanzielle Übel, in Vers 16 bereits um Übertretungen Fremder, die im altorientalischen Lebenskontext mit Blutschuld konnotiert sind. In Vers 18 werden schließlich implizit (nicht explizit) Volk und der „fremde“ Nächste, also nicht zum jüdischen Volk gehörende, einander entgegensetzt, wie es etwa im Midrasch ausgeführt wird.[7]

Ohne auf die zugrundeliegenden Zusammenhänge und Auslegungsvorgänge eingehen zu wollen, ergibt sich damit eine Vorstellung, die „Fremdheit“ gerade nicht als Abgeschiedenheit vom eigenen Sein und der eigenen religiösen Seinsweise versteht, sondern in der Annahme der Fremdheit des Anderen als „Nächsten“ oder „Nächster“ gerade die Erfüllung des göttlichen Gebots und die Überwindung von Fremdheit einfordert.[8]

5 Vgl. dazu S. Schechter, Aspects of Rabbinic Theology. Including the Original Preface of 1909 and the introduction by Louis Finkelstein. New Introduction by Neil Gillmann. Woodstock (Vermont): Jewish Lights Publishing 32009, 119f.

6 Nicht zu verwechseln mit dem ähnlich aussehenden Wort für „Übel“ oder „Böses“, רַע. Mit dem Suffix ךָ- hier wird die Relation, „Dein Nächster“, hergestellt.

7 Vgl. Sifrei Bamidbar, § 115.

8 Schließlich steht nach jedem der Forderungen mit Gebotscharakter „Ich bin Dein Gott“.

Den Fremden oder die Fremde als Nächster und Nächste zu verstehen, das ist in Kapitel 19 des Buchs Levitikus angelegt und wird in der theologischen Tradition des Judentums sowie in der des Christentums weiter entfaltet.

Lev 19,18 als Grundlage universaler Geschwisterlichkeit

„Liebe deinen Nächsten" (Lev 19,18), dieses Gebot wird zur Grundlage universaler Geschwisterlichkeit. Der zweite Teil des Gebots hat auch bei der Revision der Einheitsübersetzung für Gesprächsstoff gesorgt, wie an einer Anmerkung deutlich wird. Dort steht: „19,18 wie dich selbst: Mögliche Übersetzung: Er ist wie du"[9]. In der Tat gibt die „mögliche Übersetzung" wörtlich das wieder, was im Hebräischen steht.[10] Dabei handelt es sich aus zwei Gründen nicht nur um eine philologische Haarspalterei. Ein eher rationaler, kulturgeschichtlicher Grund besteht darin, im „wie dich selbst" einen (zu) kleinen Unterschied zu anderen gängigen Vorstellungen des altorientalischen Kulturraums zu sehen, die letztlich im Tun-Ergehen-Zusammenhang verhaftet bleiben und damit einer eher traditionellen Begründung widersprechen: Bereits in der rabbinischen Literatur wird die Beziehung zwischen Gott und Mensch mit der zwischen Brüdern verglichen.[11] Dieser Gedanke ist von großem Interesse für die Perikope vom Barmherzigen Samariter. Denn es fällt doch auf, dass ein Priester, ein Levit und ein Samariter vorbeiziehen. Theoretisch würde es genügen, einen Priester als besonderes Vorbild jüdischen Lebens ins Feld zu führen. Warum braucht es also noch einen Leviten? Mit dieser Dopplung vor der Einführung des Samariters wird nicht nur ganz

9 Katholisches Bibelwerk (Hg.), Die Bibel. Einheitsübersetzung der Heiligen Schrift. Gesamtausgabe. Vollständig durchgesehene und überarbeitete Ausgabe, Stuttgart: Katholisches Bibelwerk, 2016, 129.

10 כָּמוֹךָ ist abgeleitet von כמו „so wie" oder „wie", mit angehängtem Suffix für die zweite Person Singular: „so wie du".

11 Vgl. S. Schechter, Aspects of Rabbinic Theology, 47, bes. Anm. 1; 58.

offensichtlich auf Kapitel 19 des Buchs Levitikus mit der dreimaligen Nennung des „Nächsten“ angespielt. Damit wird zudem auf die Beziehung zwischen Gott und den Menschen hingewiesen. Diese müsste beim Priester allem Anschein nach am stärksten ausgeprägt sein, denn schließlich dient der Priester im Heiligtum. Der Levit steht für eine allgemeine Form des Dienstes an Gott, den der Priester im Speziellen (nämlich am Altar des Heiligtums) vollzieht, und spiegelt damit zugleich die Erweiterung des Beziehungskreises aus Levitikus 19, der beim Samariter eigentlich schon überschritten ist – er gilt als Fremder, pflegt einen fremden Glauben.[12] Somit findet sich in diesem Gleichnis eine Verschränkung der Beziehungsebenen wieder, die in Levitikus 19 bereits anklingt:

> Ein Mensch, der sich Gott nahe glaubt, muss dem Verstoßenen helfen. Nicht aus Angst, dass es ihm genauso ergehen könnte, sondern weil es dem göttlichen Gebot entspricht und Gott dies in der Beziehung zum Menschen einfordert.

Deshalb geht es nicht um „Selbstliebe“, sondern um die Anerkennung einer Grundbeschaffenheit des Menschen, die dem Glauben an den einen Gott entspringt.

Dabei lässt sich die Vorstellung, dass die Beziehung aller Menschen untereinander als „geschwisterlich“ (und auch die oben benannte rabbinische Auslegung, Gott sei ein „Bruder“) zu verstehen sei, darauf zurückführen, dass der Mensch, wie es in Gen 1,26 heißt, nach Gottes „Ebenbild“ geschaffen wurde.[13] Die religionsphilosophische Auslegung dieser Formulierung, die sich etwa bei Moses ben Maimon findet und auch von antiken Denkern wie Philo von Alexandrien geteilt wird, versteht diese Ebenbildlichkeit wie folgt:

---

12 S. oben, Anm. 9.

13 Tatsächlich gibt es ja ausufernde Diskussionen und Erklärungsversuche, was unter „צלם“ und „דמות“ zu verstehen sei.

„Hingegen bezieht sich das Wort zelem auf die natürliche Form, d.h. auf dasjenige, was das Wesen eines Dinges ausmacht und wodurch es das ist, was es ist. Diese macht das wahre Wesen eines Dinges aus, weil es durch sie dieses Seiende ist, dessen Begriff nur im Menschen vorhanden ist, dasjenige, um dessen willen der Begriff ‚Mensch' existiert, nämlich die Vernunfterkenntnis. Und wegen dieser Vernunfterkenntnis wird vom Menschen gesagt: ‚Im Ebenbilde (...) Gottes schuf er ihn' (Gen 1,27)". [14]

Abgesehen von der Tatsache, dass hier eine überwältigende Übereinstimmung zwischen jüdischem und christlichem theologischem Denken vorliegt (zelem und logos als Vernunfterkenntnis), wird nun verständlich, wie die Beziehung zwischen Gott und Mensch möglich ist (nämlich aufgrund der Vernunfterkenntnis, die ein Erkennen, wenngleich kein absolutes, ermöglicht) und warum Menschen sich untereinander als „Geschwister" bezeichnen und verstehen können. Es wird ebenfalls deutlich, was aus theologischer Sicht der entscheidende Unterschied zwischen dem „wie dich selbst" und dem „er ist wie du" ist: Die zweite Formulierung überwindet ein auf die Vermeidung von Bösem gerichtetes wechselseitiges Einverständnis zugunsten einer allgemein menschlichen Eigenschaft, die sich in der menschlichen Vernunfterkenntnis erkennbar niederschlägt und damit auch die Freiheit verleiht, Geschwisterlichkeit als menschlich-universale Kategorie anzuerkennen.

Es ist genau jene Bedeutung, die der Geschwisterlichkeit als theologischer Kategorie zukommt, durch die in der Enzyklika sowie im praktischen Leben Judentum und Christentum einander Nächste werden können. Wenn die Vernunft des Menschen eine Fähigkeit ist, die von Gottes Ebenbildlichkeit herrührt, dann können Juden und Christen sich rein formal beide auf

14 Moses ben Maimon, *Führer der Unschlüssigen*. Übers. und Kommentar von Adolf Weiss. Erstes Buch. Leipzig: Meiner, 1923, Kap. 1, 28.

diese Ebenbildlichkeit, damit die Geschwisterlichkeit, beziehen[15] und so Fremdheit überwinden, ohne jedoch Unterschiede zu verschweigen, zu leugnen oder zu verharmlosen. Die Bedeutung der Geschwisterlichkeit entsteht damit aus der Bedeutung der Vernunfterkenntnis, die dem Menschen aufgrund der Schöpfung Gottes zukommt. Genau deshalb kann Papst Franziskus in seiner Schrift feststellen:

„Als Gläubige sind wir davon überzeugt, dass es ohne eine Offenheit gegenüber dem Vater aller keine soliden und beständigen Gründe für den Aufruf zur Geschwisterlichkeit geben kann. Wir sind überzeugt: ‚Nur mit diesem Bewusstsein von Kindern, die keine Waisen sind, können wir untereinander in Frieden leben.“ (FT 272)

Der Nächste ohne Grenzen

Fratelli tutti bleibt nicht dabei stehen, Altbekanntes zu wiederholen. Der besondere Dreh, den Papst Franziskus seiner Enzyklika unter der Überschrift „Der Nächste ohne Grenzen“ verleiht, er drückt sich in folgender Formulierung aus:

„Es geht darum, der hilfsbedürftigen Person beizustehen, ohne darauf zu schauen, ob sie zu meinen Kreisen gehört. Im genannten Fall ist es der Samariter, der dem verletzten Juden der Nächste geworden ist. Um sich ihm zu nähern und bei ihm zu sein, hat er alle kulturellen und geschichtlichen Schranken überwunden. Die Folgerung Jesu ist eine Aufforderung: „Dann geh und handle du genauso!“ (Lk 10,37) Das heißt, er fordert uns auf, jeden Unterschied beiseite zu lassen und jedem Menschen angesichts des Leidens

15 Vgl. J. Ahrens/N. Hofmann, Geschwister auf einer gemeinsamen Suche. Aktuelle Chancen und Herausforderungen im Jüdisch-Katholischen Gespräch. Mit Geleitworten von Kurt Kardinal Koch und Rabbiner David Rosen, Ostfildern 2021, 68. Besonders die Erklärungen „Den Willen unseres Vaters im Himmel tun“ vom 3. Dezember 2015 und „Zwischen Jerusalem und Rom“ vom 10. Februar 2016 (anlässlich des 50-jährigen Jubiläums von „Nostra aetate“) benennen die Bedeutung der gemeinsamen ethischen Anstrengungen hervor („Juden wie Christen haben eine gemeinsame Aufgabe in der Verheißung des Bundes, die Welt unter der Herrschaft des Allmächtigen zu verbessern“; aus: „Den Willen unseres Vaters im Himmel tun: Hin zu einer Partnerschaft zwischen Juden und Christen“, in: J. Ahrens/N. Hofmann, Geschwister auf einer gemeinsamen Suche, 121–124, hier: 123.

beizustehen. Ich sage also nicht mehr, dass ich „Nächste“ habe, denen ich helfen muss, sondern dass ich mich gerufen fühle, den anderen ein Nächster zu werden“. (FT 81)

Wenn ich „den anderen ein Nächster“ werde, dann verlasse ich meine Kreise der Selbstisolation und beginne, mich aus der Erfahrung einer Beziehung zu Gott dem Nächsten zuzuwenden.

> Diese Umkehrung der Verhältnisse hat die Kraft, zeitliche, voneinander abhängige Verhaftungen zu beenden und Geschwisterlichkeit als adäquates Lebensziel eines gläubigen Lebens zu verstehen.

Doch ist dies ein großes Ziel, das zwar von Rabbiner Abraham Skorka, der Papst Franziskus schon als Erzbischof von Buenos Aires kannte[16], in einem Interview ausdrücklich gebilligt[17], von anderen jüdischen Rabbinern aber als Utopie zurückgewiesen wurde.[18] Es scheint, dass viele Kritikerinnen und Kritiker die Bedeutung, die im Text dem Gleichnis vom Samariter zukommt, methodisch wie formal unterschätzen und deshalb das eigentliche Ansinnen wie Anliegen von Papst Franziskus verfehlen. Es möchte gerade Teil einer Veränderung sein, die mehr Raum lässt für den Einbruch des Göttlichen im Menschlichen. So ist es nicht verwunderlich, wenn ein besonderer Mensch diese Enzyklika geprägt hat, wie am Ende freimütig bekannt wird:

„Bei diesen Überlegungen zur Geschwisterlichkeit aller Menschen habe ich mich besonders von Franz von Assisi, aber auch von nichtkatholischen Brüdern inspirieren lassen (…). Zum Schluss möchte ich jedoch an einen

16 Vgl. J. Ahrens/N. Hofmann, *Geschwister auf einer gemeinsamen Suche*, 31, vgl. 33.

17 Vgl. den Video-Blog: Rabbi Skorka im Gespräch mit Christian Peschken (online abrufbar unter: https://de.catholicnewsagency.com/article/neu-im-videoblog-fratelli-tutti-mit-rabbi-abraham-skorka-1353; zuletzt abgerufen am 7. Oktober 2021).

18 Vgl. den Artikel von Rabbiner Arie Folger, „ ‚Fratelli tutti‘ – Utopischer als die Propheten. Eine rabbinische Kritik der jüngsten Papst-Enzyklika, in: Jüdische Allgemeine, 24. Juni 2021 (online abrufbar unter: https://www.juedische-allgemeine.de/religion/utopischer-als-die-propheten/; zuletzt abgerufen am 7. Oktober 2021).

weiteren Menschen tiefen Glaubens erinnern, der aus seiner intensiven Gotteserfahrung heraus einen Weg der Verwandlung gegangen ist, bis er sich als Bruder aller fühlte. Dies ist der selige Charles de Foucauld. Seine Vision einer Ganzhingabe an Gott fand ihre Verwirklichung schließlich in der Identifikation mit den Geringsten und Verlassenen in den Weiten der afrikanischen Wüste“ (FT 286).

An dieser Stelle zeigt sich nicht nur die Vorliebe, die dieser Papst für echte Vorbilder, für Botinnen und Boten des Glaubens hat. Papst Franziskus mahnt immer wieder, die Kirche brauche keine „Schwätzer, die Unmögliches versprechen, sondern Zeugen dafür, dass das Evangelium möglich ist“.[19] In diesem Sinn steht Charles de Foucauld für die Möglichkeit der Botschaft, die Papst Franziskus uns in dieser Enzyklika vorlegt. Doch soll die Schrift nicht das Geschwätz von einer Utopie sein, sondern Prophetie für ein anderes Leben, eine sozial-ökologische Wende hin zum Nächsten.
In einem bekannten Brief von Charles de Foucauld an Louis Massignon lässt sich die Übereinstimmung zwischen der Enzyklika und dem Denken des seligen Charles sehr gut auf den Punkt bringen:

„Öffnen Sie sich dem Nächsten, darin liegt die beste Weise, auf Gott hin voranzuschreiten. ‚Was man einem dieser Geringsten tut, das tut man Ihm‘ … Wenn Sie aufgrund innerer oder äußerer Hindernisse Mühe haben, sich für längere Zeit innerlich zu sammeln, dann sammeln Sie sich häufiger für kurze Zeit. Anstatt morgens einmal ein 5-Francstück zu geben, geben Sie 10-Sousstücke, eines zu jeder Stunde am Tag“.[20]

Es scheint, als habe Charles de Foucauld intellektuell begriffen und in seinem Leben vorweggenommen, was Papst Franziskus damit meint, wenn er uns auffordert, „den anderen ein Nächster zu werden“. Angesichts des ansteigenden Antisemitismus und leider noch immer vorhandener antijüdischer Polemiken stellt sich die Frage nicht, warum der jüdisch-christliche Austausch

---

19 Predigt am Fest St. Peter und Paul, 29. Juni 2020 (online abrufbar unter: https://www.vatican.va/content/francesco/de/homilies/2020/documents/papa-francesco_20200629_omelia-pallio.html; zuletzt abgerufen am 7. Oktober 2021).

20 Brief vom 15. August 1916. In: J.-F. Six, *Abenteurer der Liebe Gottes: 80 unveröffentlichte Briefe von Charles de Foucauld an Louis Massignon*, Würzburg 1998, 183f.

eine ganz lebenspraktische Seite hat: Menschen beizustehen, deren Geschwisterlichkeit von anderen Menschen bestritten wird, hat zunächst nichts mit dem Glauben oder der Religion zu tun. Es hat etwas mit uns zu tun und mit unserer Beziehung zu Gott. Das lehrt uns nicht nur die Enzyklika „Fratelli tutti“, sondern bereits Leben und Wirken des seligen Charles de Foucauld.

Dr. Fabian Freiseis,
Referent im Erzbischöflichen Ordinariat Freiburg

Innenhof der Piccoli Fratelli di Jesus Caritas in Nazaret

Geschwisterlichkeit im Islam

Im Zentrum der gemeinsamen Erklärung von Abu Dhabi, die Papst Franziskus und der Groß-Imam Ahmad Mohammad Al-Tayyeb am 04. Februar 2019 unterschreiben, steht der Wunsch, dass sich alle Menschen vor Gott als Geschwister verstehen. Papst Franziskus nimmt in seiner Enzyklika Fratelli tutti ausdrücklich darauf Bezug. Der vorliegende Beitrag ordnet die Bedeutung ein und fragt nach der Bedeutung von Geschwisterlichkeit im Islam. (Red.)

Aus dem Blickwinkel der Enzyklika *Fratelli tutti* kann die Frage nach der „Geschwisterlichkeit im Islam" in einer dialogischen Perspektive betrachtet werden. Denn Papst Franziskus bezieht sich in *Fratelli tutti* auf verschiedene Begegnungen und Gespräche, die er mit dem Groß-Imam Ahmad Mohammad Al-Tayyeb geführt hat. Am 4. Februar 2019 ist dann aus diesen Gesprächen die Abu Dhabi Erklärung[1] entstanden, die als wegweisendes „Dokument über die Geschwisterlichkeit aller Menschen für ein friedliches Zusammenleben in der Welt"[2] angesehen wird. Sie wird ungeachtet kritischer Stellungnahmen als Meilenstein der interreligiösen Begegnung bezeichnet.

„Dort haben wir daran erinnert, dass Gott alle Menschen mit gleichen Rechten, gleichen Pflichten und gleicher Würde geschaffen und sie dazu berufen hat, als Brüder und Schwestern miteinander zusammenzuleben … Aus dem Glauben an Gott, der das Universum, die Geschöpfe und alle Menschen – aufgrund seines Erbarmens – mit gleicher Würde erschaffen hat,

1 Am 4. Februar 2019 haben Papst Franziskus und der Kairoer Großimam Ahmad Mohammad Al-Tayyeb in Abu Dhabi das „Dokument über die Geschwisterlichkeit aller Menschen für ein friedliches Zusammenleben in der Welt" unterzeichnet.

2 Ebd.

ist der Gläubige gerufen, diese menschliche Brüderlichkeit zum Ausdruck zu bringen, indem er die Schöpfung und das ganze Universum bewahrt und jeden Menschen unterstützt, besonders die am meisten Bedürftigen und die Ärmsten."[3]

Der Groß-Imam der Kairoer Al-Azhar-Universität, einer der bedeutendsten Stimmen des sunnitischen Islam, erklärte, dass Papst Franziskus mit dieser Enzyklika „der Menschheit ihr Gewissen zurückgegeben" habe.[4] Al-Tayyeb wird von Papst Franziskus mehrmals als Inspirationsquelle für die Enzyklika genannt. Worin besteht das muslimische Verständnis von *Geschwisterlichkeit*? Sind Muslime und Christen Geschwister? Sind christliches und islamisches Verständnis von Geschwisterlichkeit identisch oder unterscheiden sie sich? Es geht nicht um soziale Freundschaft, sondern um die ontologische Geschwisterlichkeit, also um die in unserem Mensch-Sein begründete Geschwisterlichkeit aller Menschen. Gemeint ist damit die Zusammengehörigkeit aller Menschen in der einen Menschheitsfamilie. Der Groß-Imam als Quelle der Inspiration für *Fratelli tutti* kann nicht für alle Muslime sprechen, vertritt jedoch den *Mainstream* der sunnitischen Muslime.

Die inner-islamische Debatte über die *Geschwisterlichkeit* darzustellen, geht jedoch über den Rahmen dieser Überlegungen hinaus.[5] Es geht hier um das Verständnis von *Geschwisterlichkeit* in der sunnitischen Tradition, wie sie vom Groß-Imam vertreten wird.

> Wenn wir von Geschwistern reden, denken wir allgemein an Kinder derselben Eltern. Doch gibt es über die Blutverwandtschaft hinaus eine im Glauben begründete Geschwisterlichkeit.

Der Koran hält fest: „Die Gläubigen sind Geschwister. Darum stiftet unter eueren Geschwistern Frieden. Und seid gottesfürchtig, damit ihr Barm-

3 Vorwort zur Abu-Dhabi-Erklärung

4 Vatican News (Zugriff am: 5.10.2020)

5 Vgl. F. Körner, Human Fraternity: A reflection on the Abu Dhabi Document, in: La Civilta Cattolica 2019. Drs., Politische Religion. Theologie der Weltgestaltung – Christentum und Islam. Freiburg 2020.

herzigkeit findet." (Sure 19,10) Nach einer der Hadithe, den überlieferten Aussprüchen Muhammads, sollen sich Muslime häufig treffen, um ihre Geschwisterlichkeit nicht zu vergessen: „Hegt keinen Hass gegeneinander, seid nicht neidisch aufeinander, kehrt euch nicht den Rücken zu und zerstört nicht euere geschwisterliche Beziehung. O ihr Diener Allahs, werdet wahre Geschwister. Es ist einem Muslim nicht erlaubt, seine Geschwister länger als drei Tage zu meiden". (Hadith 6076) Die islamische Mystik, der Sufismus, gründet im Glauben an die Gegenwart des Göttlichen in allen Menschen und sieht in der Liebe zu Gott und zu den Menschen das Wesen aller Religionen. Für Sufis ist die Geschwisterlichkeit aller Menschen grundlegend für ein friedliches Zusammenleben der Menschen.[6]

Der Koran macht jedoch einen Unterschied zwischen Muslimen und Nicht-Muslimen. Muhammad, der Prophet, betont: „Ihr habt eure Religion und ich habe meine Religion". (Sure 90,6) Dies wird als Hinweis auf die gottgewollte Vielfalt der Religionen verstanden. Wenn Muslime ihrer Religion wegen bekämpft werden, verbietet der Koran in den späten Suren jene als Freunde zu nehmen, „die euch der Religion wegen bekämpft... und aus euren Wohnstätten vertrieben haben". (Sure 60,9) Hinsichtlich der heidnischen Mekkaner sind diejenigen zu bekämpfen, „die sich nicht bekehren wollen". (Sure 9,5) „Und erschlagt sie, wo immer ihr auf sie stoßt, und vertreibt sie, wo immer sie euch vertrieben haben". (Sure 2,191) In diesen sog. Skandalversen geht es nicht um eine Auseinandersetzung mit denen, die nicht glauben oder anders glauben. Diese Verse beziehen sich spezifisch auf „die kriegerischen Auseinandersetzungen mit den heidnischen Mekkanern"[7], die die neue Religion der Muslime bekämpften und sich gewalttätig den Gefolgsleuten des Propheten widersetzten.

An mehreren Stellen spricht der Koran anerkennend von den „Leuten der Schrift" oder den „Schriftbesitzern", womit Juden und Christen gemeint sind, die respektiert werden sollen, weil sie in früheren Offenbarungen göttliche Worte empfangen haben. Wo Muslime die Mehrheit bilden, sollen

6 Vgl. A. Schimmel, Sufismus: Eine Einführung in die islamische Mystik, München 2003.

7 Ö. Ozsoy in Koran erklärt, hg. von Willi Steul 2017, 166.

Juden und Christen sich unterordnen und den Status der "*Dhimmi*"[8], der Schutzbefohlenen, annehmen. Demnach empfiehlt der Koran Muslimen, einen freundlichen Umgang mit Nichtmuslimen zu haben – es sei denn eben, Muslime werden ihrer Religion wegen bekämpft. In der islamischen Theologie wird heutzutage die Frage unterschiedlich erörtert, welche Rechte und Pflichten nicht-muslimische Gastarbeiter in islamischen Staaten haben.

In der Abu Dhabi-Erklärung wird das Verhältnis zwischen Christen und Muslimen auf geschichtlich einzigartige Weise neu durchdacht und erörtert. In der gemeinsamen Stellungnahme muslimischer Geistlicher bezeichnen die Religionsgelehrten die Veröffentlichung des Dokuments als „ein auf institutioneller Ebene in der Geschichte der Beziehungen zwischen Christen und Muslimen beispielloses Ereignis."[9] Es werde deutlich, „dass hinsichtlich der Beziehungen zwischen unseren beiden Religionen eine in vielen Aspekten neue Phase beginnt." Es handle sich um „eine Berufung, die im Schöpfungsplan Gottes enthalten ist." Dabei gehe es um eine Anerkennung der anderen, die „weder eine erzwungene Einheitlichkeit noch ein versöhnlicher Synkretismus" ist.[10] Die muslimischen Gelehrten betonen, dass „der christliche Gottesbegriff in seinem tiefsten Wesen dem islamischen trotz formal unterschiedlichen Darstellungen nicht grundsätzlich zuwiderläuft"[11]. Deshalb komme es darauf an, den gemeinsamen Weg in Gerechtigkeit zu gehen, die „auf Barmherzigkeit gegründet" ist und zum Dialog führe, sodass „Männer und Frauen, denen Gott verschiedene Glaubensrichtungen gegeben hat, in Frieden zusammenkommen und sich in deren gemeinsamem Ursprung wiederzuerkennen."[12]

Nach *Fratelli tutti* darf sich Geschwisterlichkeit nicht in leeren Worten erschöpfen. Die Enzyklika ist nach Auffassung des Vorsitzenden des

8 Der Begriff Schutzbefohlene stammt vom arabischen „dhimma" (ذمة), was einen besonderen Schutz für „Leute des Buchs" unter islamischer Herrschaft garantiert. Die Bezeichnung beschreibt Sonderrechte, welche u.a. Christen genießen, unabhängig davon, ob sie die Schutzsteuer entrichten oder davon befreit sind.

9 Muslimische Gelehrte über das Dokument von Abu Dhabi: Brüderlichkeit für Wissen und Zusammenarbeit. Stellungnahme muslimischer Geistlicher zum Dokument von Abu Dhabi, in CIBEDO-Beiträge Ausgabe 1-2020, S. 22.

10 A.a.O.

11 A.a.O. 23.

12 A.a.O. 25.

Zentralrats der Muslime, Aiman A. Mazyek, eine konkrete Aufforderung, „dass wir aus religiöser Überzeugung gegen jegliche gruppenspezifische Menschenfeindlichkeit aufstehen und die Stimme erheben, uns den Antisemitismus widersetzen und allen Rassisten entschieden die Stirn bieten. Und so stellen wir Muslime uns an die Seite von Papst Franziskus und seine Enzyklika „Fratelli tutti."[13]

Es handelt sich um eine Vision, die den Papst und den Groß-Imam bewegt hat, sich gemeinsam auf den Weg zu machen, auf dem die Menschen einander Geschwister werden können. „Träumen wir als eine einzige Menschheit, als Weggefährten von gleichem menschlichen Fleisch, als Kinder der gleichen Erde, die uns alle beherbergt, jeden mit dem Reichtum seines Glaubens oder seiner Überzeugungen, jeden mit seiner eigenen Stimme, alles Brüder und Schwestern." (FT 8)

Klaus Beurle, Priestergemeinschaft Jesus Caritas, Würzburg

---

13 A. Mazyek, Die Sozialenzyklika von Papst Franziskus aus muslimischer Sicht: Mehr als ein wertvolles Wort, in: Herder Korrespondenz 1/21, S. 44–46.

Gelebte Geschwisterlichkeit
Erfahrungen aus dem Libanon

Wie lebt man als Mitglied einer christlichen Minderheit eine universale Geschwisterlichkeit in einem von den unterschiedlichsten dramatischen Krisen betroffenen Land? Mitglieder aus der Gemeinschaft Charles de Foucauld geben Zeugnis davon, wie sie versuchen, die Hoffnung lebendig zu halten. Für eine kürzlich verstorbene Kleine Schwester Jesu hat die muslimische Gemeinde die Trauerfeier organisiert. (Red.)

Der Libanon ist mit einer Fläche von 10452 Quadratkilometern ein relativ kleines Land. Seine Lage am Mittelmeer hat das Land seit seiner frühesten Geschichte immer zu einem Ort der Begegnung und des Miteinanders gemacht. Dieses Land, das für das Zusammenleben von Muslimen und Christen bekannt ist, befindet sich noch immer auf dem Weg zu einer Vertiefung und Verwurzelung dieser Identität, die zu seiner eigenen Mission geworden ist.

Seit dem Ende des 1975 begonnenen Bürgerkriegs sind dieselben Personen, die den Krieg geführt haben, an der Macht und haben die Korruption in allen staatlichen Strukturen verankert. Die Kultur des Eigennutzes beherrscht das Land bis heute. Dass der Libanon noch besteht, ist dem Glauben eines Volkes zu verdanken, das leben, überleben und wiedergeboren werden will, ohne müde zu werden. Der 4. August 2020 ist ein Datum, das für immer in die Geschichte dieses Volkes eingehen wird, denn an diesem Tag wurde das Herz des Landes durch eine Explosion im Hafen von Beirut, die einer Atombombe glich, zerrissen. Stunden des totalen Chaos, eine dunkle Nacht, in der Schreie, Leid, Schmerz und Hilflosigkeit die Herrscher des Augenblicks waren. Mehr als 200 Menschen verloren ihr Leben, Tausende wurden verletzt und etwa 300.000 Menschen wurden obdachlos. Der Schaden war verheerend.

Bei dieser Explosion stürzten nicht nur Gebäude und Unternehmen ein, sondern vor allem, und das war weniger sichtbar, die Hoffnung in den Herzen der Menschen. Die Hoffnung wurde an diesem Tag zu Boden gestampft. Der Libanon erhielt einen Stich ins Herz, da seine Bürger immer noch mit einer sehr schweren Wirtschaftskrise zu kämpfen hatten, die im Oktober 2019 begann, und zusätzlich mit einer globalen Pandemie konfrontiert war, die mehrere landesweite Maßnahmen erforderte, um den Anstieg der positiven COVID-19 Fälle einzudämmen.

Gefühle von Wut, Enttäuschung und Leere stiegen stark an. Worte konnten die Grausamkeit der Szene nicht mehr ausdrücken. Beirut wurde durch die Gleichgültigkeit, die Verantwortungslosigkeit und den Egoismus seiner Politiker und Gouverneure erschüttert.

Auf der anderen Seite wird der Libanon immer auch in Mitleidenschaft gezogen von den Konflikten, die um ihn herum ausgetragen werden. Der Bürgerkrieg, der 2011 in Syrien begann, hat nach und nach die Einwanderung vieler Einzelpersonen und Familien verursacht. Die ungefähre Zahl der syrischen Einwanderer beläuft sich auf 2 Millionen bei 4 Millionen libanesischen Bürgern.

In den Tagen nach der Explosion füllten sich die Straßen von Beirut auf bemerkenswerte und spontane Weise mit Hunderten von Menschen aus allen Regionen mit Besen in der Hand und einem Gefühl der Solidarität im Herzen, um den betroffenen Familien beizustehen. Hand in Hand machten sich Freiwillige aller Altersgruppen, verschiedener Religionen, Jugendbewegungen, Ausländer, Frauen, Priester, Ordensleute daran, die Straßen von den Trümmern zu befreien, die Asche zu beseitigen. Nichtregierungsorganisationen engagierten sich Freiwillige, die bald auch von der internationalen Gemeinschaft unterstützt wurden, um alle Arten von Bedürfnissen zu decken (Unterkünfte, Lebensmittel, Kleidung, Medikamente, Wiederaufbauarbeiten, psychologische Unterstützung für die Verwundeten und diejenigen, die Angehörige verloren hatten …)

Hoffnungszeichen: liebevolle Präsenz und Zuhören

An jedem neuen Morgen ging die Sonne wieder auf. Und auf sehr geheimnisvolle Weise erhob sich das libanesische Volk in kleinen Schritten wieder, es waren erste Hoffnungsschimmer. Monatelang waren wir, die Mitglieder

der Gemeinschaft Charles de Foucauld, wie viele andere auch, in der Nähe derer, die kein Zuhause mehr hatten, die einen geliebten Menschen verloren hatten. Wir mussten schnell handeln, denn der Winter stand bevor.

Nach der Arbeit in den Häusern und Stadtvierteln war es irgendwann notwendig, sich den Menschen zuzuwenden und zu versuchen, die tiefsten Wunden zu heilen, die noch keinen Raum gefunden hatten, um ausgedrückt zu werden. So hat ein Mitglied unserer Gemeinschaft ganz spontan die Initiative ergriffen und Besuche bei Familien in geschädigten Stadtvierteln vorgeschlagen, um einen Raum der liebevollen Präsenz und des Zuhörens anzubieten.

Wir konnten einen Raum der liebevollen Präsenz und des Zuhörens anbieten.

Diese Initiative wurde auf eine offene Gruppe von Ordensleuten, Priestern und Laien ausgeweitet, die zu zweit in die Stadtteile gingen, an die Türen klopften, Freundschaft, Präsenz, Zuhören anboten ... einzig in dem Wunsch, denen Nähe zu schenken, die die Wärme menschlicher Gegenwart suchten. Diese Erfahrung der unentgeltlichen Nähe, ohne materielle Hilfe zu leisten, hinterließ bei denen, die an den Türen standen, ebenso ihre Spuren wie bei denen, die besucht wurden. Eine Erfahrung, bei der wir das Wesentliche dessen entdeckten, was uns zu Menschen macht. Eine Erfahrung, die uns zum Kern des Evangeliums zurückgebracht hat: „Ich war traurig und ihr habt mich getröstet."

Inzwischen ist bereits ein Jahr seit dieser großen Tragödie vergangen. Das Land leidet auch immer noch unter den Folgen einer wirtschaftlichen und politischen Krise, die die Rückkehr zu einem normalen Leben behindert.

Was könnte das Zeugnis der Libanesen in dieser Zeit sein, in der sich alle entmutigt, verraten und von den Machthabern betrogen fühlen, die ihre Nachlässigkeit und Gleichgültigkeit gegenüber einem Volk, das täglich leidet, fortsetzen? Wenn man über eine Wirtschaftskrise spricht, scheint es, als würde man über die Definition eines allgemeinen Begriffs in einem wissenschaftlichen Wörterbuch sprechen. Aber wenn man sich genauer ansieht, wie sich dieses Wort im täglichen Leben darstellt, dann sieht man einen gewaltigen Unterschied. Die Auswirkungen dieser Krise auf das Leben der Menschen sind enorm, niemand ist von der Notlage ausgeschlossen. Die Gehälter der Familien, die früher ein angemessenes Leben sicherten, reichen nicht mehr aus, um das Nötigste an Ernährung und Medikamenten zu gewährleisten ... Aber es wird nicht an Zeichen der Hoffnung fehlen in einem Volk, das vor Leben vibriert. Überall wird mit Hilfe der internationalen humanitären Gemeinschaft Solidarität geübt, aber vor allem findet diese Solidarität auch unter den Libanesen selbst statt. Familien kochen für andere bedürftige Familien, Gemeindemitglieder engagieren sich in ihren Gemeinden, im Ausland lebende Libanesen schicken ihren Familien und Freunden im Libanon Hilfe. Libanesen, die Zugang zu Arbeitsplätzen in Unternehmen mit Verbindungen ins Ausland haben, bieten ihre Dienste an, um anderen Bedürftigen zu helfen ...

Die Wirtschaftskrise ist untrennbar mit der palästinensischen Flüchtlingskrise und seit 2015 mit der Krise der syrischen Flüchtlinge verbunden, die mehrheitlich Muslime sind und deren Kultur sich stark von der der Libanesen unterscheidet. Wie können wir es akzeptieren, diese Flüchtlinge aufzunehmen und in ihnen das Antlitz Gottes zu sehen: „Ich war ein Fremder und ihr habt mich aufgenommen" (Mt 25,35), wenn der libanesische Bürger in seinem eigenen Land nicht mehr überleben kann? Wie kann die Erinnerung der Libanesen an die Grausamkeiten geheilt werden, die von syrischen Soldaten während der 30-jährigen Besetzung des Landes begangen wurden? Christ zu sein und als Christ in diesem Land zu leben, erfordert die feste Verwurzlung in unserer christlichen Identität und das Evangelium in vollem Umfang zu leben. Wir folgen dem Beispiel unseres Bruders Charles de Foucauld, der die Barrieren, die der Mensch unaufhörlich errichtet, niederreißen wollte, indem er sich vom anderen berühren ließ, um über die Mauern hinauszugehen und dem anderen wahrhaftig zu begegnen, diesem anderen, der mir Angst macht und meine eigene Sicherheit bedrohen kann. Christ zu sein bedeutet, den Glauben und die Überzeugung zu haben, dass wir alle Menschen sind, die aus den Händen desselben Schöpfers stammen, der uns alle liebt, ohne Unterschied. Wir sind alle Menschen und haben ein gemeinsames Zuhause. Christsein bedeutet, Brüder und Schwestern desselben Vaters zu sein, der allen gegenüber barmherzig ist.

Inmitten all dieser bis zum heutigen Tag andauernden Prüfungen ist unser Papst Franziskus dem verwundeten Herzen unseres Landes so nahe geblieben. Mit seinen zärtlichen Worten und Initiativen hat er die Herzen der Gläubigen getröstet, die noch an die Wiederauferstehung des Landes, die Erneuerung seines Gesichts und sein Wachstum in der Liebe glauben. Diese Liebe zu Gott schließt die Liebe zu den anderen mit ein. Es bedeutet, universelle Brüderlichkeit zu leben, wo Hass gesät wird, wo Grenzen geschlossen und Mauern errichtet werden, brüderliche Liebe zu leben und es zu wagen, hinauszugehen, um dem anderen, dem Migranten, dem Fremden, dem Flüchtling, dem Vertriebenen zu begegnen und ihn aufzunehmen. Um diese Begegnung zu leben, müssen wir unsere Herzen öffnen und in die Gesichter der 2 Millionen Flüchtlinge blicken, um zu sehen, was hinter der Zahl steckt, um die Augen zu sehen und die Tränen der Menschen zu spüren, die mit ihrem eigenen Elend, mit ihrer eigenen Geschichte, mit ihrem eigenen Leid kommen, und um zu entdecken, dass wir mit ihnen dieselbe menschliche Realität teilen und gemeinsam unter den Folgen der verschiedenen Formen von Ungerechtigkeit leiden. Es ist diese Flamme der Liebe, die der Herr in jedem von uns sät und die heute die Herzen vieler Menschen in unserem Libanon entzündet. Diese Passage aus der päpstlichen Enzyklika „Fratelli tutti" berührt uns besonders: „Zwischen den Religionen ist ein Weg des Friedens möglich. Der Ausgangspunkt muss der Blick Gottes sein. Denn ‚Gott schaut nicht mit den Augen, Gott schaut mit dem Herzen'."[1] (FT 281) Dieser Blick des Mitgefühls füreinander wird in verschiedenen Initiativen konkretisiert. Innerhalb unserer Gruppe der Gemeinschaft Charles de Foucauld haben wir ein junges syrisches Paar aufgenommen, das den dramatischen Lebensbedingungen in Damaskus entkommen wollte und hoffte, in Beirut ein würdigeres Leben führen zu können. Ihr Aufenthalt im Libanon dauerte zwei Jahre, in denen sie mit zahlreichen Herausforderungen konfrontiert waren. Durch unseren Austausch und das Leben in der Stadt wurden nach und nach Bande des Mitgefühls, des gegenseitigen Verständnisses, der Unterstützung und des Vertrauens geknüpft.

Ein anderes Mitglied der Gemeinschaft hat in seinem beruflichen Engagement eine Art Richtungswechsel vollzogen. Er engagiert sich in einem Verein, der sich für die Rechte von Einwanderern und Flüchtlingen einsetzt, auch wenn er von seinem Umfeld dafür kritisiert wird, dass er einem

1 Aus dem Film *Papst Franziskus – Ein Mann seines Wortes. Die Welt braucht Hoffnung* von Wim Wenders (2018)

Fremden die Hand reicht. Angeregt durch den Geist Bruders Karls suchen wir die Nähe zu den Bedürftigsten.

> Wir erkennen die Wunden der Vergangenheit, aber wir wollen diese Wunden durch die Kraft der Liebe heilen, die uns den Wunden der anderen näher bringt.

Unser Engagement für die Spiritualität von Nazaret ist im Laufe der Zeit gereift, und das Beispiel unseres Bruders Karl ist eine Quelle der Inspiration, die uns bei unseren konkreten Entscheidungen leitet.

Es liegt noch ein langer Weg vor uns. Aber das Wirken des Geistes formt unsere Welt weiterhin nach dem Bild ihres Schöpfers, mit dem wir uns mit diesem Gebet aus der Enzyklika unseres Papstes verbinden:

Herr und Vater der Menschheit,
du hast alle Menschen mit gleicher Würde erschaffen.
Gieße den Geist der Geschwisterlichkeit in unsere Herzen ein.
Wecke in uns den Wunsch nach einer neuen Art der Begegnung,
nach Dialog, Gerechtigkeit und Frieden.
Sporne uns an, allerorts bessere Gesellschaften aufzubauen
und eine menschenwürdigere Welt
ohne Hunger und Armut, ohne Gewalt und Krieg.
Gib, dass unser Herz sich
allen Völkern und Nationen der Erde öffne,
damit wir das Gute und Schöne erkennen,
das du in sie eingesät hast,
damit wir engere Beziehungen knüpfen
vereint in der Hoffnung und in gemeinsamen Zielen.
Amen." (FT 287)

Antoinette und Fidaa Boutros,
Gemeinschaft Charles de Foucauld, Beirut
Übersetzung: Marianne Bonzelet

Muslimische Gemeinde betet für katholische Ordensfrau

Für die an Weihnachten gestorbene katholische Ordensfrau Kleine Schwester Barbara von Jesus hat eine muslimische Gemeinde im Libanon eine Trauerfeier organisiert. In ihrem langen Leben habe die Ordensschwester, die mehr als 90 Jahre alt wurde, stets „Gutes gesät, wo immer sie war", so die schiitischen Muslime der libanesischen Stadt Hermel im Beqa'a-Tal. Die Gemeinde hatte die gesamte Bevölkerung zu einer Trauerfeier am Sonntagabend in die Kondolenzhalle einer Moschee geladen.

Bevor sie eine Gemeinschaft in Hermel eröffneten, hatten sich die von Magdeleine Hutin nach dem Vorbild des seligen Charles de Foucauld gegründeten Kongregation der Kleinen Schwestern Jesu, in dem hauptsächlich von Christen bewohnten Dorf Ras Baalbek niedergelassen. In den Jahren des Libanonkonflikts war dieses Haus für die Jungen und Mädchen der Gegend ein Zufluchtsort im Zeichen des Friedens und des harmonischen Zusammenlebens. Auf dem an das kleine Kloster Hermel angrenzenden Land bauen die Schwestern Olivenbäume, Weinreben, Hülsenfrüchte und Obstbäume an. Als 2017 dschihadistische Milizionäre aus dem verwüsteten Syrien in das Beqa'a-Tal eindrangen, hatte der Bürgermeister die Kleinen Schwestern sofort zu sich geholt und sie unter seinen persönlichen Schutz gestellt. Ihre muslimischen Nachbarn hielten Wache vor dem Kloster und warteten auf ihre Rückkehr. Und als sie zurückkehrten, baten sie sie, nicht wieder zu gehen.

Auf diese Weise erfüllten sie weiterhin ihre missionarische und kontemplative Berufung und bezeugen durch ihr tägliches Handeln die Gegenwart Jesu und seiner Liebe unter den Muslimen.

„Alle Hermeler vermissen Sie als Vorbild an Frömmigkeit, Nächstenliebe und Reinheit", hieß es auf einem Transparent, das an der Zufahrt zum Moscheeviertel gehisst wurde, um den Dank für Kl. Sr. Barbara auszudrücken.

Bei der Trauerfeier – so berichteten Augenzeugen, konnten ihre Mitschwestern Beileidsbekundungen von hochrangigen Mitgliedern der örtlichen Gemeinschaft entgegennehmen. Auch der Bürgermeister bedankte sich für die Anwesenheit der Kleinen Schwestern Jesu in der Region und erinnerte daran, dass ihre diskrete Arbeit sein ganzes Leben begleitet hat, seit er ein Kind war. Für Kl. Sr. Barbara sprachen die Muslime, die zu der Zeremonie gekommen waren, die Al-Fātiha, die Anrufung des „barmherzigen und gnädigen" Gottes, die erste Sure des Korans. Allen Anwesenden wurde der traditionelle ungesüßte Kaffee angeboten, wie es bei Beileidsbekundungen in den libanesischen christlichen und muslimischen Gemeinschaften üblich ist.

Die aus Ägypten stammende Kl. Sr. Barbara Kassab hat laut Fides ihr ganzes Leben damit verbracht, Gutes für ihre christlichen und muslimischen Brüder und Schwestern in einem Land zu tun, das von zahlreichen internen Konflikten verwundet und zuweilen zerrissen wurde. „Große Trauer auf Erden und große Freude im Himmel über das Ableben von Schwester Barbara", hieß es in der Traueranzeige, mit der die Christen in der Region ihr Ableben bekannt gaben. Es wurde daran erinnert, dass Kl. Sr. Barbara „ihr Leben der Arbeit in der Kirche, den sozialen Werken im Dienste der Gemeinschaft und insbesondere der Armen der Region gewidmet hat". „Ihre Seele", so die Botschaft weiter, „wird das Weihnachtsgeschenk für das Kind von Bethlehem sein. Geh in Frieden, tugendhafte Mutter und Schwester, und möge deine Seele eine Hilfe für uns, unsere Familien, unsere Gesellschaft und unsere gesamte Region sein."[1]

„Die Religion ist nur Liebe. ‚Gottes guter Wille für die Menschheit'. Die erste Pflicht ist, Gott zu lieben; die zweite, für Gott unseren Nächsten wie uns selbst zu lieben."

Charles de Foucauld an Louis Massignon

1 Vatican News vom 3.1.2022

Geschwisterlichkeit und Freundschaft im Hoggar

In einer der flächenmäßig größten Diözesen der Welt leben unter mehreren Millionen Muslimen knapp 100 Christen, größtenteils Ordensleute, verteilt auf mehrere Oasen. Unter ihnen gleich vier Gemeinschaften aus der Geistlichen Familie von Charles de Foucauld: Kleine Schwestern Jesu, Kleine Schwestern vom Heiligsten Herzen, Kleine Brüder Jesu und Kleine Brüder vom Evangelium. In absichtsloser Präsenz wollen sie Zeichen der Liebe Gottes im muslimischen Umfeld sein und pflegen den gelebten Dialog im Alltag, den Dialog des Herzens, der die Brücke zwischen den Kulturen und Religionen ist. (Red.)

Zweiundzwanzigjährig kam ich 1962 in ein Dorf im Hoggar namens Tazrouk, 170 Kilometer von Tamanrasset entfernt, um in der Fraternität der Kleinen Brüder Jesu zu leben. Ich konnte nicht ahnen, welch eine tiefe Freundschaft – nicht nur menschlich – ich mit dieser kleinen Welt erleben würde, die mir völlig unbekannt und so anders war.

Das Dorf mit seinen 250 Einwohnern lebte auf eine Art und Weise, die der von Charles de Foucauld vermutlich sehr nahekam. Schwarze Bauern bearbeiteten das Land der Tuareg, die in dieser Gegend nomadisch lebten, und hatten ihre Sprache und Kultur übernommen. Es war die gleiche Situation wie in Tamanrasset zur Zeit von Charles de Foucauld. Die Bauern – selbst etwas nomadisch – lebten erbärmlich von ihren Ernten und liefen den Tuareg hinterher, wenn diese aus Niger oder Mali zurückkehrten, ihre Kamele beladen mit Hirse, die damals das beste Nahrungsmittel war.

Wie Foucauld versuchte ich, mich in diese Kultur einzuleben, indem ich dank des wertvollen Wörterbuchs, das er während seines Aufenthalts im Hoggar verfasst hatte, die Sprache, Tamahaq, erlernte. Abdallah, der Bruder, mit dem ich zusammenlebte, war Krankenpfleger und half sehr bei der Entwicklung des Dorfes. Es gab die ersten Lehrer, und nach und nach sorgte der algerische Staat für Arbeitsgelegenheit, die jedoch mit Ortswechseln verbunden war. So kam ich dazu, als Lkw-Fahrer auf Forschungsbaustellen im Bergbau zu arbeiten, oft vierhundert Kilometer vom Dorf entfernt, Schulter an Schulter mit den Arbeitern, mitten in der Wüste. Die wenigen Sommermonate erlaubten mir, wieder in das brüderliche und sakramentale Leben einzutauchen, da Abdallah Priester war.

Wie soll ich erklären, wie sehr diese Solidarität mit den Bewohnern des Dorfes (in ihren Häusern und auf den Baustellen) mein ganzes Ordensleben geprägt hat? Eingetaucht in diese muslimische Welt wurden mein Glaube und meine Liebe zu diesem Jesus, der für die Rettung der Welt gestorben und auferstanden ist, nur noch vertieft. Das Leben im Dorf war immer sehr solidarisch. Bei Geburten, Hochzeiten, Todesfällen usw. versammelte sich das ganze Dorf zu einer Mahlzeit und einem Gebet, das hauptsächlich aus einer Koranlesung bestand. Wir waren mitten unter ihnen. Sie wussten, dass wir einen anderen Glauben hatten, aber wir respektierten uns gegenseitig. Sie haben uns als Teil des Dorfes integriert und wir waren dankbar, so unter ihnen willkommen zu sein.

Andererseits gilt Charles de Foucauld in Algerien und besonders im Hoggar als Spion im Dienst der französischen Armee und des Kolonialismus. Viele denken, dass das für uns als seine Nachfolger ebenso gilt. Diejenigen jedoch, die uns kennen, wissen sehr wohl, dass dies nicht der Fall ist, und bieten uns ihre Freundschaft an.

Für Charles de Foucauld war das mit den Muslimen geteilte Leben eine Form von „Vor-Evangelisierung“, deren Fernziel die ausdrückliche Verkündigung des Evangeliums war. Ich persönlich denke nicht mehr so.

Die gelebte Solidarität mit Männern und Frauen, die noch nie etwas vom Evangelium gehört haben – es sei denn das, was der Koran darüber sagt und was wenig mit der Realität zu tun hat – hat mich immer mehr dazu gebracht, Kinder des Reiches Gottes besonders unter den Armen zu entdecken.

Diese Erkenntnis ist vielleicht auf eine Art von gegenseitigem Blick zurückzuführen, den wir auf sie und sie auf uns haben, um sich als Brüder und Schwestern desselben Vaters zu entdecken, als Kinder der Seligpreisungen, ohne irgendeine Art von Überlegenheit der einen über die anderen. Für sie ist diese Erkenntnis unbewusst, so wie sie bei diejenigen war, die Jesus ohne es zu wissen im Geringsten seiner Brüder dienten. (Mt 25) Parallel dazu lässt mich die tägliche Lektüre des Evangeliums entdecken: was Jesus für alle Menschen erwartet, ist nicht, dass sie ihre Religion ändern, sondern dass sie in das Reich Gottes gelangen. Notwendigerweise hat er einige auserwählt und gesandt, um dieses Reich durch Wort oder Leben zu verkünden. Kurz gesagt, Jesus ruft uns zu einer radikalen und Heil-schaffenden Solidarität auf. Jesus selbst ist es, der dieses Heil bewirkt, und er tut es, indem ich „dies zu seinem Gedächtnis tue", d.h. indem ich die Füße meiner Brüder und Schwestern zu waschen und seinen Leib und sein Blut darzubringen weiß. Dies ist das Priestertum, zu dem alle Christen berufen sind, um der Welt das Heil Jesu zu bringen.

Nach so vielen Jahren ist es, als wäre ich mit dem Dorf gewachsen. Es hat jetzt etwa viertausend Einwohner, die ziemlich gut ihren Lebensunterhalt verdienen. Die Leute haben schöne Häuser und Autos. Alle jungen Leute studieren; es sollen etwa siebzig Mädchen in Universitäten in ganz Algerien sein. Das soziale Leben ist immer noch stark und die jungen Leute wollen gar nicht weg, es sei denn, die Arbeit zwingt sie dazu. Die Stellung der Frau in der Tuareg-Gesellschaft unterstützt ein ausgewogenes soziales Leben. Sie versuchen, ihre Traditionen in Einklang zu bringen mit der Einwurzelung in einem wirklich muslimischen Land, was nicht immer einfach ist. Und im Blick auf uns kann man sagen, dass die tiefe freundschaftliche Verbundenheit, ihnen hilft, gewisse Vorstellungen von uns „Ungläubigen", zu überwinden.

Taher, Kleiner Bruder Jesu, Tamanrasset
Übersetzung: Marianne Bonzelet

Liebevoller Umgang unter besonderen Menschenkindern

Eine Religionslehrerin berichtet von ihren Erfahrungen in einer Schule für Kinder mit Behinderungen. (Red.)

Einen Erfahrungsbericht zu *„Fratelli tutti – über die Geschwisterlichkeit und soziale Freundschaft"* jetzt im November 2021 zu schreiben, fällt mir nicht leicht, da mir mein Unmut über die mangelnde Solidarität in Teilen der Gesellschaft zu schaffen macht. „Meine" Kinder und Jugendlichen müssen das ausbaden. Ich spreche nicht von unseren inzwischen erwachsenen Kindern, sondern den Schüler*innen des privaten Förderzentrums für geistige Entwicklung im Caritas-Zentrum St. Vinzenz, einer Einrichtung, die sich in vielen verschieden Bereichen für Menschen mit Behinderung einsetzt – vom Kleinkind bis ins hohe Alter.

Ja, es sind „meine" Kinder und Jugendlichen geworden. Das hätte ich mir nicht träumen lassen, als ich vor einigen Jahren gefragt wurde, ob ich mir vorstellen könnte, dort Religion zu unterrichten. Ich musste erst überlegen, da ich bisher nur punktuell Begegnungen mit behinderten Menschen hatte. Heute bin ich froh, dass ich mir diese Aufgabe zugetraut habe. Immerhin stand an dieser Stelle, wo sich die Einrichtung befindet, früher meine Taufkirche.

Entscheidend war für mich von Anfang an, unvoreingenommen auf die Kinder und Jugendlichen zuzugehen ohne Abscheu vor sabbernden Mündern, verdrehten Körperteilen und Geschrei. Menschen, wie du und ich, ausgestattet mit besonderen Fähigkeiten und Defiziten. Nur weil sie nicht unter eine bestimmte Norm fallen, stehen sie am Rande der Gesellschaft. Zwar gilt nach der Behindertenrechtskommission Inklusion für alle, die Wirklichkeit sieht leider anders aus. Barrierefreiheit heißt für mich inzwischen nicht nur, dass Rollstuhlfahr*innen überall hinkommen, Gebärdendolmetscher und Hörhilfen für Hörgeschädigte eingesetzt werden, es Hilfen für Sehbehinderte gibt. Inklusion beginnt vielmehr schon bei der Sprache (vor allem auch in der Kirche), den Texten, die veröffentlicht werden – zu klein und unverständlich, eine Barriere nicht nur für Behinderte. Zum Glück geschieht im Bereich Inklusion generell schon viel, aber es müsste halt auch in den Köpfen und Herzen der Menschen ankommen. Wir werden immer noch angegafft, wenn wir in der Öffentlichkeit unterwegs sind.

Aber nun genug gejammert. Was ich nach einer anfänglichen Skepsis erfahren durfte, ist eine Atmosphäre des Miteinanders über „Standesgrenzen" und „Nicht riechen können" hinweg zum Wohle unserer besonderen Menschenkinder. Mich beeindrucken vor allem das gemeinsame Ringen um Kinder und Jugendliche, denen es nicht gut geht, und die gemeinsame Suche mit unseren Fachleuten vom psychologischen Dienst nach optimalen Lösungen. Die Hilfsbereitschaft und die gegenseitige Unterstützung unter den Kolleg*innen tragen auch über schwierige Zeiten. Aber auch unter unseren Kindern und Jugendlichen sind sie stärker ausgeprägt, als ich es an Regelschulen erlebt habe. Wunderbare Liebeserklärungen erhalte ich regelmäßig, wie sie es sonst vielleicht noch an Kindergärten und Grundschulen gibt. Aber auch manchmal ziemlich direkte Komplimente: „Du siehst aus wie eine Oma". Oder das regelmäßige „bin ich fröhlich" eines Mädchens mit Downsyndrom erhellt noch so trübe Tage. Ein ziemlich anstrengender Schüler (Frage des neuen Klassenleiters: „Gibt es keinen Ausschaltknopf?") hat mich im ersten Jahr in seiner Klasse ins Herz geschlossen und seitdem ruft lauthals nach mir, wenn er mich irgendwo entdeckt. Als ich länger krank war, hat er täglich nach mir gefragt. An meinem ersten Arbeitstag hat er zuerst meinen Fahrradanhänger entdeckt, gejubelt und sofort nach mir gesucht.

Ja, mein Fahrradanhänger, mit dem ich meine Schätze ins und durchs Schulhaus transportiere. Ein Kollege: „Wenn man den sieht, weiß man, du bist wieder da". Oder: „Wir haben dich so vermisst, schön, dass du wieder da bist." Ich kann alle um Rat und Unterstützung bitten, erhalte konstruktive Kritik, wenn nötig. Ich kann mich auf die Kompetenz meiner Kolleg*innen verlassen, vor allem wenn ich neu in eine Klasse komme und die Besonderheiten und Eigenarten der Schüler*innen kennenlernen muss. Und auch mein Rat ist gefragt. Ich bin dankbar, wenn ich mit Material, Antworten bei religiösen Fragen und als Verantwortliche für die Krisenintervention in Todesfällen helfen kann. In besonderen Fällen suchen wir alle gemeinsam nach den besten Lösungen für die Kinder, Jugendlichen und Mitarbeiter*innen. Klar läuft bei uns nicht alles glatt. Der Personalmangel und Krankheitsausfälle bringen uns alle, wie auch in anderen Pflegeeinrichtungen und Krankenhäusern, an die Belastungsgrenze. Aber gerade da zeigt sich der fürsorgende, wohlwollende und dankbare Umgang miteinander. Und ich hoffe, noch ein paar Jahre gesundheitlich einigermaßen stabil meine Einrichtung als Seelsorgerin begleiten zu dürfen. Und mit allen den Reichtum des Lebens entdecken zu dürfen. Ach ja, habe ich gar nicht erwähnt: Nur im respektvollen Umgang interessiert mich, welche Religion die Person hat. Die Zusage Gottes gilt allen!

Dass ich es wohl richtig mache, durfte ich schon ziemlich am Anfang erfahren. Michael, Autist, nicht sprechend, habe ich in meinem 1. Jahr auf die Erstkommunion vorbereitet. Mein Ritual am Ende der Stunde: Zu einer einfachen Melodie, das Kind beim Namen nennen, einen Zuspruch und segnend die Hände auflegen. Ein paar Jahre später darf ich in der Klasse Religion unterrichten. Michael kommt auf mich zu nimmt meine Hände legt sie auf seinen Kopf und summt die Melodie.

Elisabeth Löhlein,
Gemeinschaft Charles de Foucauld, Ingolstadt

„Die Zusammenfassung aller Religion ist mein [sc. Jesu] Herz: Mein Herz erinnert euch daran, dass Gott Liebe ist, und dass ihr wie er die Liebe leben müsst ... Mein Herz erinnert euch daran, dass Gott die Liebe ist, und dass ihr in dem Maße vollkommen sein werdet, in dem ihr ihm ähnlich seid, euch mit ihm vereinigt, euch in ihn verwandelt, mit ihm eins werdet und ihm in der Liebe gleich seid."

Charles de Foucauld

Wie Vertrauen wachsen kann

Eine Kleine Schwester Jesu spricht über ihre Erfahrungen, wie sie die Angst vor dem Fremden überwindet und wie ihr dabei eine Textstelle aus der Enzyklika Anregung und Hilfe war. (Red.)

Im Juni des letzten Jahres nahm ich an einem Treffen von Ordensleuten unserer Diözese in Wien teil, auf dem Paul M. Zulehner über die Enzyklika „Fratelli tutti" referierte.

Er leitete seinen Vortrag mit einem Vers aus Psalm 8 – „Was ist der Mensch, dass Du an ihn denkst, des Menschen Kind, dass Du Dich seiner annimmst, du hast ihn nur wenig geringer gemacht als Gott, hast ihn mit Herrlichkeit und Ehre gekrönt" – ein, den er in Bezug setzte zur Erklärung der Menschenrechte, die von der UNO 1948 verfasst worden sind. Deren zentrale Inhalte sind Freiheit, Gleichheit, Solidarität und diese konkretisierend das Diskriminierungsverbot und das Recht auf Asyl. Die hierzu relevanten Artikel der Erklärung sind:

„Alle Menschen sind frei und gleich an Würde und Rechten geboren. Sie sind mit Vernunft und Gewissen begabt und sollen einander im Geist der Solidarität begegnen." (Artikel 1)

„Jeder Mensch hat Anspruch auf die in dieser Erklärung verkündeten Rechte und Freiheiten ohne irgendeinen Unterschied, etwa aufgrund rassistischer Zuschreibungen nach Hautfarbe, Geschlecht, Sprache, Religion, politischer oder sonstiger Überzeugung, nationaler oder sozialer Herkunft, Vermögen, Geburt oder sonstigem Stand. Des Weiteren darf kein Unterschied gemacht werden aufgrund der politischen, rechtlichen oder internationalen Stellung des Landes oder Gebiets, dem eine Person angehört, gleichgültig ob dieses unabhängig ist, unter Treuhandschaft steht, keine Selbstregierung besitzt oder sonst in seiner Souveränität eingeschränkt ist." (Artikel 2)

„Jeder Mensch hat das Recht, in anderen Ländern vor Verfolgung Asyl zu suchen und zu genießen.“ (Artikel 14)

Zulehner betonte die Bedeutung des „Sein“. Wenn wir im „Sein“ verbunden sind, so sind wir füreinander verantwortlich. Aus der Einheit im „Sein“ entspringt eine universelle Solidarität ohne Grenzen. Tatsächlich aber ist unsere Gesellschaft von sehr vielen Ängsten geprägt, zum Beispiel der des „Zu-kurz-Kommens“. Angst schürt Fremdenangst, da Fremde als gefährlich gesehen werden. Ängste spalten die Gesellschaft, Angst ent-solidarisiert, Vertrauen hingegen solidarisiert.

Die Aufgabe der Ordensgemeinschaften in der heutigen Gesellschaft sieht er auf dem Hintergrund dieser Analyse darin, „sprudelnde Quellen des (Gott-)Vertrauens sein in Kulturen der Angst“. Im einzelnen bedeutet das, sich mit drei Fragen auseinanderzusetzen:

- Wie können sie sich inmitten der Angst solidarisieren?
- Wie können sie universelle Geschwisterlichkeit ermöglichen?
- Wie kommen Ordensleute von der Angst zum Vertrauen?

> Ordensgemeinschaften sind sprudelnde Quellen des (Gott-) Vertrauens in Kulturen der Angst.

In der Beschäftigung mit diesen Fragen kam mir eine tschetschenische Familie in den Sinn, die bei uns im Haus wohnt. Die Frau ist stets ganz in schwarz gekleidet und verschleiert, und der Mann trägt einen Bart. Ein Bild, wie wir es oft auf unseren Straßen sehen.

Anfangs hat mir das ein wenig Angst gemacht, besonders wenn ich ihnen alleine begegnet bin. Immer wieder habe ich mir die Frage gestellt: Wie kann ich von meiner Angst ins Vertrauen kommen? Ich wollte keine Angst haben vor einer Familie, mit der ich fast Tür an Tür wohne.

Ich habe mich daraufhin informiert, wann unsere muslimischen Brüder und Schwestern ihre Festtage feiern, und diese Termine habe ich mir dann in unseren Kalender eingetragen. Immer wieder habe ich zu diesen Feiertagen den sieben Kindern dieser Familie, Obst und Süßigkeiten gebracht. Leider war es mir nicht möglich, in ihre Wohnung zu gehen, aber zumindest haben sie mir die Türe geöffnet, und die Frau hat den Teller immer mit einem sehr freundlichen Lächeln entgegengenommen.

Nachdem wir dann erfahren haben, dass dieser Nachbar Wohnungsumzüge macht, war es für uns eine Gelegenheit, ihn zu fragen. ob er uns die Möbel aus dem Pflegeheim abholt, in dem unsere Mitschwester kurz zuvor verstorben ist.

Er hat uns zugesagt und nachdem ich den Wunsch geäußert habe, dass ich gerne im Auto mitfahren möchte um ihm den Weg zu zeigen, hat er mir gesagt dass dies leider nicht möglich sei. Außerdem sagte er mir auch, dass er keine alkoholischen Getränke transportieren möchte, da er sehr religiös sei.

So musste ich mit der Straßenbahn hin- und zurückfahren, aber alles hat gut funktioniert.

Durch diesen Möbeltransport war unser Nachbar auch das erste Mal in unserer Wohnung. Nach dieser Aktion war „das Eis" gebrochen. Immer wieder hat er uns angeboten, unseren Sperrmüll einfach in sein Auto zu tun, damit er ihn zum Müllplatz mitnehmen kann. Das war für uns eine große Hilfe, da wir kein eigenes Auto besitzen.

Nachdem wir dieses Jahr am Ende des Ramadan den Kindern auch wieder Obst und Süßigkeiten gebracht hatten, stand seine Frau Leila einige Tage später vor unserer Tür mit Süßigkeiten und einer Rose für jede von uns. Das war für uns eine sehr schöne Geste von Freundschaft.

Inzwischen konnte ich schon in ihrer Wohnung betreten. Die Begegnungen im Hausgang mit den Erwachsenen und mit den Kindern gestalten sich mittlerweile immer sehr herzlich.

Die Geschichte ist ein Beispiel, wie sich anfängliche Angst in ein sehr großes Vertrauen wandelt. Ich bin sehr dankbar für diese Erfahrung.

In unseren Gemeinschaft in Wien haben wir jeden Abend einen Abschnitt aus der Enzyklika „Fratelli tutti" miteinander gelesen. Ein Abschnitt hat mich dabei besonders beschäftigt: „Ich erinnere gemeinsam mit dem Großimam Ahmad Al Tayyeb daran, dass die Beziehung zwischen dem Westen und dem Osten von gegenseitiger Notwendigkeit ist, und weder ersetzt noch vernachlässigt werden kann, damit beide durch den Austausch und Dialog der Kulturen sich gegenseitig kulturell bereichern." (FT 136)

In unserem Bezirk, der sehr multikulturell ist, gibt es schon seit über 10 Jahren eine Dialoggruppe mit Vertretern verschiedener Religionen. Nach dem Terroranschlag im November 2020 und den Unruhen der Jugendlichen am Reumannplatz hat diese Gruppe in unserer Antonskirche ein Friedensgebet veranstaltet. Wir Schwestern haben an diesem Friedensgebet teilgenommen, und waren sehr beeindruckt davon.

Als dann ein Großteil dieser Dialoggruppe in unserer Nachbarpfarrei das Programm der „Lange Nacht der Kirchen“ mit arabischen, jessidischen, kurdischen, bulgarischen, türkischen, indonesischen Liedern und Gesängen der Roma gestaltet hat und am Ende noch zwei Derwische getanzt haben, da hatte ich den Mut zu fragen, ob ich mich als Kleine Schwester der Dialoggruppe anschließen könnte. Ich habe sehr bald eine positive Nachricht bekommen und bin seither Mitglied dieser interreligiösen Gruppe. Jeden Monat haben wir ein Treffen, bei dem jede*r von sich ein wenig erzählt, was er bzw. sie gerade (er-)lebt, oder was gerade in der jeweiligen Gemeinschaft ansteht. Das Treffen ist jedes Mal in einer anderen Gemeinschaft und das macht es möglich, die eine oder andere Moscheegemeinde, die koptischen Gemeinde, die syrisch orthodoxe Gemeinde, die Bahá i Religionsgemeinschaft oder evangelischen Gemeinden kennenzulernen.

In Wien gibt es ca. 130 Moscheegemeinden, davon 25 in unserem Bezirk. In Planung sind derzeit ein interreligiöses Fest, an dem auch unser Bezirksvorsteher anwesend sein wird, ein Treffen mit der jüdischen Gemeinde, eine Gedenkveranstaltung anlässlich der Pogromnacht und das alljährliche Friedensgebet.

All diese Treffen und Veranstaltungen helfen mir, meinen Blick zu weiten für die verschiedenen Religionsgemeinschaften, die in unserer Stadt und in unserem Bezirk leben. Wir lernen uns kennen und schätzen und versuchen so Geschwisterlichkeit und Freundschaft zu leben.

Kleine Schwester Waltraud Irene von Jesus, Wien

Der Bruder aller und die universale Geschwisterlichkeit in Fratelli tutti

„Alles, was ihr einem von diesen Geringsten tut, das tut ihr mir“ (vgl. Mt 25,40) ist ein Lieblingsvers von Charles de Foucauld. Der nachfolgende Beitrag lotet die Tragweite dieses Verses aus, die jede menschliche Begegnung prägt. (Red.)

Die Überschrift deutet schon eine Weiterentwicklung des Blickwinkels an. Der Bischof von Rom macht seinem Namen alle Ehre, wenn er die im Menschen entdeckte Gegenwart Gottes *uni-versal* ausdeutet. Somit liegt Charles de Foucauld auf gleicher Linie mit dem Bischof von Rom, der Lateinamerika nach Europa kam. Sensibilisiert durch seine Herkunft prangert der Papst unerbittlich globale Gleichgültigkeit und eine grassierende Kultur des Wegschauens an – wie auch Bruder Karl, der trotz mancher Verfangenheit in koloniales Denken, seiner französischen Heimat in Sachen Freiheit, Gleichheit und Brüderlichkeit die Leviten liest. In Fragen von Missbrauch und Benachteiligung von Frauen in der Kirche bleibt der Pontifex jedoch leider hinter dem Gottessohn aus Nazareth zurück. Bruder Karl und der derzeitige Bischof von Rom teilen die gleiche schöpfungsgemäß angelegte und „mystisch“ erkennbare Grundinspiration. Wenn auch Charles de Foucauld seine Äußerungen auf die Gegenwart Gottes in jedem Menschen entfaltet. In einem Brief an Louis Massignon schreibt er: „Alles, was ihr einem von diesen Geringsten tut, das tut ihr mir“ (vgl. Mt 25,40). Für Bruder Karl ist es fundamental, wenn er sagt, dass kein Wort des Evangeliums einen tieferen Eindruck bei ihm hinterlassen habe. „Es gibt, glaube ich, kein Wort des Evangeliums, das einen tieferen Eindruck bei mir hinterlassen und mein Leben mehr verändert hat als das folgende: ‚Alles, was ihr für einen von diesen Geringsten tut, das tut ihr mir'“. Es liegt auf der Hand: Der Wüstenheilige spricht von einem Satz aus der Gerichtsrede des Matthäusevangeliums. Mir fällt auf, dass Bruder Karl den Satz Jesu im Präsens wiedergibt, nicht wie im Matthäusevangelium als Rückblick. Bruder Karl geht es um Gottes Präsenz, um Gottes demütige Präsenz unter uns. Und bekräftigend fügt Bruder Karl zu, dass kein Wort des Evangeliums, sein Leben mehr verändert habe.

In Fratelli tutti zitiert der Papst aus Südamerika diese Worte Jesu, nachdem er sehr ausführlich den Barmherzigen Samariter als Modell christlicher Lebenshaltung und daraus resultierenden Lebensstil ausgelegt hat und als Aktualisierung des Lebensstiles Gottes in Jesus uns allen ans Herz legt.

> Es geht also um einen Lebensstil, der sich vom Evangelium und damit von der Person des Gottessohnes aus Nazareth *in-spirieren* lässt.

Um Lebensgestaltung hier und jetzt. Seit meinen Studienzeiten hat sich mir folgendes unvergesslich eingeprägt: Wir finden zur Zeit Jesus eine Reihe sogenannter apokalyptischer Schriften vor, die mit der Rede von einem „bösen Ende“ die Menschen zu Lebensveränderung über den Weg von Drohung und Angst „antreiben“ wollen. Ganz anders spricht die sogenannte „Rede vom Weltgericht“ in Kapitel 25 des Matthäusevangeliums von einer alltäglichen Chance mich hier und jetzt auf den Gott Jesu Christi ausrichten zu lassen. Mir scheint der Ton der Worte Jesus wie werbend: Bitte, übe Dich doch in offene Augen ein, in ein empfindsames Herz. Versuche doch mal den „zweiten Blick“ mit den Augen des Herzens, mit den Augen Gottes. Schließ Dich dem Blick des göttlichen Wanderpredigers an, der so göttlich in jedem Menschen eine Tochter oder einen Sohn Gottes *ent-deckte*. Matthäus 25 lädt mich ein zu einer Mystik „der offenen Augen“, denn in jedem menschlichen Gesicht scheint das Antlitz Christi auf. Alfred Delp hält im Gefängnis in Plötzensee höchst erstaunlich daran festhält: Die Welt ist Gottes so voll.

Nicht eine möglichst günstige Ausrüstung für den Begegnung mit dem Auferweckten in meinem Sterben am Lebensende, das von Angst machendem Gericht geprägt sein kann, steht also im Vordergrund. Es geht darum, eine tagesaktuelle alltägliche Zurüstung, um eine Christusbegegnung in jeder alltäglichen Begegnung feiern zu können (Taizé). Die Formulierung

„gnädige Ausrichtung in jeder Begegnung“ erschließt mir das Wort „Gericht“ neu. Gott will, dass wir Begegnung feiern vorzugsweise mit denen am Rande, den Übersehenen mit „den Geringsten“. Ich atme auf, wenn ich erkennen darf, dass Gott es liebt, sich im Unscheinbaren zu verstecken, dass Gottes Demut einen Stil von Nazareth bevorzugt – und das eucharistisch besiegelt im Zeichen von Alltagsbrot. (Kann Gott überhaupt anders? Und was passierte dann?) In allem, was wir in dieser Welt vorfinden, ereignet sich das große Inkarnieren des göttlichen Liebens, angefangen mit der Erschaffung erster Welten.

> Gott hält sich mit Vorliebe „undercover“ in seiner Welt auf.

Was sich dann an unserem geschöpflichen Lebensende hoffentlich für alle (und alles) ereignet, drückt Andreas Knapp in seiner wunderbaren Poesie so aus (A. Knapp, Tiefer als das Meer, Würzburg 2005, 46.):

am ende aber das gericht
über alle menschlichen gerichte
ein opfer von justizmord spricht das urteil
durch ihn wird alles recht

denn Er kennt mich von innen her
kein vergleich mehr mit den andern
aufgerichtet steh ich zu mir selber
hergerichtet für das große fest

Was für ein trostvolles Gottesbild. Gott, richtet mich im Streben endgültig her – macht mich schön – für das Fest des nicht mehr endenden Begegnens, für mein Heimkommen in die Liebe, aus der ich komme. Bevor ich heimkehre, hat Gott sich schon beharrlich alltäglich „abgemüht“, mich auszurichten auf seine Gegenwart in jedem Menschen, dem ich begegne, in jeder, die ich auf meinem Weg antreffe.

Der Lieblingsvers von Bruder Karl findet sich in Fratelli tutti als Konsequenz dessen, was Papst Franziskus sorgfältig anhand der Beispielrede Jesu vom Barmherzigen Samariter entfaltet. „Betrachten wir das Modell des barmherzigen Samariters“ (FT 66), schreibt Franziskus. Zugleich betont der Bischof von Rom damit die mystische Wahrnehmung der Gegenwart des Auferweckten in allen Menschen- und Geschöpfen. Er spricht von einer transzendenten Dimension und „tatsächlich bietet der Glaube wichtige Beweggründe für die Anerkennung des andern; denn wer glaubt, kann erkennen, dass Gott jeden Menschen mit einer unendlichen Liebe liebt und dass er ihm dadurch Würde verleiht." (FT 85) Und „wenn wir zur letzten Quelle gehen, die das innerste Leben Gottes ist, begegnen wir einer Gemeinschaft von drei Personen, Ursprung und vollkommenes Modell jedes Lebens in Gemeinschaft." (FT 86)

Durch die Beispielerzählung will Papst Franziskus unseren Blick für eine jesusähnliche Lebenshaltung schärfen. Bei Gott geht es zentral um seine Menschen vor allen fromm-spirituellen Tun. Für Gott gibt es keine Fremden und es ist günstig und geboten, sich beim Einsatz für das Leben mit anderen zu verbinden, so wie der Mann aus Samarien mit dem Herbergswirt. Das Wort Jesu wirbt darum, in jedem Menschen Christus zu entdecken. So wird das alltägliche Leben zu einer Trainingsstrecke in Sachen „Tiefenblick und Durchblick" auf Gottes Allgegenwart: „Du bist in allem ganz tief verborgen ..."

Bruder Karl drückt es in dem schon erwähnten Brief an Louis Massignon so aus: „Denken Sie viel an die anderen, beten Sie viel für die anderen. Widmen Sie sich dem Heil ihres Nächsten mit den Mitteln, die in ihrer Macht stehen: Gebet, Güte, Vorbild usw. Das ist der beste Weg, um dem göttlichen Bräutigam zu beweisen, dass Sie ihn liebe". Bruder Karl spricht dann von der eucharistischen Dimension: „Wenn man bedenkt, dass diese Worte aus dem Mund der unbegreiflichen Wahrheit kommen, der sagte: ‚Das ist mein Leib...das ist mein Blut', mit welcher Kraft wird man dazu gedrängt, JESUS in diesen Geringsten, diesen Sündern, diesen Armen zu suchen und lieben, indem man alle materiellen Möglichkeiten zur Linderung des bestehenden Elends einsetzt."

Ich möchte nicht verhehlen, dass die Wortwahl von Bruder Karl nicht nur an dieser Stelle für mich mühsam, ein bisschen zu fromm klingt, wenn es z.B. um Sünder geht. Auch da ist er Kind seiner Zeit.

Für mich sind die Schwestern von Mutter Theresa in Hamburg ein leichter zu entzifferndes Beispiel geworden. Neben dem Kreuz in ihrer kleinen Kapelle ist zu lesen „Mich dürstet". Das berührt mich im Herzen. In Jesus scheint auf wie sehr Gott zärtlich nach jeder und jedem dürstet. Es war für mich sehr lohnend, das Testament von Mutter Theres daraufhin einmal zu lesen. „Sisters of Charity“ steht an der Eingangstür dieser weiß gewandeten Frauen. Das scheint sich in den Herzen der Bedürftigen einzuprägen, die zu den Schwestern kommen: Das Lieben und die Barmherzigkeit Gottes wird Fleisch in diesen Frauen.

Nur exemplarisch kann ich das noch verstehen, denn Gottes Lieben „rückt mir auf den Leib“ in allem Sorgen und Lieben, ob mütterlich/väterlich bei Kindern, ob unterstützend in allem Dasein und jeder Zuneigung. In jeder Form von zärtlicher Berührung, in Sexualität ... eine grandiose Symphonie des großen Liebens Gottes, des Inkarnierens göttlichen Liebens. Ich werde ermutigt, von Gott inklusiv zu sprechen, nicht exklusiv. Hierarchisch kirchliches Sprechen spricht oft zu klein von Gott, bedauerlicherweise nicht göttlich *uni-versal*.

Bei allem Nachsinnen über das Wort von den „Geringsten“, komme ich nicht umhin, auch an „unsere Frauen“ auf St. Pauli zu denken, den Prostituierten. Spreche ich von „unseren“, so will ich damit ausdrücken, dass durch unsere abendlichen Runden auf dem Strich – als Leute der Teestube Sarah – mit Kakao und Tee, mit Naschies und Kondomen, sich etwas uns Verbindendes ereignet. Unser Part ist Tee und Kakao zu bereiten und die „Hackenporsche“ zu bestücken. Ich will keineswegs behaupten, dass ich immer gleich den Blick mitbringe, in dieser Frau den lebendigen Christus zu erspähen. Da nähme ich den Mund zu voll. Wenn ich es einfach tue, aufmerksam einen Becher Kakao in die Kälte zu reichen, kann das Augen und Herzen „entschleiern“, so erfahre ich. Und das Lieblingswort von Bruder Karl entschlüsselt mir Gottes in allem demütige Gegenwart.

> Im einfachen Tun können Herz und Augen geöffnet werden.

Zwar stimme ich Jesus zu, dass nur ein guter Baum auch gute Früchte bringt, doch ich ahne und erfahre ebenfalls: Wer Gutes lebt, Gutes einfach tut, wird selbst gut. Und es tut dem eigenen Herzen gut, gut zu sein. Trotz allem was von der Erfahrung dagegen spricht, glaube ich, dass jeder Mensch im *aller-tiefsten* gut sein möchte – dass Gottes Gutsein in ihm und ihr haust. Dass die gute Kunde vom Reich Gottes schon begonnen hat sich zu verwirklichen und dass schließlich im Gut-Sein unser wahres Sein zur Welt kommen will. ... Gott sich offenbart, neue Inkarnation geschieht.

So schließe ich mich dankbar einem anderen Ausspruch zum Stichwort „dem Geringsten Gutes tun“ unseres Wüstenheiligen an: „Mein Gott, du weißt, dass du mir durch dieses Wort schon viel Gutes getan hast. Gib, dass ich es mit einem immer lebendigeren Glauben aufnehme und dass es mein Leben, meine Seele, mein Herz, mein inneres und äußeres Leben völlig verwandelt und mich so formt wie du mich willst.“

Wenn ich jetzt mit einem beherzten „Amen“ schließe, dann bin ich sicher, dass sich unser Bischof von Rom mit Bruder Karl einer tiefen Verbundenheit erfreut, der „Bruder aller“ und der Autor von „Fratelli tutti“.

Und mir bleibt: Ich kann meine Berufung erkennen, zu werden, was ich bin, als „Schwester und Bruder aller“ mein Leben zu gestalten – gemeinsam und geschwisterlich, *uni-versal.*

Kuno Kohn, Priestergemeinschaft Jesus Caritas, Hamburg

Gebetsecke Strasbourg

Aus den Gemeinschaften

Charles de Foucauld als Impuls für mein Priester-Sein

Die Nazaret-Spiritualität lädt dazu ein, das eigene Leben zum Gebet zu machen. Von der Annäherung an diese Erfahrung berichtet der folgende Beitrag. (Red.)

„In einem Zimmer richten wir die Kapelle zur Anbetung ein", sagte der Begleiter für den Nazaret-Monat in Pillberg (Tirol, 1985). Vielen bekannt als Pfr. Hubert v. d. Heide.

Das brachte meine bisherigen Vorstellungen von Kirchen, Tabernakel und Eucharistie ins Wanken; Bisher galt: Fromme Orte und Alltagswirklichkeit waren räumlich getrennt, weil sie nichts miteinander zu tun haben!

Jetzt wohnte Jesus direkt neben meinem Zimmer, nur eine dünne Wand zwischen mir und IHM. Müsste ich mich im Zimmer dann heiligmäßig bewegen, die Knie beugen wie vor dem Tabernakel? Bald war klar: das kann es nicht sein.

Es drängte sich mehr die Frage auf, wie die von Charles de Foucauld gepriesene Anbetung für jeden Tag einen Raum in meinem Tag finden kann.

Will ich überhaupt, dass er so nahe bei mir einzieht? Die Wegweisung der Priestergemeinschaft von 1976 legt dies nahe: „Die Liebe Gottes und das Zeugnis Bruder Karls ... fordern Tag für Tag zu einer größeren Treue heraus: zu regelmäßigem und längerem eucharistischem Gebet, manche widmen ihm jeden Tag eine Stunde".

„Im Anschauen deines Bildes, da werden wir verwandelt", hat unser Bruder Konrad oft bei der monatlichen Anbetung angestimmt. Will ich mich verwandeln lassen? Ich bin doch schon jemand! Eine Zeit der Anbetung hielt ich nur gelegentlich.

Jahrzehnte später gewährt mir mein Bischof Hans-Josef eine Auszeit, um meinem Wunsch nachgehen zu können, mich intensiver mit Charles de Foucauld zu beschäftigen. Meine Hoffnungen, in Beni Abbès und Tamanrasset Spuren zu entdecken, scheiterten am Staat, der mir kein Visum für längere Zeit ausstellen wollte. Bei einer Kommunität von Kleinen Brüdern in der Provence darf ich dank Vermittlung von Kl. Bruder Andreas für Wochen zu Gast sein. Gast? Nach nur wenigen Tagen konnte ich mich als Bruder angenommen fühlen.

Auszeit, Urlaub, Exerzitien – keines der Worte beschreiben diese Wochen. Es war eine Wüstenzeit und wüste Zeit.

Bei meiner Ankunft wurde ich skeptisch beäugt, was will der hier? Das wandelte sich bald, die Brüder nahmen mich an, als gehörte ich zu ihrer Kommunität!

Nach etwa vier Wochen empfahlen mir die Brüder Christian und Yves, eine Zeit der Exerzitien zu halten. Als Quartier boten sie mir einen Campingwagen auf ihrem Riesengrundstück an, quasi eine Klause. Mit der Heiligen Eucharistie schickten sie mich los.

Ein Staunen und Rätseln umfing mich. Wie bitte? Dauernd sollte ich dem Herrn mich aussetzen? Dauernd beten? Das geht doch gar nicht, meldete sich innerer Protest.

Andererseits: Was hatte ich von Charles de Foucauld lesen und bewundern dürfen? Drei Jahre zuvor hatte ich in Tamanrasset seine Klause, die „Fregatte“, betreten dürfen. Wohnraum, Schlafraum, Küche und Gebetsraum – alles auf 2,5 x 11 Metern (geschätzt)! Das Leben von Bruder Karl aufzuspüren war ich losgezogen, also los, dachte ich.

> Wer war in dem Campingwagen bei wem zu Gast?
> Jesus bei mir oder ich bei Jesus?

Mein Leben zum Gebet machen

Anbetung – vielen ein Fremdwort, seit jener Zeit beginne ich den Tag in meinem Gebetsraum mit dieser Form des Gebetes.

Im Nazaret-Monat wird der Tag gegliedert in Zeiten der religiösen Impulse, des Gebetes und handwerklicher Arbeit. Beim Start fragte der

Ortspfarrer von Pillberg Hubert Schlögl seine Gemeinde nach dem Gottesdienst, bei wem die Priester in diesem Monat arbeiten könnten. Erste Reaktion der Bevölkerung: Wie bitte, Priester wollen arbeiten? Pfarrer Hubert erklärte die Idee vom Wechsel geistlichen und körperlichen Tuns und dann gab es Angebote. Mit einigen anderen durfte ich bei der Heuernte meine Kräfte einbringen, es waren steile Wiesenhänge, die schon ohne Arbeit abenteuerlich sind. Die körperliche Arbeit nach geistlichem Innehalten empfand ich als Wohltat und erinnerte mich an das benediktinische ‚ora et labora'.

Die Konsequenz aus dieser wohltuenden Erfahrung hieß für mich, meinen Haushalt selber zu organisieren ohne eine Haushaltshilfe. Eine Prise der Erziehung meiner Eltern klingt da nach, schon als Kind (etwa ab Erstkommunion) selber für mein Zimmer und Fahrrad zu sorgen und beim Reinigen der Wohnung eingespannt zu sein. Manche Freunde sagen, ich hätte doch genug Geld für eine Haushaltshilfe. Ja, hätte ich; aber dann müsste ich mir handwerkliche Arbeit suchen.

Madeleine Delbrêl, die in vielen Ideen in der Nähe von Bruder Karl zu finden ist, formulierte: auch beim Kartoffelschälen lässt sich beten. Ähnlich spiegelt sich diese Haltung bei einem Studienkollegen wieder, der zu den Kleinen Brüdern nach Hamburg ging. Bei einem Besuch irritierte mich die kleine Wohngemeinschaft, weil vor dem Essen nicht gebetet wurde. Als ich Werner darauf mein Erstaunen erzählte, erklärte er, der ganze Tag, ob das Arbeiten in der Lackfabrik oder in der Kapelle, sei eine Einheit, ein dem Herrn geweihtes Leben. Respekt! Damals war ich noch Student. Die Priestergemeinschaft und Bruder Karl waren mir noch unbekannt. Im Laufe der Jahre wuchs aus dem Respekt eine Bewunderung. Heute versuche ich, mein Leben, die Arbeit in der Pastoral sowie in meinem Haushalt als Einheit zu leben. Manchmal gelingt es.

Bestätigt wurde ich in dieser Lebensweise in der bereits erwähnten Zeit bei den Kleinen Brüdern in der Provence. Auch dort teilte ich den Tag auf in Zeiten des Gebetes, Schriften von Bruder Karl zu lesen und handwerklich zu arbeiten. Auch dort rief meine Frage nach Arbeiten Unverständnis hervor. Dann sprach ich die Brüder auf ihre Holztüren und Fensterrahmen des Hauses an, die aus allen Poren nach Farbe riefen. Yves staunte nicht schlecht und meinte, das lohnt nicht, die Sonne lasse die Lackierung immer wieder abplatzen. Doch ich erhielt die Erlaubnis, mich an dem Haus auszulassen. Jahre später kam ich für ein paar Tage bei den Brüdern vorbei und mit einer

Portion Stolz konnte ich sehen, meine Lackierung hatte den Sonnenstrahlen widerstanden.

Wann kann ich in der pastoralen Arbeit einen Erfolg sehen? Wenn ein Kind bei der Erstkommunion glänzende Augen hat? Wenn ein Ehepaar, das zur Silberhochzeit sich meiner erinnert und wie vor 25 Jahren mit mir den Gottesdienst feiern möchte? Oder wenn eine Messdienerin, die ich ermunterte, nach den Gottesdiensten alle Fragen zu Gott und Seiner Welt stellen zu dürfen, heute im Ordinariat eines Bistums eine leitende Stellung besetzt?

Wenn ich die Arbeiten ausführte, um Pokale oder ähnliches zu gewinnen, könnte ich nur auf die Nase fallen. 'Den letzten Platz suchen', sagte Bruder Karl. Ich verstehe dieses Wort so, alles IHM zuliebe zu wirken. Manchmal mag sichtbar werden, wie die Saat aufgeht, manchmal nicht. (vgl. Mk 4, 26–29)

Einander annehmen – große Worte. Von seiner „Fregatte" wird berichtet, Bruder Karl habe zahlreiche Tuareg empfangen. Daran erinnere ich mich, wenn an der Pfarrhaustür jemand klingelt und um Unterstützung bittet. Dann versuche ich, mich für seine Situation zu interessieren. Manche freuen sich und kommen wieder, manche sind enttäuscht und wollen nur Zählbares. Eine Herausforderung bleibt es, wie ich meinem Gegenüber gerecht werden kann. In Studienzeiten lernte ich einen Mann kennen, der Leuten auf der Straße Hilfen reichte. Als seine Gesundheit ihn zum Verlassen seiner Wohnung zwang, übergab er mir die Hefte Mitten in der Welt Nr. 1–77 mit den Worten: ‚Hier studiosus, das ist was für dich!' und so gab er mir den Schlüssel in die Hand, Charles de Foucauld und die Priestergemeinschaft kennenzulernen. An meinem heutigen Wohnort gibt es eine „Familiengemeinschaft SCHON HEUTE e.V.", die in ihrem Leben gestolperte Menschen auffängt. Dort darf ich immer wieder einkehren und auch Gottesdienste halten. Ob ich ihnen Bruder sein kann?

Bei der Anbetung muss ich nichts sagen, nichts machen, nur mich in die Kirche begeben und damit ausdrücken:
„ICH BIN DA, Herr, vor Dir."
Dieses DA-SEIN heißt: ich setze mich dem Licht Gottes aus.
ER strahlt mich an und erleuchtet mich, in Nöten Schritte zu finden.
ER erwärmt mich, um verhärtete Situationen oder menschliche Kälte, die das Miteinander wie Eisblöcke erstarren lassen, aufzutauen.
ER stärkt mich, indem ich seine Liebe und Energie aufnehmen kann!

Norbert Appel, Priestergemeinschaft Jesus Caritas, Wetter

Die Zeichen der Zeit erkennen und danach handeln

Kleiner Bruder Bertrand Schneider berichtet von seiner Reise nach Damaskus, die er im Juli 2021 unternommen hat, um Jacques und Yves, die Brüder der dortigen Kommunität zu besuchen. Die Zeichen stehen bereits in diesen Aufzeichnungen auf Abschied, der zwischenzeitlich vollzogen wurde. Jacques und Yves haben altersbedingt und aufgrund der schwierigen Lebensumstände Damaskus verlassen. (Red.)

Ich besuchte Damaskus von Mittwoch bis Sonntagabend und verbrachte drei ganze Tage mit Jacques und Yves. Ich hatte das Glück, auf dem Hin- und Rückweg das Auto von Pater Elie Nasr von der Maronitischen Kongregation der Libanesischen Missionare nutzen zu können, der mindestens zweimal pro Woche zwischen Beirut und Damaskus hin und her reist. An den Grenzen ist er als „weißer Wolf" bekannt (ein französischer Ausdruck dafür, dass er ohne Probleme überall durchkommt).

Ich war froh, als ich nach mehr als eineinhalb Jahren spät abends unsere beiden Brüder in Masaken Barzé wiedertraf. Sie empfingen mich wie einen König in ihrer schönen Bruderschaft, die sie vor meiner Ankunft aufgeräumt und zurechtgemacht haben. Am nächsten Morgen lud uns Abu Ibrahim, ein Nachbar und Freund der Brüder, in seine Familie zum „Ftour" ein, einem reichhaltigen orientalischen Frühstück mit Ful (dicken Bohnen) und Hummus. Nachdem wir uns ausgetauscht hatten, sprachen wir auch über die Verschlechterung des Lebensstandards der Menschen aufgrund der sehr starken Abwertung des syrischen Pfunds, die wie im Libanon zu einer Preisexplosion geführt hatte. Mutter Ibrahim erzählte uns, dass sie bereit sei, überall hinzugehen, solange sie und ihre Familie dort menschenwürdige Lebensbedingungen vorfinden würden. Ihre beiden heranwachsenden Kinder, der 14-jährige Ibrahim und der 13-jährige Jaafar, geben ihnen Freude und Hoffnung und sie scheuen keine Mühe, sie mit der Unterstützung unserer Brüder zu erziehen.

Slimane, ein weiterer treuer Freund aus dem Viertel, besuchte uns abends und bot angesichts meines Besuchs eine Autofahrt für den nächsten Morgen nach Maaloula und Saydnaya an, die etwa 50 km nordöstlich von Damaskus liegen. In dieser Gegend befindet sich die Einsiedelei von Mar Elias, wo René Voillaume am 19. Juni 1950 seine „Botschaft von Mar-Elias“ [1] geschrieben hatte (...). Bei unserer Fahrt nach Maaloula durchquerten wir Städte, in denen ganze Stadtviertel völlig zerstört waren – die schmerzhaften Stigmata eines verheerenden Krieges. In Maaloula kehrten wir im griechisch-katholischen Kloster Mar Sarkis und Bakhos ein, wo uns P. Toufik, der für die Örtlichkeiten verantwortliche libanesische Ordensmann über die düsteren Momente dieses Dorfes während der Besetzung durch den IS berichtete. In dieser Kirche befindet sich die schöne Kreuzikone mit der Darstellung des Heiligen Abendmahls darunter.

Den Samstag verbrachten wir im Gebet und nahmen uns Zeit füreinander. Am frühen Abend fuhren wir mit dem Kleinbus nach Bab Touma, um an einem Gottesdienst in der Franziskanerkirche teilzunehmen. Es war anstrengend und mit Warten verbunden, um von einem Ort in der Stadt zum anderen zu gelangen. Dieser Gottesdienst erinnerte an die Märtyrer von Damaskus im Jahr 1860: drei Männer der Familie Masabki, die in dieser Kirche getötet wurden, Franziskaner und viele andere Menschen, die in diesen Vierteln der Altstadt zwischen Bab Touma und Bab Charki getötet wurden. Dies geschah zwischen dem 8. und 10. Juli 1860. (...)[2] Nach der Messe fand eine Prozession durch die Gassen dieses Viertels mit vier Gebetsstationen statt (...). Anschließend kehrten wir zum maronitischen Bischofssitz in der Nähe des Franziskanerklosters zurück, wo Jacques und Yves, die nicht an der Prozession teilgenommen hatten, auf uns warteten, um ein letztes Gebet zu sprechen und von unserem

1 René Voillaume, *Mitten in der Welt*, Herder 1955, 53–69.

2 Darunter war auch der österreichische Franziskaner Engelbert Kolland, gebürtig aus dem Zillertal in Tirol. Mit den anderen zehn Opfern wurde er 1926 selig gesprochen.

libanesischen Freund Samir, dem derzeitigen maronitischen Bischof von Damaskus, gesegnet zu werden.

Am Sonntag trafen wir uns mit unserem Freund Ghassan Finianos, der jahrelang Hilfsgüter in sein Land bringen konnte, uns nun aber mitteilt, dass er tatsächlich nicht mehr in der Lage ist, auch nur die geringste Hilfe nach Syrien zu schicken, und uns damit vor eine völlig neue Situation stellt, in der unsere Präsenz hier angesichts der aktuellen Wirtschaftskrise und der ständigen Verschlechterung der Lebensbedingungen der Menschen unter immer größeren Druck geraten wird. Es ist fraglich, ob wir dem standhalten können. Schon jetzt wird Yves manchmal von dem einen oder anderen beschimpft, weil er ihren Anforderungen nicht gerecht werden kann. Das setzt ihn sehr unter Druck und er sehnt sich danach, aus diesem Dilemma auszubrechen. (...)

In unseren Gesprächen habe ich die Zukunft angesprochen und Jacques und Yves gesagt, dass sie sich auf die Zukunft vorbereiten müssen, denn in ihrem Alter können sich die Dinge schnell ändern. Im Moment schaffen sie es noch, sich mit der Anwesenheit und Unterstützung von Slimane und der Familie von Abu Ibrahim durchzuschlagen. Aber wie lange noch?

> Es ist bekannt, dass es wünschenswert ist, in ein Altenheim zu gehen, wenn man noch eine gewisse Selbstständigkeit besitzt, um sich dort besser zurechtfinden zu können.

Ich fragte sie: „Gibt es in Syrien Altenheime oder Pflegeheime für ältere Menschen?" Ihnen sind drei Altenheime bekannt, an der Stadtmauer, in der Nähe der Stelle, an der Paulus der Überlieferung nach geflohen ist, ein weiteres in Damaskus, das moderne und gut organisierte orthodoxe Altenheim St. Georg in der Nähe der Kreuzkirche, und ein drittes in Saydnaya, das von der Vinzenz von Paul-Konferenz geleitet wird. Yves würde das Wohnheim in Ksara im Libanon („Dar el Saadeh") in der Nähe von Zahlé vorziehen, wo Sliwa, ein anderer Bruder, von 2011 bis 2014 gelebt hat und das ältere Menschen aller Lebenslagen aufnimmt.

Maaloula in Syrien, ein Ort, wo heute noch Aramäisch, die Sprache Jesu gesprochen wird.

Ksara liegt genau zwischen Beirut und Damaskus, also in der Nähe von Syrien, in der Bekaa-Ebene. Und dort wohnt auch unser Freund und Bruder Jean Chebli mit seiner Frau Amal, die in Zahlé ein Zentrum für Menschen in besonderen Lebenslagen leitet. Jacques würde Syrien vorziehen, sieht aber auch die Vorteile von Ksara, vor allem was die Nähe zu Jean und den anderen Brüdern im Libanon betrifft. Müssen wir unter den derzeit sehr schwierigen Bedingungen in unserem Bereich nicht nahe beieinanderbleiben? Hier sind wir in unserem Austausch angelangt und haben uns die Aufgabe gestellt, demnächst diese Wohnheime zu besuchen und genauere Informationen über die Aufnahmebedingungen und die Lebensumstände einzuholen.

Bertrand Schneider, Kleiner Bruder Jesu, Beirut
Übersetzung: Joachim Kittel, Herbert Hartl

Kreuzikone mit Darstellung des Hl. Abendmahls im griechisch-katholischen Kloster Mar Sarkis und Bakhos

Union – Netzwerk Charles de Foucauld

Zur Neuorientierung der Sodalität im deutschsprachigen Raum

Seit 2017 treffen sich wieder einige Mitglieder der Sodalität im deutschsprachigen Raum einmal im Jahr zum geistlichen Austausch und Gebet. In den vergangenen Jahren wuchs der Wunsch, die Sodalität wieder näher von ihrem Ursprung bei Charles de Foucauld zu verstehen. Damit dieser Ursprung künftig deutlicher sichtbar wird, wird der Name Sodalität im deutschsprachigen Raum künftig durch Union – Netzwerk Charles de Foucauld ersetzt. (Red.)

Die Union des frères et des sœurs de Sacré-Cœur – eine Gründung von Charles de Foucauld

In den letzten Jahren seines Lebens rief Charles de Foucauld eine Gebetsgemeinschaft ins Leben, deren geistliches Ziel es war, die Rückkehr zum Evangelium zu fördern. Im Jahr 1913 trat er selbst dieser Gemeinschaft bei, deren Entwicklung ihm bis in seine letzten Lebenstage hinein ein Herzensanliegen war. Bereits 1909 hatte er Statuten und das sogenannte Directoire verfasst, in welchen er sein geistliches Anliegen in vierzig einzelne Artikel gefasst hatte. Foucauld schreibt hier im Kontext eines kolonialen Bewusstseins, das heute – Gott sei Dank – überwunden ist. Weiterhin gültig und herausfordernd aber ist die geistliche Bedeutung und Botschaft dieses Textes. Foucauld lebte zu diesem Zeitpunkt mit Erlaubnis der Kolonialbehörden in Tamanrasset in Algerien und wünschte sich Frauen und Männer, die mit ihrem Gebet und ihrem Leben dafür eintreten, dass das Evangelium Jesu Christi in den Herzen der Menschen ankommen und aufgenommen werden kann. Foucauld wollte nicht mit Worten überzeugen, sondern am konkreten Ort in Demut und Bescheidenheit das Leben der Menschen teilen und durch sein Leben, vor allem durch das Vorbild einer allen Menschen geltenden barmherzigen Liebe (universelle charité), das Evangelium Jesu Christi lebendig werden lassen. Die Conseils évangéliques, wie er das Directoire 1916 schließlich nennt, sind eine Einladung, die Nazaret-Spiritualität in der „Union des frères et des sœurs de Sacré-Cœur" in geschwisterlicher Verbundenheit zu leben.[1] Die Bedeutung, die dieser Text und die Gründung dieser Gemeinschaft für Foucauld hatte, wird in einem Brief deutlich, den er an seinen Jugendfreund Gabriel Tourdes geschrieben hat.

> „Ich schicke Dir für deine Schwester die Statuten einer Bruderschaft [Union], die ich (...) zu gründen gedenke. (...) Lies diese wenigen Seiten in Erinnerung an mich, sie werden dich in die Tiefen meines Denkens hineinführen, sie werden dich bewegen in *meinem Herzen* zu lesen."[2]

Die Sodalität im Prozess der Neuorientierung

Bereits seit einigen Jahren befindet sich die Sodalität im deutschen Sprachraum in einem Neuorientierungsprozess. Bei uns, die wir diesen Beitrag namentlich unterzeichnen, wuchs der Wunsch, das ursprüngliche Anliegen von Charles de Foucauld in unserer Gemeinschaft deutlicher wahrnehmen und geschwisterlich leben zu können. Wir lösen die Sodalität nicht auf, vielmehr stellen wir in einer zeitgemäßen geistlichen Gestalt den Bezug zum Ursprung wieder her. Deshalb werden wir für den deutschsprachigen Raum

---

1 Foucauld bezeichnet seine Gebetsgemeinschaft als Union. Die Bezeichnung *Sodalität* geht auf Louis Massignon zurück.

2 Ch. de Foucauld, Lettres à un ami de lycée [Gabriel Tourdes], Bruyères-le-Châtel 2010, 180 [16. August 1913].

künftig den Namen *Union – Netzwerk Charles de Foucauld* wählen und sehen uns im Sinne der ursprünglichen Sodalität als ein geistliches Netzwerk.

Zu dem Grundanliegen dieser *Union – Netzwerk Charles de Foucauld* gehört, dass sie Interessierten aller gesellschaftlichen Bereiche einen gegenwartsbezogenen Zugang zur Nazaret-Spiritualität anbieten möchte und damit die Einladung verbindet, sich diesem Netzwerk anzuschließen. Die Union soll ein gemeinschaftlicher Raum für Menschen sein, die die Nazaret-Spiritualität von Charles de Foucauld in ihrem Alltag leben und sich in einem Netzwerk geistlich verbunden wissen wollen, gerade auch dann, wenn es ihnen nicht möglich ist, sich einer Gemeinschaft mit festen regelmäßigen Treffen anzuschließen.

In welchem Stil wollen die Mitglieder der Union – Netzwerk Charles de Foucauld ihr Christsein leben?

Wir orientieren uns hier an einer Aussage von Charles de Foucauld in seinen Conseils évangéliques:

„Die Brüder und Schwestern [der Union] (…) machen es sich zur Regel, sich in allen Dingen zu fragen, was Jesus an ihrer Stelle denken, sagen und tun würde, und es tun. Sie werden sich ständig bemühen, unserem Herrn Jesus immer ähnlicher zu werden, indem sie sich sein Leben in Nazaret zum Vorbild nehmen (…). Das Maß der Nachahmung ist das der Liebe. ‚Wer mir dienen will, der folge mir nach', ‚Ich habe euch ein Beispiel gegeben, damit auch ihr so handelt, wie ich gehandelt habe'."[3]

Wir wollen unser Christsein an der Nazaret-Spiritualität orientieren, konkreter gesagt:

> Nazaret heißt für uns, uns bei Jesus zu versammeln, mit Gott und der Welt in Beziehung zu sein und Gottes Liebe zu den Menschen durch unser Leben sichtbar werden zu lassen.

3 Ch. de Foucauld, Conseils évangéliques ‚Directoire', Texte de 1909–1913, publié [et edité de L. Massignon] avec un avertissement des variantes et sept annexes, Paris 1928, 39f.

„Mein Apostolat muss das Apostolat der Güte sein. Wenn die Leute mich sehen, müssen sie zu sich selbst sagen: ‚Da dieser Mann gut ist, muss seine Religion gut sein'. Wenn jemand fragt, warum ich sanftmütig und gut bin, muss ich sagen: ‚Weil ich der Diener eines Guten *bin, der besser ist als ich'. Wenn Sie nur wüssten, wie gut mein Meister JESUS ist. Ich möchte so gut sein, dass die Leute sagen: ‚Wenn so der Diener ist, wie ist dann erst der Meister?'"*[4]

„Eines Tages lud er mich mit Unteroffizier Teissère zum Abendessen ein, der gekommen war, um Fort Motylinski zu bauen. Während des Essens stellte ich dem ihm folgende Frage: ‚Glauben Sie, dass sich die Tuareg bekehren werden und dass Sie Ergebnisse erhalten, die Ihre Opfer entschädigen?' ‚Mein lieber Doktor', sagte er, ‚ich bin nicht hier, um die Tuareg sofort zu bekehren, sondern um zu versuchen, sie zu verstehen und zu verbessern. Ich lerne ihre Sprache, ich beschäftige mich mit ihnen, damit nach mir andere Priester meine Arbeit fortsetzen. Ich gehöre zur Kirche und sie hat Zeit, sie währt, während ich vorübergehe und nicht zähle. Und dann möchte ich, dass die Touareg einen Platz im Himmel haben. Ich bin sicher, dass der liebe Gott diejenigen im Himmel willkommen heißen wird, die gut und ehrlich waren, ohne dass sie römisch-katholisch sein müssen. Sie sind Protestant, Teissère ist ein Ungläubiger, die Touareg sind Muslime: Ich bin überzeugt, dass Gott uns alle aufnehmen wird, wenn wir es verdienen, und ich versuche, die Touareg zu verbessern, damit sie das Paradies verdienen.'"[5]

> Nazaret heißt für uns, unser Leben vom Evangelium Jesu her zu verstehen und uns verändern zu lassen durch das, was *ist*.

Der zentrale Bezugspunkt bei Allem ist das Evangelium. Im Kern suchen wir daher durch kontinuierliche Betrachtung und Gebet in den Geist des

4 Ch. de Foucauld, Carnets de Tamanrasset (1905–1916). Œuvres spirituelles du Père Charles de Foucauld. Volume XIV., Paris 1986, 188.

5 P. Bonnette, L'Épopée saharienne. Missions Flatters, Foureau-Lamy, Laperrine-de Foucauld. L'Oeuvre des médecins sahariens : collaborateurs du Père de Foucauld, au Hoggar, Tours 1938, 95–96.

Evangeliums und in einen am Evangelium orientierten Lebensstil hineinzuwachsen. Begleitet von der Frage: „Was willst Du, Jesus, mir sagen, was will ich Dir *sagen“?* versuchen wir, durch regelmäßiges Lesen, Meditieren und schweigende Betrachtung mit seinen Augen sehen zu lernen und die Worte des Evangeliums immer tiefer zu hören, damit sie in uns lebendig werden und wir so mit unserem eigenen Leben antworten können.

„Du sprichst, mein Gott, auf zweierlei Weise zu den Menschen, mit lauter Stimme, könnte man sagen, und mit leiser Stimme ... mit lauter Stimme durch deine inspirierten Bücher, die Heilige Schrift; mit leiser Stimme durch alles, was deine Gnade initiiert, durch alle inneren Worte, die du in den Gläubigen erweckst.“[6]

„Kehren wir zum Evangelium zurück. Wenn wir das Evangelium nicht leben, lebt Jesus nicht in uns. Kehren wir zurück zur Armut; zur christlichen Einfachheit.“[7]

Nazaret heißt für uns, kontemplativ und achtsam für Gottes gütige Nähe mitten in der Welt zu leben

Wir möchten ‚kontemplativ auf dem Weg‘ (Jacques Maritain) sein, denn „in ihm leben wir, bewegen wir uns und sind wir“ (Apg 17,12). Das bedeutet, im Jetzt zu leben, im Augenblick die Gegenwart Gottes wahrzunehmen, in der Schöpfung, im Nächsten und in mir selbst.

„Mein Gott, ich bete dich an in mir, wo du bist. Du bist in mir, mein Geliebter, was brauche ich mehr? Du bist in mir, nichts kann mich von dir scheiden, weder die Erde, noch Menschen, noch Engel, noch Herrschaften, noch irgendetwas, was auf Erden oder unter der Erde ist... Du bist in mir, immer, immer habe ich dich in meiner Seele, immer, immer kann ich dich anbeten,

6 Ch. de Foucauld, La dernière place. Retraite à Nazareth. Œuvres spirituelles du Père Charles de Foucauld. Volume IX., Tome 1., Montrouge 2002, 55.

7 Ch. de Foucauld, XXV Lettres inédites du Père de Foucauld [à Abbé Caron], Paris 1947, 78f.

dir Gesellschaft leisten, mit dir reden ... wie glücklich bin ich!“[8]

Nazaret heißt für uns, aus der Gabe der Eucharistie zu leben

Im Wissen darum, dass das Sakrament der Eucharistie nicht vom „Sakrament des Bruders und der Schwester“ (vgl. Mt 25,40) zu trennen ist, bemühen wir uns aus der Eucharistie heraus, Menschen in ihrem konkreten Alltag zu begegnen, zu begleiten und Gottes Güte gegenwärtig werden zu lassen.

„Du bist hier: Das ist der Anfang des Himmels. Du bist da, Sohn Gottes, denn Gott ist überall. Du bist hier, Menschensohn, durch dein Evangelium, die Erinnerung an dein Leben. Du bist da durch deine heilige Eucharistie, und wie nah bei uns und wie sehr in uns, und mit welcher Sanftmut und welcher Liebe. Du bist da durch deine allgegenwärtige Gnade“.[9]

Nazaret heißt für uns, mit allen Menschen Freundschaft zu leben und durch das eigene Leben und Beispiel für die Botschaft Jesu zu werben.

Um Menschen heute zu verstehen, wollen wir uns an dem Ort, an dem wir leben, für ihre jeweilige Lebenswelt öffnen. Nur auf diese Weise kann man mit ihnen so ins Gespräch über den Glauben kommen, dass sie ihn für sich als bedeutungsvoll entdecken können. Das bedeutet für uns, mit absichtslosem Interesse Menschen zu begegnen und einem Apostolat der Güte, wie es Bruder Charles verstanden hat, ein Gesicht zu geben. Dabei wissen wir, dass die Grunderfahrung, von Gott existentiell berührt zu werden, nicht machbar ist, sondern Glaube Geschenk bleibt.

8 Ch. de Foucauld, Considérations sur le fêtes de l’année. Œuvres spirituelles du Père Charles de Foucauld. Volume I., Paris 1987, 577.

9 Ch. de Foucauld, Méditations sur les Psaumes. Œuvres spirituelles du Père Charles de Foucauld. Volume II–III (enrichissement), Montrouge 2002, 55.

„Die Laien sollen Apostel für alle sein, die sie erreichen können, vor allem für ihre Verwandten und Freunde, aber nicht nur für sie allein; die Nächstenliebe ist nicht beschränkt, sie umfasst alle, die das HERZ JESU umfängt. (...) Vor allem aber: Seht in jedem Menschen einen Bruder – ‚ihr seid alle Brüder, ihr habt einen einzigen Vater, der im Himmel ist' – seht in jedem Menschen ein Kind Gottes, eine durch das Blut JESU erlöste Seele, eine Seele, die wir lieben wie uns selbst [und] für deren Heil wir arbeiten (müssen) – bannen wir weit von uns den kämpferischen [militant] Geist. ‚Ich sende euch aus wie ein Lamm unter die Wölf', sagt JESUS ... wie groß ist der Unterschied zwischen der Art und Weise, wie JESUS tut [und] spricht [und] dem kämpferischen [militant] Geist derer, die keine oder schlechte Christen sind, die Feinde sehen, die es zu bekämpfen gilt, statt kranke Brüder zu pflegen, die Verwundete auf der Straße liegen lassen, denen es gilt, der barmherzige Samariter zu sein."[10]

> Nazaret heißt für uns, geschwisterlich zu leben: Mensch mit anderen sein, Mensch *durch* andere zu werden und Mensch *für* andere zu sein.

„Denken Sie viel an die anderen, beten Sie viel für die anderen. Widmen Sie sich dem Heil ihres Nächsten mit den Mitteln, die in Ihrer Macht stehen: Gebet, Güte, Vorbild usw. Das ist der beste Weg, um dem göttlichen Bräutigam zu beweisen, dass Sie ihn lieben: ‚Alles, was ihr einem von diesen Geringsten tut, das tut ihr mir'. ... Die materiellen Almosen, die man einem Armen gibt, gibt man dem Schöpfer des Universums, das Gute, das man der Seele eines Sünders tut, tut man dem, der die ungeschaffene Reinheit ist. Gott hat es so gewollt, um dieser Nächstenliebe, deren zweite Pflicht er ‚der ersten ähnlich' gemacht hat, eine wahre Ähnlichkeit mit der ersten, der Gottesliebe, zu geben. Es gibt, glaube ich, kein Wort des Evangeliums, das einen tieferen Eindruck bei mir hinterlassen und mein Leben mehr verändert hat als das folgende: ‚Alles, was ihr für einen von diesen Geringsten

10 Ch. de Foucauld, Correspondances lyonnaises (1904–1916). Lettres à Suzanne Perret, à l'Abbé Antoine Crozier, à Joseph Hours et à l'Abbé Constant Pel, Paris 2005, 91f. Hier: Brief vom 03. Mai 1912 an Joseph Hours.

tut, das tut ihr mir'. Wenn man bedenkt, dass diese Worte aus dem Mund der ungeschaffenen Wahrheit kommen, der sagte: ‚Das ist mein Leib .... das ist mein Blut, mit welcher Kraft wird man dazu gedrängt, JESUS in ‚diesen Geringsten', diesen Sündern, diesen Armen zu suchen und zu lieben, indem man alle seine materiellen Möglichkeiten zur Linderung des bestehenden Elends einsetzt."[11]

Wir stehen als Gebetsnetzwerk im Jahr der Heiligsprechung am Beginn eines neuen Wegabschnitts, der zugleich auf Bewährtem aufbaut. Für die nächsten Schritte bitten wir um das geistliche Weggeleit aller, die aus dem Charisma von Charles de Foucauld ihr Leben gestalten.

Bettina Eschrig, Margit Holzmann, Christine Lechner, Georg Baier, Joachim Kittel, Günter Riße, Siegfried Springsguth, Union – Netzwerk Charles de Foucauld

11 J.-F. Six, L'aventure de l'amour de Dieu. 80 lettres inédites de Charles de Foucauld à Louis Massignon. Paris 1993, 210. (01. August 1916).

Älterwerden mit Gelassenheit

Zum Säkularinstitut *Fraternität Jesus Caritas* gehören derzeit im deutschsprachigen Raum sechs Frauen, die an ganz unterschiedlichen Orten leben und wirken. Das Leben in einer zunehmend säkularen Welt fordert heraus und auch das gemeinsame Älterwerden will geistlich bewältigt werden. (Red.)

Was haben wir schon anzubieten? Diese Frage kommt mir zuerst in den Sinn, wenn ich über unsere Nachfolge im Geiste Charles de Foucaulds schreiben soll. „Wir", das sind derzeit 6 Frauen in Deutschland und Österreich, die sich durch ihre Gelübde an die *Fraternität Jesus Caritas* gebunden haben. Mit unserem Eintritt in dieses Säkularinstitut haben wir auf äußere Zeichen, wie z.B. eine Ordenskleidung, auf ein gemeinsames Haus (wie in einigen anderen Säkularinstituten), ja sogar auf diakonische oder missionarische Werke verzichtet. Was bleibt dann noch Erzählenswertes?

Schaue ich mit diesem Blick auf die letzten Lebensjahre von Charles de Foucauld, dann finde ich darin zunächst auch wenig Bemerkenswertes. Natürlich war es schon außergewöhnlich, als Einsiedler in der algerischen Wüste auszuharren. Aber gab und gibt es nicht zu allen Zeiten alternative Aussteiger? Zudem mag sich sein Alltag in vielen Bereichen kaum unterschieden haben von dem seiner Nachbarn: Holz und Wasser holen, Gemüse anbauen, Essen kochen und Besuche empfangen. Auch unser Leben als Mitglieder eines Säkularinstitutes verläuft in ähnlichen Bahnen wie das unserer Nachbarn und Arbeitskolleginnen. Noch sind wir berufstätig, im sozialen und kirchlichen Dienst.

Es braucht einen zweiten Blick auf das Leben von Charles de Foucauld, um unserer Berufung näher zu kommen. Ganz offensichtlich ist es seine ganz individuell gelebte Gottesbeziehung. Darin versuchen wir ihm nachzufolgen, jede in dem Maß, wie es ihr angesichts von Arbeitszeiten und gottesdienstlichen Angeboten möglich ist. Eigentlich auch nichts explizit Erwähnenswertes. Das machen auch viele ehrenamtliche Mitarbeiter*innen in den Pfarreien.

> Und doch ist es genau das, was unser Leben und unsere Nachfolge im Geiste Charles de Foucaulds ausmacht: Das ganz gewöhnliche Leben, dem wir durch unseren Blickwechsel auf die Menschen und unsere lebendige Beziehung zu Gott eine neue Dimension verleihen wollen.

Und wie sieht das nun konkret aus? Wir sind zwischen 55 und 90 Jahre alt. Die Alterspanne lädt uns ein, jeweils mit dem Blick der anderen Generation auf die Welt und unser Leben zu schauen. Für mich ist es eine Einladung, dem Älterwerden mit Gelassenheit entgegen zu sehen. Die Unabhängigkeit von vorgegebenen Arbeitszeiten birgt einen Schatz, auf den ich mich schon jetzt freue. Es fordert mich zugleich heraus, mich bereits heute mit meinen zunehmenden Begrenzungen zu versöhnen. Zugleich braucht unsere Rentnerin auch Verständnis für uns, wenn wir andere Lebensthemen in den Vordergrund stellen.

Eine unserer „Mitschwestern" ist schwer an Covid-19 erkrankt und wird – auf noch nicht absehbare Zeit – unter den Folgen dieser Krankheit leiden. So müssen auch wir auf ihre Anwesenheit bei den Treffen verzichten. Auf unbestimmte Zeit mit Trennungen leben, die Unsicherheit, die Zukunftsangst so vieler Menschen ist uns spürbar nahegekommen.

Mit unserem „Ja" zu einem ehelosen Leben ohne gemeinschaftliches Zusammenleben haben wir uns frei gemacht von familiären Verpflichtungen, müssen aber auch mit dem Verzicht auf körperliche Nähe umgehen.

Von Charles de Foucauld sind zahlreiche Briefe erhalten geblieben. Sie sind ein Zeichen, wie wertvoll ihm die Beziehungspflege zu Freunden und Familie war. Beziehungspflege zu Freunden und Familie, zu Mitgliedern unserer Gemeinschaft und all den anderen Gemeinschaften von Charles de Foucauld sowie zu den Säkularinstituten ist wesentlich, um nicht als Eigenbrötlerinnen durch die Welt zu gehen.

„Säkularinstitut", der Name verrät es schon, bedeutet ein Leben in einer zunehmend säkularen Welt. Daher stehen bei unseren monatlichen Treffen die gemeinsamen Gebetszeiten und der Austausch zum Evangelium im Mittelpunkt. Die *Révision de vie* ist Anteilnahme am Leben der anderen und im *Aus-sprechen* der eigenen Lebenswirklichkeit zugleich auch Korrektiv.

So versuchen wir, im Geiste Charles de Foucaulds – wie schon die Frauen vor uns – ganz persönlich und doch eingebunden in eine Gemeinschaft, unsere Berufung zu leben.

Renate Simon-Mathes, Fraternität Jesus Caritas, Nürnberg

„Unbedingtes Vertrauen, dass sich der Wille Gottes erfüllen wird, wenn ich treu bin, nicht nur trotz der Hindernisse, sondern Dank der Hindernisse. Die Hindernisse sind ein Zeichen dafür, dass eine Sache Gott gefällt. Die Schwäche der menschlichen Mittel wird zu einer Quelle der Kraft. Gott bedient sich der Gegenwinde, um uns in den Hafen zu führen.

Charles de Foucauld

Charles de Foucauld

Wenn Charles de Foucauld von Trost spricht

Der Begriff *Trost/trösten* hat im Deutschen einen negativen Beiklang, weil das Wort *vertrösten* mitschwingt. Im Französischen ist das nicht so. *Consolation/ consoler wird* durchweg im Sinne von *Bestärkung/ermutigen* aufgefasst.

In der Spiritualität von Nazaret ist *Trost* ein zentrales Element, das ganz im Einklang steht mit der biblischen Tradition. Von der Bibel ausgehend versuchen die folgenden Denkansätze der Bedeutung von *Trost* im Leben Charles de Foucaulds nachzuspüren, als er seinen Weg als Mönch und Einsiedler suchte und dann im Leben mit den Tuareg in der Sahara seine endgültige Berufung fand.

Ein biblischer Befund

In der biblischen Tradition geschieht *Trost* immer in einer Begegnung, in einer Begegnung zwischen Menschen oder von Menschen mit Gott. Daraus erwächst ein Gemeinschaftsverhältnis, in dem der eine für den anderen da ist. Das drückt sich nicht nur in Trostworten aus, sondern auch in einer tatkräftigen Hilfestellung. Ein Beispiel dafür ist der zweite Teil des Buches Jesaja, das „Trostbuch Israels" genannt wird. „Tröstet, tröstet mein Volk, die Knechtschaft ist vorbei!" (Jes 40, 1) ruft Gott dem Volk Israel im Exil zu. Es ist ein ganzheitliches Verständnis, das symbolisch in der Übergabe des „Trostbechers" sichtbar wird, den der Tröstende dem Trauernden überreicht (z. B. in Jeremia 16,7). So verstanden ist der Becher des Abendmahls, den Jesus seinen Jüngern darbietet, ein Trostbecher, ein endgültiges und wirksames Zeichen des Heils. Im 1. Brief des Johannes wird Jesus Christus selbst als Tröster, als *Paraklet* bezeichnet (2,1). Tröster/Paraklet schlechthin ist aber der Heilige Geist wie er z. B. in Joh 14,16 genannt wird. Er selbst tritt für uns ein mit Seufzen (Röm 8,26) und solidarisiert sich mit der Klage der gesamten Schöpfung (vgl. Röm 8,22).

„Was hat es mit diesem Trost auf sich?"

Diese Frage stellt sich Charles de Foucauld in einem Brief an seine Cousine Marie de Bondy. Es ist der Ostermontag, 7. April 1890. Drei Monate zuvor, am 15. Januar hatte er von ihr einen herzbewegenden Abschied genommen. Nun ist er hier als Novize im Trappistenkloster Notre-Dame des Neiges und fühlt sich getröstet und in Frieden.

Sie war mit dabei, als es zu dieser Entscheidung kam. Zusammen hatten sie im August 1888 die Abtei Fontgombault im Zentrum von Frankreich besucht, in der damals Trappisten lebten. Als er dort einem Bruder in einem schmutzigen, zusammengeflickten Ordenskleid begegnet, ist er von solcher Armut hingerissen. Dieses Erlebnis wird bestimmend dafür, dass er sich für das Ordensleben entscheidet. Abbé Huvelin, sein geistlicher Begleiter, rät ihm aber noch zu einer Pilgerreise ins Heilige Land. Dort ist es sein Aufenthalt im Dorf Nazaret im Januar 1889, der ihn für sein Leben prägt. Nach weiteren Beratungen mit Abbé Huvelin schreibt er ein Jahr später, am 20. September 1889, an seine Cousine: „Wir haben noch einmal untersucht, warum ich ins Kloster gehen will: Um Unserem Herrn so weit wie möglich in seinen Schmerzen Gesellschaft zu leisten."[1] Aber nicht nur in seinen Schmerzen. Im oben erwähnten Brief ist es auch die Handarbeit, die ihn mit seinem Herrn verbindet und ihm ein Trost ist. Es vergeht ein Jahr, da schreibt er ihr in Erinnerung an den Tag des Abschieds, dass der Herr Jesus ihn lehren möge, dass alles Tun und alles, was wir sind, Ihm, dem Herrn, zum Trost diene und seinen Schmerz zu lindern helfe. „Wir wollen ihm jedenfalls ein so großer Trost wie möglich sein."[2]

Häufig findet sich das Thema des Trostes auch in den Meditationen, die Bruder Karl nach seinem Austritt aus dem Trappistenorden verfasst. Ab 1897 lebt er als Einsiedler die meiste Zeit im Klarissenkloster in Nazaret. Bisweilen scheint nun ein etwas anderer Akzent in seinen Meditationen auf, etwa wenn er zu Jesus betet: „Mach mit mir jetzt, was dir gefällt, für deine Ehre, zum Trost für dein Herz und im Hinblick auf dich für die Erlösung

1 Briefe an Madame de Bondy (Abk.: BMB), München 1976, 18.

2 BMB, 28¸ 30. Siehe auch in: Lettres à mes frères de la Trappe, Paris 1969, Brief an Pater Jérôme, 117 und in: D. Barat (ed.), Ch. d. Foucauld, Oeuvres Spirituelles, Paris 1958, Paris 1958, 787. (Abk.: ŒS)

vieler."[3] Da klingt schon die Sorge um das Heil der Menschen durch. Oder wenn er Gott dafür dankt, dass Er den Gerechten innerliche Tröstungen schenkt. An einem Fest der heiligen Teresa von Avila bittet er sie darum, den Herrn Jesus zu verherrlichen, ihn zu lieben. Nur das möchte er, keine andere Tröstung.

Nicht zuletzt zeigt sich seine Feinfühligkeit, wenn er selbst anderen Trost zuspricht, wie in diesem Brief vom 10. Februar 1914 an Marie de Bondy, der aus einer Zeit stammt, in der er seine Berufung schon voll entfalten hat können:

„Ich verstehe die scheinbare Unsensibilität und die Unfähigkeit zu beten, in welche Sie dieser Schmerz nach so vielen anderen Sorgen eintaucht. Von einem Übermaß an Schmerz und Sorge ist der Geist absorbiert, sodass es scheint, als spüre man nichts, und man bleibt vor dem lieben Gott, ohne irgendwelchen Gedanken folgen zu können. Aber dieser liebe Gott ist der liebe Gott; er weiß, aus welchem Schlamm Er uns gebildet hat. Er sieht unseren Wunsch, unseren Willen, zu tun, was er will, aber auch unser Elend; Er liebt uns mehr als eine Mutter, mehr als ein Gatte seine Frau. Unsere Liebe, die Vereinigung unseres Willens mit dem Seinen, ist alles, was Er von uns will, alles, was Er von seinem armen Geschöpf verlangt: Friede den Menschen guten Willens."[4]

Es sei angemerkt, dass Charles de Foucauld die Wüstenväter gekannt hat und auch theologisch sehr interessiert war. So ist anzunehmen, dass er auch von den sieben Tröstungen wusste, die Thomas von Aquin aus seinen Erfahrungen zusammengestellt hat: Beten, Weinen, Kontemplation der Wahrheit, Gespräch mit Freunden, Schlafen, Baden und Freude.[5] Einige dieser Tröstungen hat er ganz besonders praktiziert.

„Die Tuareg sind immer wieder Trost für mich"[6]

Als Charles de Foucauld sich am 11. August 1905 in Tamanrasset niederlässt, sind die Einheimischen ihm gegenüber sehr zurückhaltend. Was will dieser

3 ŒS, 301.

4 BMB, 10. Februar 1914, zit. nach: J.-F. Six, Charles de Foucauld, 2008, 217.

5 Summa Theologiae Ia–IIae q.38 pr.

6 BMB, 16. März 1912, 166

Fremde hier bei uns? Das Wasser ist knapp in den Foggaras, den unterirdischen Kanälen. Die Lösung ist, dass Charles sich am linken Ufer des Wadis ansiedelt, etwas außerhalb im Süden des Dorfes, und dort einen Brunnen gräbt und nur einen kleinen Garten anlegt. Er kauft auch einige Ziegen, die er einem Hirten anvertraut, den er in Naturalien bezahlt. Am 28. Oktober schreibt er an Henry de Castries, einem Freund: *„Das, was ich bei den Tuareg suche, ist, sie mir vertraut zu machen (‚apprivoiser'), mit ihnen Freundschaft zu schließen, den Wall des Sich-Absicherns, des Zwielichts, des Misstrauens und der Unwissenheit, die uns trennt, langsam abzubauen.*"[7] In diesem Oktober schlägt Moussa Agg Amastane in Tamanrasset sein Nomadenlager auf. Er besucht auch Foucauld in seiner Einsiedelei und bringt ihm derart sein Vertrauen entgegen. Solche Zusammenkünfte wird es bis zum Tod des Marabut – so wird Foucauld genannt – geben. Moussa liebt und schätzt ihn als Menschen, aber auch als Mann Gottes und Diener Jesu. Dominique Casajus schreibt: „Die Religion, von der Foucauld durch seine Güte Zeugnis ablegte, wurde nicht angenommen, sehr wohl aber ihr Vertreter, der für sich keinen Vorteil suchte und dessen einziger Wunsch es war, für seine Kirche im Stillen zu arbeiten."[8] Als Foucauld 1907 nach einer Reise mit Hauptmann Dinaux nach Tamanrasset zurückkehrt, teilt er seiner Cousine mit, wie überrascht er war, dass er von der Bevölkerung so gut empfangen wurde, „liebevoller als ich zu hoffen wagte; man scheint nach und nach, Vertrauen zu mir zu fassen ..."[9] Und als er im Mai 1911 von seiner zweiten Frankreichreise zurückkehrt, wird er – so in einem Brief an Henry de Castries – von den Tuareg wieder mit viel Zuneigung empfangen und sehr oft besucht.[10] Ouksem agg Chikat, den er wie seinen Sohn behandelt, ist für ihn der Tuareg, den er am meisten schätzt und liebt. Im selben Brief notiert er: „Die Tuareg sind mir eine sehr trostreiche Gesellschaft; ich kann gar nicht sagen, wie gut sie für mich sind, wie viel auch immer ich bei ihnen rechtschaffene Seelen finde; ein oder zwei von ihnen sind wahre Freunde, etwas, was überall selten und kostbar ist."[11] Schon am 1. März 1912 hatte er seiner Kusine

7 Lettre à Henry de Castries (Abk. : LH), Paris 1938, 176.

8 Lettres au Marabout (Abk.: LM), Lionel Galand (Hg), Paris 1999, 94f.

9 BMB, 128.

10 Vgl. LH, 191.

11 LH, 196f.

geschrieben, wie sehr seine Tuaregnachbarn trostreich und sanft sind. Er sagt es noch einmal im Brief vom 15. August 1912.[12] Und noch an anderen Stellen seiner Briefe drückt er sich ähnlich aus. Damit ist gesagt, dass nicht nur er ihnen etwas gibt, sondern dass auch sie ihm etwas geben, vor allem ihre Freundschaft, die ihn erfüllt und frei macht.

80 Jahre nach Foucaulds Tod sind Stoffe und Papierfetzen an die Öffentlichkeit gelangt, die in *Tifinaq*, den Schriftzeichen der Tuaregsprache, geschrieben sind. Es sind Briefe an den Marabut verschiedenen Inhalts. Am ergreifendsten ist der Brief Nummer 11 von Moussa agg Amastan an den Marabut, der als Foto beiliegt. Die folgende deutsche Übersetzung folgt der Französischen von Dominique Casajus:

Ich bin es Moussa, der Amenokal des Hoggargebirges,
ich sage: Ich schicke an meinen Freund und Gefährten, den Marabut,
den Diener Jesu, viele viele Grüße. Lob sei Gott für deine Gesundheit!
Du fehlst uns sehr.
Ich traf deinen jungen Ouksem, er hat Neuigkeiten erzählt, vielen Dank!
Ich habe dir einen Brief geschrieben, den ich zum
Leutnant in Boughessa bringen ließ,
er wird ihn dir übergeben. Uns, uns geht es gut, wenn es dir gut geht.
Tedawit lässt dich grüßen, Akhamouk, Litni, alle zusammen und
auch Rakhma.
Ich schicke auch Grüße an den General Laperrine, an Nieger und an ganz Frankreich. Der Leutnant wollte mich bei meinen Zelten besuchen und wir werden im Aïr zusammen sein.
Nun hat er seine Meinung geändert, er hat mir eine Frist von zwei Monaten gegeben, um ihn in Ti-n-Zawaten zu besuchen mit all meinen Leuten. Es bleiben noch 40 Tage bis zum festgesetzten Termin.
Ich schreibe diesen Brief am 7 des Monats Settafet.
Verlass mich nicht! Ich bitte dich um eine Sache: Bete viel für mich!
Gruß dir!
Das Papier geht aus.

12 BMB, 165, vgl. 169.

Der Brief ist vom 5. Januar 1914 datiert, Foucauld empfängt ihn am 14. Januar. Als im selben Jahr der Erste Weltkrieg beginnt und Frankreich viele seiner Truppen aus den Kolonien abzieht, entsteht auch im Süden Algeriens ein Vakuum, in welches Aufständische von Libyen her eindringen. Die Situation der Nomaden ist durch die anhaltende Dürre dramatisch und wird noch dadurch verschärft, dass die Kolonialmacht Kamele und Herden für die eigene Truppe einzieht. Trotzdem geht Moussa nicht in das Lager der Aufständischen über. Nach dem gewaltsamen Tod des Marabut schreibt er den schon von René Bazin zitierten Brief vom 13. Dezember 1916 an seine Schwester Marie de Blic: „Als ich vom Tod unseres Freundes, ihres Bruders Karl, erfuhr, haben sich meine Augen geschlossen; alles ist für mich dunkel; ich weinte und vergoss viele Tränen, und ich bin in großer Trauer. Sein Tod bedrückt mich sehr. Ich bin weit weg vom Ort, wo die lügnerischen Räuber ihn getötet haben, das war im Hoggar und ich bin im Adrar, aber wir werden sie töten, die den Marabut getötet haben, so Gott will [...] Charles der Marabut ist nicht nur für euch gestorben, er starb auch für uns. Gott sei ihm barmherzig, und dass wir uns im Paradies wiedersehen mögen!“[13]

Wenn der Brief auch – übersetzt ins Französische – durch die Hände der Kolonialverwaltung ging, so wird die Aufrichtigkeit, mit der er verfasst ist, durch obigen, später gefundenen Brief bestätigt.

Für Charles könnte es ein Trost gewesen sein, dass er solidarisch mit den drei arabischen Meharisten (Angehörigen der Kamelreiterei), die mit ihm den Tod fanden, im Sand der Wüste verscharrt wurde. Erst Jahre später wurde sein Leichnam gegen seinen erklärten Willen nach El Golea in den Norden der Sahara überführt.

Herbert Hartl, Kleiner Bruder Jesu, Wien

13 René Bazin, Charles de Foucauld, Paris 1921, 466.

Die Bedeutung von Bruder Karl für die Kirche heute

Die kirchliche Situation in unseren Ländern heute

Die Spiritualität von Charles de Foucauld ist für die Kirche von Heute wegweisend. Fünf foucauldsche Schlüsselworte haben das Potenzial die Kirche von innen her zu erneuern: Leidenschaft für Gott, Leidenschaft für das Evangelium, leidenschaftliches Mitsein mit den Menschen, das sich dazu berufen weiß, stellvertretend für die anderen da zu sein, sowie Aufsuchen des letzten Platzes. (Red.)

Die Kirche und in ihr die Christen leben heute in einer Welt, in der für viele, vielleicht sogar für die meisten, Gott einfach nicht mehr vorkommt. Sie leben in einer „säkularisierten Welt“. Diese ist durch Folgendes charakterisiert:

- Für die Erfahrung vieler Menschen läuft die Welt in sich geschlossen, ohne Gott ab. Gott spielt darin keine Rolle mehr. Der einstige Glaube ist „verdunstet“, ohne dass man sich bewusst gegen ihn entschieden hätte.
- Auch bei denen, die noch glauben, steht Gott oft außerhalb unserer konkreten Welt, er gehört zu einer jenseitigen Dimension, der man sich gelegentlich, an Sonntagen, im festlichen Kult oder an Knotenpunkten des Lebens, zuwendet, um seine religiösen Bedürfnisse zu befriedigen, nämlich die Sehnsucht nach Sinn, ein vages Verlangen nach göttlichem Beistand und Segen, den Wunsch, die graue Alltagswelt gelegentlich aufzusprengen. So aber wird Religion „funktionalisiert“ auf die Bedürfnisse bürgerlichen Lebens hin oder – in eher „linken“ Kreisen – auf seine Fähigkeit, politische Anliegen vom Evangelium her ideologisch zu verstärken.

- Weil Gott für viele so fern und belanglos erscheint, wird der christliche Glaube, auch vonseiten der kirchlichen Verkündigung nicht selten als eine intensive Form von Mitmenschlichkeit und Hilfe zu einem glückenden Leben vorgestellt. Genau dies gibt man auch als Antwort, wenn gefragt wird „Wofür ist Glaube gut?“, anstatt zunächst einmal – durchaus provozierend – zu antworten: Glaube ist für gar nichts gut! Denn Glaube als persönliche Beziehung zu Gott, darf nicht verzweckt werden, genau so wenig wie eine tiefe zwischenmenschliche Beziehung verzweckt werden darf.

Angesichts dieser Charakteristika unserer heutigen Situation hat Bruder Karl Entscheidendes zu sagen. Dies soll unter fünf Schlüsselworten zusammengefasst werden.

Erstens: Leidenschaft für Gott („Le sens de Dieu“)

Die erste und wichtigste Botschaft Foucaulds ist sein Durchdrungensein von der überwältigenden Wirklichkeit Gottes, weil Gott Gott ist und im Vergleich zu ihm alles Geschaffene ein Nichts ist. Dieser „sens de Dieu“, wie es bei Bruder Karl heißt, dieser „Sinn für Gott“, meint bei ihm das leidenschaftliche Erfasstsein vom lebendigen Gott, der in seiner Größe und Erhabenheit dem Menschen wie ein verzehrendes Feuer begegnet. Diese Wirklichkeit Gottes hat ihn bei seiner Neubekehrung im Alter von 28 Jahren zuinnerst berührt. Er schreibt:

„Im gleichen Augenblick, da ich zum Glauben gekommen war, dass es einen Gott gab, begriff ich, dass ich gar nicht anders handeln konnte, als nur für ihn zu leben. Meine Berufung zum Leben nach dem Evangelium datiert in der gleichen Stunde wie mein Glaube. Gott ist so groß, und es gibt eine solche Differenz zwischen Gott und all dem, was nicht ER ist!“[1]

1 Brief an Henry de Castries v. 14. August 1901, in: D. Barat (ed.), Ch. de Foucauld, Oeuvres Spirituelles, Paris 1958, 661.

Das ist von nun an das Gottesbild Foucaulds: das Überwältigtwerden von der Größe Gottes und damit die Erfahrung der Differenz zwischen ihm und allem, was nicht ER ist. Daraus resultiert die Leidenschaft, diesem Gott zu dienen und ganz für ihn da zu sein. Der Grundakt seines Lebens wird von jetzt an die *Anbetung*, aus der alles andere hervorzugehen und in die hinein sich alles andere immer wieder zu konzentrieren hat. Sie ist der Ort, wo sich stets neu die Leidenschaft für Gott entzündet.

Dieser Gott seiner Leidenschaft ist aber der in Jesus offenbare Gott. Und so macht Bruder Karl den „sens de Dieu" konkret an der Person Jesu Christi fest. Im Blick auf ihn schreibt er:

„Allein der Herr verdient es, mit ganzer Leidenschaft geliebt zu werden. Selig die Trümmer (in unserem Leben), die uns der Einsicht in diese Wahrheit näherbrachten".[2]

Welche Bedeutung hat all dies für die Kirche heute?

Für Bruder Karl besteht die erste und wichtigste Aufgabe der Kirche darin, die Wirklichkeit des lebendigen Gottes zu bezeugen, durch Worte – ja auch! – aber vor allem durch das eigene Leben und den Geist der Anbetung in unserem Leben.

Mehr als jedes Wort vermag das gelebte Zeugnis.

Je klarer und eindeutiger dieses Zeugnis alles kirchliche Leben durchdringt, desto glaubwürdiger wird es. Auch die pastorale Tätigkeit der Kirche lebt nicht primär von Methoden, Pastoralplänen u. dgl., primär lebt sie vom Zeugnis einer durch die persönliche Lebensgestaltung abgedeckten Leidenschaft für Gott, Christus und sein Evangelium. Neben allen Aktionen und Tätigkeiten liturgischer, diakonaler oder sozialpolitischer Art, muß es vorrangig darum gehen, in all dem Zeugnis vom lebendigen Gott zu geben. Das ist das Einzige, was in unserer Welt und Gesellschaft sonst kein anderer tun kann und tut: leidenschaftlich auf Gott, auf Christus, auf sein Evangelium hinzuweisen, wie es Bruder Karl getan hat.

2 Charles de Foucauld, Ecrits Spirituelles, Paris 1933, 242. (zit. : ES)

„Le sens de Dieu" – „leidenschaftlich ergriffen sein von Gott": darin kristallisiert sich ein erstes Element der Spiritualität von Bruder Karl, das für die Kirche von heute entscheidend wichtig sein dürfte.

Zweitens: „Das Evangelium herausschreien durch das eigene Leben"[3]

Diese Leidenschaft für das Evangelium drückt sich bei Bruder Karl etwa in dem Satz aus:

„Ich bin bereit, bis zum Jüngsten Tag zu leben und bis an das Ende der Welt zu gehen um des Evangeliums willen."[4]

Aber was heißt das *konkret,* in eine säkularisierte Welt das Evangelium zu bringen? Die Erfahrungen, die Bruder Karl in diesem Zusammenhang mit seiner damaligen, ganz vom Islam geprägten Umwelt machte, kann hier unschwer auf unsere (an sich andersgeartete) Situation übertragen werden. Er entdeckt:

Erstens muss der Evangelisierung eine „Präevangelisierung" vorausgehen. Diese Idee findet sich zwar nicht dem Begriff, wohl aber der Sache nach wohl erstmals bei Bruder Karl. So schreibt er an seinen Freund Henri de Castries, dass nach seiner Einschätzung die Stunde der Missionierung noch nicht gekommen sei, wohl aber die Stunde um mit einander „zu reden, Medikamente [zu] geben, Almosen, die Gastfreundschaft des Lagers, uns als Brüder zeigen, wiederholen, dass wir alle *Brüder in Gott* sind und dass wir alle hoffen, eines Tages im selben Himmel zu sein, von ganzem Herzen für die Tuareg beten."[5]

Solche Elemente der Präevangelisierung sind für ihn:

- auf Seiten der zu Missionierenden: ein ausreichender Lebensunterhalt und ein Minimum an „Lebensordnung", wie sie etwa einer „natürlichen Ethik" entspricht;

3 Inschrift auf der Grabplatte von Bruder Karl in El-Golea.

4 ES, 229.

5 Brief an H. de Castries vom 17. Juni 1904. In: Ch. de Foucauld, Lettres à son ami Henry de Castries (1901–1916), Paris 2011, 135.

- auf Seiten der Missionierenden: wirkliche „Präsenz“ unter den Menschen, denen man das Evangelium bringen will: Präsenz durch gute Sprachkenntnisse, solidarisches Mitleben, Freundschaft, Hilfsbereitschaft, Inkulturation des bisherigen Lebens und Denkens in den zu missionierenden neuen Raum hinein.

Zweitens bricht in ihm bei der vergeblichen Suche nach Brüdern der Gedanke auf, Laien dafür zu gewinnen, sich als „Landwirte, Siedler, Kaufleute, Handwerker, Grundbesitzer usw.“ niederzulassen.

„Es muss neben den Priestern unbedingt Priscilla und Aquila geben, die diejenigen sehen, die der Priester nicht sieht, die dorthin gelangen, wohin er nicht gelangen kann, die zu denen gehen, die ihn meiden, die evangelisieren durch einen wohltätigen Kontakt, eine auf alle überströmende Güte, eine Zuneigung, die immer bereit ist, sich hinzugeben, ein gutes Beispiel, das diejenigen anzieht, die den Priestern den Rücken kehren und ihnen aus Voreingenommenheit feindlich gegenüberstehen.“[6]

Drittens entdeckt Bruder Karl einen entscheidenden Punkt, der auch für uns heute von eminenter Wichtigkeit ist: Das Evangelium muss vorrangig durch das Beispiel des Lebens und nicht durch Worte weitergegeben werden. So schreibt er: Christen sollen „durch ihr Beispiel eine lebendige Predigt sein: Der Unterschied zwischen ihrem Leben und dem der Nichtchristen muss Aufsehen erregen, wie es der Wahrheit entspricht. Sie sollen ein lebendiges Evangelium sein: Die Menschen, die Jesus fern sind, vor allen Dingen die Ungläubigen, sollen ohne Bücher und ohne Worte durch den Anblick ihres Lebens das Evangelium kennenlernen.“[7]
Mit diesem programmatischen Wort „Evangelisierung durch (wortloses)

6 Brief an Joseph Hours vom 03. Mai 1912: In: Ch. de Foucauld, Correspondances lyonnaises (1904–1916). Lettres à Suzanne Perret, à l'Abbé Antoine Crozier, à Joseph Hours et à l'Abbé Constant Pel, Paris 2005, 90. Im gleichen Brief an anderer Stelle: „Wir brauchen Priszillas und Aquilas [Mitarbeiter des Apostels Paulus]; sie müssen eins sein untereinander; sie müssen einander kennen – geheimnisvolles Priestertum des Gläubigen, der sich zum Opfer darbringt und Jesus als Opfer darbringt“ (90).

7 Ch. de Foucauld, Règlements. In: Règlements et Directoire. Œuvres spirituelles du Père Charles de Foucauld. Volume XI–XII, Montrouge 1995, hier: Directoire, Art. 28.

Glaubenszeugnis" dürfte eine der wichtigsten Anregungen für die Kirche von heute gegeben sein.

Drittens: Ganz für andere da sein

„Présence" – ein weiteres Schlüsselwort der Spiritualität von Bruder Karl – bedeutet wörtlich „Gegenwart". Bei ihm ist damit gemeint: ganz unter den und für die Menschen da zu sein. Das scheint auf den ersten Blick zum bisher Ausgeführten im Gegensatz zu stehen. Er selbst aber schreibt dazu:

„Die Vereinfachung unseres Lebens, unsere vollständige Bereitschaft, Gott über uns verfügen zu lassen, kommt in der Leichtigkeit zum Ausdruck, mit der wir den Übergang vom Gebet zum Dienst an den Menschen – und umgekehrt – vollziehen."[8]

> Leben in Anbetung *und* Engagement müssen eine Einheit bilden und stehen in einer dynamischen Wechselwirkung: Ohne Anbetung verliert der Mensch jene Identität, in der und für die er geschaffen ist, nämlich vor dem lebendigen Gott zu stehen; ohne Engagement für andere würde er vor einem abstrakten, leblosen Gott stehen.

Denn der Gott unserer Leidenschaft ist selbst ein leidenschaftlicher Gott, der ganz auf die Menschen zugegangen ist und sich als „Gott der Menschen" für sie bis zum Letzten engagiert hat.

8 R. E. Frische (Hrg.), Wasser aus der Wüste. Worte aus dem Leben von Charles de Foucauld, Gießen–Basel 1983, 65.

Deshalb verstand Foucauld sich auch als „frère universel“, als „Bruder aller Menschen“. Und der von ihm am häufigsten zitierte Bibelvers heißt: „Was immer ihr einem der geringsten meiner Brüder getan habt, das habt ihr mir getan.“ (Mt 25,40)

Das Schlüsselwort „présence“ gewinnt nun bei Bruder Karl einige eigentümliche Strukturzüge, die im Folgenden ein wenig aufgeschlüsselt werden sollen.

Eine erste Strukturierung ist an das geistliche Schlüsselwort „Nazaret“ gebunden. Dieses wurde ihm, wie so vieles andere, durch seinen geistlichen Begleiter Abbé Huvelin vermittelt. Aber Foucauld hat es im Lauf des Lebens mit eigenen Erfahrungen gefüllt und dadurch neu interpretiert. Was ist mit Nazaret gemeint?

Zunächst einmal eine skandalisierende Wahrheit unseres Glaubens: Jesus Christus, der Sohn Gottes, hat 30 Jahre lang in Nazaret gelebt, in jenem unbekannten Kaff am Rande der Welt. Um es provozierend zu formulieren: Gott, der in Jesus Mensch wurde, hatte nichts Besseres zu tun, als den allergrößten Teil seines Lebens in diesem letzten Loch zu verbringen. Nur drei Jahre, nach einigen Exegeten gar nur ein Jahr öffentliches Leben, und sonst: Nazaret. Darüber gibt es in der Heiligen Schrift nur drei Dinge zu berichten: (1) Jesus hat dort gelebt; (2) er war seinen Eltern untertan und d. h. im weiteren Sinn wohl nicht nur seinen Eltern, sondern ebenso den Bräuchen, Gewohnheiten und Zwängen dieses Kaffs; (3) in dieser ereignislosen, unbedeutenden Alltäglichkeit nahm er nicht nur zu an Alter, sondern auch „an Weisheit und Gnade vor Gott und den Menschen“ (Lk 2,52). Also nicht in spektakulären Ereignissen, sondern im grauen Alltag von Nazaret geschieht Wachsen und Reifen vor Gott und den Menschen. Gottes Sohn ist so tief in die Welt eingegangen, dass er nicht nur in einem allgemeinen Sinn Mensch geworden ist, sondern ein ganz gewöhnlicher, kleiner, geringer Mensch, einer, an denen die große Geschichte der Welt vorübergeht. Das ist die provozierende Botschaft von Nazaret: sie ist deutlichstes Zeichen dafür, dass Gott sich ganz und gar „entäußert“ hat (vgl. Phil 2,7), um uns Menschen ganz „präsent“ zu sein.

In dieser Perspektive versteht Bruder Karl auch „sein“ Nazaret als Teilnahme an der Bewegung der Selbstentäußerung Gottes in die Armseligkeit menschlichen Lebens hinein. Das hat zur Konsequenz, dass auch Bruder

Karl ganz bei und unter den Menschen ist. Er versteht „Nazaret" als Ort geschwisterlichen Zusammenlebens, wo das Haus für jedermann offensteht, besonders für die Kleinen und Armen, die hier ohne große Worte und Gesten Hilfe, Trost und Zuwendung erfahren. Dabei steht die *persönliche* Beziehung im Vordergrund. Denn Nazaret ist nicht der Raum großer Aktionen, Reformen und Strategien, sondern der Ort, wo Menschen Beziehungen untereinander haben, wo der einzelne zählt und nicht die große Zahl. Es ist eine durchgehende Erfahrung, die Menschen mit Bruder Karl gemacht haben, dass der einzelne sich von ihm angenommen und respektiert fühlte. Er hatte Zeit für jeden, für dessen persönliche Sorgen und Nöte.

Während das Programmwort „Nazaret" am Anfang des geistlichen Lebens von Bruder Karl einen stark kontemplativen Zug beinhaltete, so nimmt diese „présence" im weiteren Verlauf einen zunehmend praxisbezogenen Charakter an. In einem Brief an Mgr. Guérin schreibt Bruder Karl:

„Wir sind verpflichtet, ... alle nötigen Mittel zu ergreifen, um den Bedrückten Erleichterung zu verschaffen. ‚Was wir für sie tun, tun wir für Jesus. Was wir an ihnen versäumen, versäumen wir an Jesus.' Jedenfalls haben wir nicht das Recht, stumme Hunde zu sein. Mir scheint, wir dürfen uns nie mit dem Unrecht abfinden, sondern müssen es mit aller Kraft bekämpfen." [9]

Dieser Satz aus dem Propheten Jeremia „Kein stummer Hund sein!" ist ein Wort, das Bruder Karl immer häufiger wiederholt. Er entdeckt nämlich mehr und mehr die Ungerechtigkeiten des Kolonialsystems, die zum kulturellen Niedergang der Tuareg führen. Angesichts dessen erhebt er bei den Behörden Einspruch, fertigt Gutachten an, interveniert sogar am Nationalparlament in Paris, macht konkrete Vorschläge zur Entwicklungspolitik und fördert selbst, so gut er kann „entwicklungspolitische Schritte" (so würde man heute sagen).

Nazaret leben, heißt nicht nur das Schicksal der Menschen teilen, sondern auch mit ihnen zusammen gegen Unrecht, Unterdrückung und Armut anzukämpfen.

9 D. Barat (ed.), 620f.

So wird aus dem ursprünglich eher kontemplativen Nazaret-Ideal ein mehr und mehr praxisbezogenes und -erfülltes Ideal. Nicht dass damit das Kontemplative vergessen oder abgeschrieben wäre! Doch es wird erweitert durch den Aspekt: Anwalt Gottes für die Unterdrückten und Entrechteten zu sein.

Welche Bedeutung haben die Programmworte „présence" bzw. „Nazaret" für die Kirche von heute? Hier müssen wohl kaum viele Einzelheiten angeführt werden, weil das meiste auf der Hand legt. Es ist mit Sicherheit eine ernste Gewissensfrage an die Kirche, ob sie wirklich präsent ist bei den Menschen, ob sie deren Leben teilt und ob ihre Amtsträger „den Stallgeruch der Schafe" an sich tragen (Papst Franziskus). Wie weit ist christliches Leben von der Liebe und Freundschaft zu anderen Menschen, besonders zu den Armen und Kleinen bestimmt, von der Solidarität mit ihnen und dem Einsatz für sie? Wie intensiv steht der einzelne im Vordergrund des kirchlichen Interesses? Genau dem versucht Bruder Karl zu folgen: Sein Dasein für die Menschen seiner Umgebung zeigt sich in der Freundschaft zu vielen einzelnen, denen er zukommen lässt, was diese nötig haben.

Schließlich stellt er uns die Frage, wie wir umgehen mit den an den Rand der Gesellschaft gedrängten, ins Abseits gestoßenen Menschen. Welchen Platz haben die Armen und Kleinen in unseren meist sehr gutbürgerlichen und mit allem Notwendigen versorgten Gemeinden? Wo sind etwa in unseren Gemeinderäten Hilfsarbeiter, Asoziale, Marginalisierte? Sind wir die Kirche „der ersten Seligpreisung", die der Armen?

Viertens: „Stellvertretung" („délégation – „représentation" – „substitution")

Als viertes Schlüsselwort der Spiritualität von Bruder Karl, das für die Kirche von heute Bedeutung hat, ist zu nennen „Stellvertretung". Die wörtliche Formulierung dieses vielschichtigen Begriffs erscheint bei Foucauld m.W. nur selten. Aber sein ganzes Tun ist von der Idee der Stellvertretung beseelt. Wenn er an einen neuen Ort kommt, ist für ihn das Wichtigste, Eucharistie zu feiern und die eucharistischen Gestalten aufzubewahren, damit der Herr dort bei den Menschen und für die Menschen gegenwärtig sei und damit er, Bruder Karl, dort beim Herrn für die Menschen seiner Umgebung eintreten kann. Denn für Bruder Karl „heiligt" gerade die eucharistische Präsenz

Jesu in verborgener Weise die noch andersglaubenden Tuareg, so wie Maria das Haus des Zacharias geheiligt hat, indem sie in verborgener Weise Jesus dorthin trug.[10]

Sein Gebet ist wesentlich immer auch Gebet für die anderen. Auch die Bruderschaft, die er zu gründen sucht, soll sich verstehen als Raum stellvertretenden Gebetes. Von dieser Grundidee her hat René Voillaume in seinem Buch „Mitten in der Welt" eines seiner schönsten Kapitel überschrieben mit dem Wort „Ständige Gebetsdelegierte",[11] nämlich: Delegierte für die Umgebung, in der man lebt.

> Die Stellvertretungsidee, wonach die Kirche und darin auch die einzelnen für alle anderen vor Gott zu stehen und einzustehen haben, wie Bruder Karl dies praktiziert hat, dürfte eine der wichtigsten Herausforderungen für die gegenwärtige und künftige Kirche sein.

Nach dem Ende der Volkskirche, da der christliche Glaube nicht mehr damit rechnen kann, dass alle oder viele in die Gemeinschaft der Kirche eintreten werden, gilt es neu und ganz intensiv dieses Grundprinzip „Stellvertretung" in das Bewusstsein des Glaubens zu rücken. Mögen auch die Gemeinden klein werden, mögen auch immer weniger Menschen den Glauben praktizieren, unsere Kirchen können immer brechend voll sein, wenn die Anwesenden die anderen mitbringen, indem sie für sie bewusst vor Gott stehen und einstehen.

Fünftens: „Der letzte Platz"

Auch das Schlüsselwort vom „letzten Platz" hat Bruder Karl von Abbé Huvelin empfangen. Nachfolge Jesu heißt für ihn ganz wesentlich, den letzten Platz zu suchen, weil es der Platz seines Meisters ist und weil es für ihn unmöglich ist, Christus zu lieben, ohne seine Lebensgestalt und sein Geschick

---

10 Vgl. z.B. Brief an Mgr. Guérin vom 02. Juli 1907. In: Ch. de Foucauld, Correspondances Sahariennes. Lettres inédites aux Pères blancs et aux Sœurs blanches (1901–1916), Paris 1998, 526–533.

11 R. Voillaume, Mitten in der Welt, dt. Freiburg i. Br. 21956, 107–124.

zu teilen. Ja, der letzte Platz ist nicht nur der Platz Christi, sondern es ist der besondere Ort des Handelns Gottes in der ganzen Heilsgeschichte. Das fängt an mit der Erwählung Israels, des kleinsten und geringsten unter den Völkern (vgl. Dtn 7,7), und dieser „Stil“ des Handelns Gottes geht weiter ins Neue Testament: die arme Jungfrau aus Nazaret wird erwählt, die armen Hirten sind die ersten Zeugen der Menschwerdung, ungebildete Fischer werden ausgesandt, Armen wird das Evangelium verkündet (Lk 4,18) und – so die Pointierung von Heinrich Spaemann – „nur für Arme ist die Botschaft eine frohe“.

In der Konsequenz dieses „Stils“ göttlichen Handelns war auch die Kirche von Anfang an eine Kirche des letzten Platzes, die sich aus vielen „Armen“ rekrutierte und das Evangelium mit „armen Mitteln“ verkündete (vgl. 1 Kor 1,26).

Genau in diese Richtung setzt Bruder Karl die Pointen seines geistlichen Lebens. So schreibt er etwa über die Armut:

„Jesus selbst erwählt sich die Menschen, die ihn anbeten. ... Als erste erwählt er arme Hirten. ... Jesus weist die Reichen nicht zurück, – er liebt sie; aber er weist zurück, ihren Reichtum zu teilen, und er ruft die Armen an die erste Stelle. ... Dadurch hast Du zu Dir die ganze Welt gerufen: die Armen, weil Du ausdrücklich gezeigt hast bis zum Ende der Zeiten, dass sie die Erstberufenen, die Favorisierten, die Privilegierten sind. ... Welchen Trost hast Du bis zum Ende der Zeiten ins Herz der Armen, der Kleinen, der Verachteten in dieser Welt gesenkt, indem Du ihnen von Deiner Geburt an zeigst, dass sie die Privilegierten, die Favorisierten, die zuerst Gerufenen sind.“[12]

Von daher stellen sich an die Kirche von heute dringende Fragen: Setzen wir unsere Hoffnung und Erwartung nicht meist auf reiche Mittel? Meinen wir nicht oft, Voraussetzung kirchlicher Jugendarbeit sei ein reich ausgestattetes Jugendheim, und Voraussetzung für guten Gottesdienstbesuch sei eine pretiöse Kirche mit neuen Glocken und schöner Orgel, Voraussetzung für die Verkündigung des Evangeliums sei ein bedeutsamer Einfluss der Kirche in der Öffentlichkeit, in den Schulen, Medien, politischen Institutionen? Es ist gewiss kein Zufall, dass gerade dort die Kirchen am lebendigsten und fruchtbarsten sind, wo sie arm und unterdrückt sind.

12 Ebd. 174ff.

So sind die genannten fünf Schlüsselworte der Spiritualität von Bruder Karl: Leidenschaft für Gott, Leidenschaft für das Evangelium, leidenschaftliches Mitsein mit den Menschen, das sich dazu berufen weiß, stellvertretend für die anderen da zu sein, sowie Aufsuchen des letzten Platzes, Herausforderungen an die Kirche von heute. In diese Richtung zu gehen, dürfte zur wahren Erneuerung der Kirche führen.

Gisbert Greshake, Priestergemeinschaft Jesus Caritas, Freiburg/Wien

„Wie kann man diese innere Stärke, diese immer offene Bereitschaft, diese Fähigkeit, sich weiterzuentwickeln, und das in aller Konsequenz, bezeichnen? Könnten nicht zwei Anspielungen aus dem Evangelium den Ursprung dieses unaufhörlichen Sprudelns erhellen? Hat er seit dem überwältigenden Moment seiner Bekehrung nie aufgehört, vom ‚Wind erfasst zu werden, der weht, wo er will, ohne dass man weiß, woher er kommt oder wohin er geht', oder von den ‚Strömen lebendigen Wassers, die aus seinem Herzen hervorsprudeln', mitgerissen zu werden?

Pierre Sourisseau

Unsere Segel im Wind der reinen Liebe setzen

Anmerkungen zum Verständnis von Heiligkeit in den geistlichen Schriften von Charles de Foucauld

Wenn Charles de Foucauld am 15. Mai 2022 heiliggesprochen wird, dann ist das zunächst ein formaler Akt, der durch die Seligsprechung bereits entscheidend vorbereitet und grundgelegt ist. Was aber ist ein Heiliger? (Red.)

Wer ist ein Heiliger? Die Antwort hierauf findet sich in den theologischen Handbüchern und gerade das sogenannte Heiligsprechungsverfahren folgt ja einer sehr präzisen und streng geregelten kirchenrechtlichen Norm. In der Regel wird bereits zur Seligsprechung der sogenannte heroische Tugendgrad bescheinigt, außerdem bedarf es eines anerkannten Wunders. Für die Heiligsprechung ist dann ein weiteres Wunder nötig. Was aber ist ein Heiliger? Zunächst wird man sagen müssen, dass es den Heiligen oder die Heilige nicht gibt.

> Jeder Mensch, der von der Kirche kanonisiert wird, ist eine Glaubenswelt für sich, mit seinem sehr spezifischen Berührtsein von der Liebe Gottes, die in seinem Reden, Handeln und Leben unverwechselbar Ausdruck gefunden hat.

Die Heiligsprechung von Charles de Foucauld schaut auf die Frucht seines Lebens für Gott, vor allem seines Lebens in der südlichen Sahara. Weniger bekannt ist, dass Foucauld einen sehr präzisen Begriff von Heiligkeit hatte.

Heiligkeit als Beziehungsbegriff

Heiligkeit meint bei Foucauld nicht zuerst den geistlichen Habitus eines Menschen, der ein möglichst tugendhaftes Leben führt.[1] Heiligkeit ist für Foucauld kein quantitativer Begriff, sondern ein Beziehungsbegriff. Heiligkeit ist der Ausdruck des Ergriffenseins von der universalen barmherzigen Liebe (universelle charité), ja sie meint bei Foucauld letztlich den Grad des Innewerdens Christi im eigenen Herzen. Anders gesagt, der Grad des persönlichen Ergriffenseins von Christus und der Grad der persönlichen Heiligkeit verhalten sich im Denken von Foucauld direkt proportional.

Die persönliche Heiligkeit des einzelnen ist bei Foucauld in erster Linie Ausdruck des existenziellen Ergriffen-Seins von Gott. Sie ist Ausdruck der Liebesfähigkeit eines ganz Gott hingegebenen Menschen.

„Die vollkommene Liebe zu Gott ist die vollkommene Heiligkeit: sie ist nicht nur die Heiligkeit desjenigen, der liebt, sondern auch die Heiligung aller anderen Menschen, soweit jeder dazu in der Lage ist: denn die Seele, die vollkommen liebt, vollbringt gerade dadurch, dass sie vollkommen gehorcht und nachahmt, für ihren Nächsten all das, was Gott von ihr will, all das, was unser Herr Jesus an ihrer Stelle tun würde: diese Seele lebt nicht sich selbst, es ist Jesus, der in ihr lebt.“[2]

In Christus sind alle Menschen berufen, sich zu heiligen, d.h. Liebende zu werden, nämlich Gott, sich selbst und die Menschen zu lieben. Sie sind berufen, die Liebe Christi, die ihr Herz ergriffen hat, auszustrahlen und auf diese Weise das eigene Umfeld zu heiligen. Foucauld orientiert sich am Vorbild Jesu (le modèle unique) und stellt fest:

1 In den geistlichen Schriften verwendet Foucauld vornehmlich das Verb sanctifier bzw. das Substantiv sanctification, um diesen spirituellen Kern des Christseins zu beschreiben.

2 Ch. de Foucauld, Lecture du Saint Évangile St. Matthieu. Œuvres spirituelles du Père Charles de Foucauld. Volume V., Paris 1989, 12. (zit.: ŒS V [1899])

„Heiligen wir uns selbst, so werden wir auch die anderen heiligen: Unser Herr ruft uns dazu auf, indem er uns sein eigenes Beispiel nennt: Er sagt, dass er die Menschen durch seine Heiligkeit geheiligt hat und nicht durch seine anderen Werke, wie mächtig, wie vollkommen, wie göttlich sie auch sein mögen: ‚Ich heilige mich um ihretwillen, damit auch sie geheiligt werden'".[3]

Es kommt im Denken von Foucauld noch ein anderer Aspekt hinzu: Analog zur Schöpfung, die immer ein Reflex der Güte Gottes ist, gilt für das Gute, das ein Mensch wirkt, dass es stets ein Reflex der barmherzigen Liebe Jesu ist. Ganz gleich, wo etwas Gutes geschieht, wo Menschen menschlich miteinander umgehen, ist dies für Foucauld der Reflex *des Heiligen schlechthin*. Die wirklich heiligmäßigen Menschen sind die Nachahmer des Herzens Jesu „Ses Imitateurs".[4] „Die Liebe drängt uns zu dieser Nachahmung. ... Gott (...) will, dass wir *unsere Segel im Wind der reinen Liebe setzen*".[5] Es ist Jesus selbst, der im glaubenden Menschen durch *seinen* Geist das Gute bewirkt.

„Du bist in der gläubigen Seele gegenwärtig, mein Herr Jesus, (...) Du bist der Heilige und Vollkommene, es gibt kein Gut außer in dir, kein Sein außer in dir, alles Gute ist in dir; alles Gute, alle Vollkommenheit geht aus dir hervor, ist ein Abglanz von dir, eine Übereinstimmung mit dir, eine Ähnlichkeit mit dir (...) alles Gute ist eine Nachahmung von dir." [6]

Die durch das Wirken der Gnade Gottes geschenkte Heiligkeit bleibt nicht ohne Wirkung. Sie strahlt aus, sie heiligt und berührt die Menschen, ohne dass es dafür Worte braucht. Foucaulds Nazaret- Spiritualität hat in diesem Gedanken eine ihrer spirituellen Sinnspitzen. Er will die Umgebung heiligen

---

3 Ch. de Foucauld, L'Imitation du Bien-Aimé. Œuvres spirituelles du Père Charles de Foucauld. Volume VI. Tome 2, Montrouge 1997, 255 (zit.: ŒS VI/2 [1898|1899])

4 Ch. de Foucauld, La bonté de Dieu. Œuvres spirituelles du Père Charles de Foucauld. Volume VI., Tome 1, Montrouge 1996, 102. (zit.: ŒS VI/1 [1898|1899]) Vgl. Ch. de Foucauld, Directoire In: Règlements et Directoire. Œuvres spirituelles du Père Charles de Foucauld. Volume XI–XII., Montrouge 1995, 636. (Zit.: ŒS XI [1909|1913])

5 ŒS VI/1 [1898|1899], 119. [HvVf.]

6 Ch. de Foucauld, La Dernière place. Retraite à Nazareth. Œuvres spirituelles du Père Charles de Foucauld. Volume IX., Tome 1, Montrouge 2002, 96f. (Zit.: ŒS IX/1 [1897]); ŒS VI/1 [1898|1899], 81.

durch die Präsenz Jesu Christi im Tabernakel, im eigenen Herzen *und* vor allem auch durch sein Beispiel, das von dieser Liebe erzählt.

„Man muss heilig sein, um [den Nächsten] zu heiligen; man gibt nur, was man hat; man heiligt nur, wenn man selbst heilig ist. Die geringsten Werke der Heiligen sind von Gott mit unendlicher Wirksamkeit und Fruchtbarkeit ausgestattet. (...) Wenn wir also, wie Jesus es wünscht, wie es unsere Pflicht, unser sekundäres Ziel ist, wirksam für die Heiligung unseres Nächsten arbeiten wollen, so lasst uns damit beginnen, uns selbst zu heiligen, oder, was auf dasselbe hinausläuft, indem wir Gott selbst vollkommen lieben. Indem wir uns selbst heiligen, arbeiten wir am wirkungsvollsten daran, unseren Nächsten zu heiligen."[7]

Das Ergriffen-Sein und das Verbundsein mit dem geliebten Herrn ist nicht nur ein inneres Geschehen. Zwischen Gottesliebe und Nächstenliebe besteht notwendig eine Wechselwirkung. Foucauld ist überzeugt, dass derjenige, der von der Liebe Jesu erfüllt ist, sich von innen gedrängt fühlt, diese Liebe an den anderen weiter zu schenken, *für* den anderen da zu sein. Das menschliche Vorbild für diese Haltung ist Maria, die Mutter des Herrn. Foucauld sieht am Vorbild Marias wie sehr das bedingungslose Ergriffen-Sein von der göttlichen Liebe das Menschsein von innen her zu verändern vermag und drängt diese Liebe weiterzugeben. Aus der Sicht von Jesus formuliert Foucauld mit Bezug zu Lk 1,39ff.:

„[W]er von mir erfüllt ist, ist voller Nächstenliebe und Demut, denn ‚Deus caritas est', und ‚ich bin sanftmütig und von Herzen demütig'. Sobald Maria von mir [sc. Jesus] erfüllt ist, ist sie voller Nächstenliebe und Demut, sie hat das glühende Verlangen, ihrer Verwandten und deren Umgebung Gutes zu tun."[8]

7 ŒS VI/2 [1898|1899], 286.

8 Ch. de Foucauld, Méditations et Explications de l'Évangile (1896–1915) Œuvres spirituelles du Père Charles de Foucauld. Volume VII., Montrouge 2003, 256.

Die persönliche Heiligkeit ist Ausdruck der Beziehung zum geliebten Herrn.

„Nicht mehr ich lebe, sondern Christus lebt in mir" (Gal 2,20) ist die dichteste Form der menschlichen Heiligkeit. Foucauld ist sich aber sehr bewusst, dass das Sich-Öffnen für den Geliebten vom Maß der eigenen Mitwirkung abhängt. Es geht um die beständige Rückkehr zum Evangelium und um die persönliche Mitwirkung mit der Gnade Christi, die im Herzen des Menschen ihr Werk vollenden will.

Zunächst ist es Jesus selbst, der in diesem Beziehungsgeschehen die Heiligung des Menschen bewirkt. An Massignon schreibt Foucauld: „Er will Sie heiligen, andere durch Sie heiligen und sich selbst in ihnen verherrlichen".[9] Zugleich aber bedarf es von Seiten des Glaubenden der Mitwirkung, um sein Herz für die Beziehung zu Jesus Christus zu öffnen, der sein Leben in ihm fortsetzen will. „Ich muss mich heiligen: vor allem durch Gebet, Nächstenliebe, Nachahmung JESU, durch Armut und Erniedrigung nach dem Vorbild des Evangeliums."[10] Die beständige Arbeit an der eigenen Bekehrung ist die entscheidende Voraussetzung für ein segensreiches Wirken und Bekehrung heißt, sich immer neu auf Gott auszurichten, ihn mit aller Kraft des Gemüts zu lieben.

„Um also den Seelen Gutes zu tun, lasst uns damit beginnen, uns selbst zu heiligen; und um uns zu heiligen, lasst uns Gott lieben, denn in der Liebe zu Gott besteht unsere ganze Heiligung."[11]

An anderer Stelle erläutert Foucauld diesen Zusammenhang auf folgende Weise:

„Wir müssen zuerst an unserer eigenen Bekehrung, unserer eigenen Heiligung, unserer eigenen Vollkommenheit arbeiten, das heißt, an unserer

---

9 Brief an Louis Massignon vom 01. Januar 1914: In: J.-F. Six, L'aventure de l'amour de Dieu. 80 lettres inédites de Charles de Foucauld à Louis Massignon. Paris 1993, 157.

10 Notiz vom 24. August 1903. In: Ch. de Foucauld, Carnet de Beni Abbès (1901–1905). Œuvres spirituelles du Père Charles de Foucauld, Volume XIII, Paris 1993, 82.

11 ŒS VI/2 [1898|1899], 250.

eigenen Verankerung in der göttlichen Liebe, die alle Vollkommenheit enthält, und wenn wir darin verankert und gestärkt sind, dann erst können wir im Hinblick auf die Heiligung anderer beten, reden und handeln. Dann wird Gott unsere kleinsten Seufzer, unsere kleinsten Worte, unsere kleinsten Taten zu bewundernswerten Früchten bringen, während die Bemühungen, die wir unternehmen, um anderen Gutes zu tun, bevor wir selbst in der göttlichen Liebe gegründet sind, ohne ernsthaftes Ergebnis sein werden, so groß sie auch sein mögen. ‚Die Frucht der Werke, die zum Wohl der Seelen unternommen werden, steht in direktem Verhältnis zu dem inneren Geist, der sie beseelt', sagt der heilige Johannes vom Kreuz".[12]

Im Verständnis Foucaulds wirkt diese Haltung dort rettend, wo die Lebenspredigt des einzelnen dazu beiträgt, dass nichtgläubige Menschen auf die göttliche Liebe aufmerksam werden. „ [W]ir sollen die Pflicht erfüllen, die jedem Christen auferlegt ist, ‚das Evangelium von den Dächern zu rufen, über die ganze Erde, zu jedem Geschöpf', ein Retter zu sein und dass Jesus möglichst von allen Menschen geliebt wird."[13]

> Wer sein Herz für die Liebe Christi weit macht, heiligt sein Menschsein und im Maß seiner persönlichen Heiligung alle Menschen, die mit ihm in Beziehung leben.

Foucauld weiß, dass dieses Geschehen ein Werk der Gnade Christi ist, über die er nicht verfügen kann, sondern lediglich die Voraussetzungen für das Wirken schaffen kann.

„Mit all meiner Kraft arbeiten, um mich zu heiligen; das ist der beste Weg, Jesu unendliche Heiligkeit nachzuahmen, Ihm zu gehorchen ‚Seid vollkommen', für Ihn zu arbeiten für die Rettung der Menschen: man tut das Gute in dem Maße, wie wir es verinnerlicht haben – wie der Hirte, so die Herde – der Wert unserer Werke ist der des inneren Geistes, der sie beseelt – unsere

12 ŒS VI/2 [1898|1899], 227.

13 Ch. de Foucauld, Règlements. In: Règlements et Directoire. Œuvres spirituelles du Père Charles de Foucauld. Volume XI–XII, Montrouge 1995, 231.

Werke sind in dem Maße wertvoll, wie sie Werke der Gnade, des Heiligen Geistes, [Werke] Jesu sind.“ [14]

Foucauld ist überzeugt, dass ohne dieses Ergriffensein von der Liebe Gottes, „ohne persönliche Heiligkeit (...) alle Bemühungen, aller Eifer, alle Beredsamkeit, alle Beispiele der Tugend, alle Gebete ohne Wirkung [bleiben]“. Deshalb fordert er von sich, sich für das Wirken der Gnade Christi zu öffnen. „Lasst uns uns selbst heiligen; auf diese Weise werden wir andere heiligen“.[15] Wo dies gelingt, erhält die Sendung des kleinen Bruders Jesu einen heilsvermittelnden Aspekt.

„‚Wie der Hirte, so das Volk'. ‚Das Gute, das eine Seele tut, steht in direktem Verhältnis zu ihrem inneren Geist‘. Die Heiligung der Menschen dieser Region liegt also in meinen Händen: es wird gerettet werden, wenn ich ein Heiliger werde.“[16]

Die Bedeutung, die Foucauld der persönlichen Heiligung bzw. Gottverbundenheit zumisst, könnte größer nicht sein. An ihr entscheidet sich, ob das Christsein sein Ziel erreicht, nämlich wie Jesus Christus für andere zu leben. Es geht um nichts weniger als „ein Leben ganz für Gott zu leben, ihn zu lieben und ihm von ganzem Herzen zu dienen. Ihm zu dienen, das heißt, für das Heil der Seelen zu arbeiten, ein Retter zu sein, soweit es möglich ist“.[17] Mit dieser Feststellung betont Foucauld einmal mehr die überragende Bedeutung der Mitwirkung des Glaubenden und reflektiert auch seine eigene Erfahrung. Die Veränderung seines Lebens verdankt er der Annahme eines einfachen, am Evangelium orientierten Lebens. In einem Brief an Abbé Caron bringt Foucauld auf den Punkt, was sein Leben prägt: „Kehren wir zum Evangelium zurück. Wenn wir das Evangelium nicht leben, lebt Jesus nicht in uns. Kehren wir zurück zur Armut; zur christlichen Einfachheit.“[18]

14 Ch. de Foucauld, Seul avec Dieu. Retraites à notre Dame de Neiges et au Sahara. Œuvres spirituelles du Père Charles de Foucauld. Volume X., Montrouge 2004, 184. (Zit.: ŒS X [1905])

15 ŒS VI/2 [1898|1899], 258.

16 ŒS X [1902], 108f.

17 Brief an Louis Massignon vom 19. September 1911. In: J.-F. Six, a.a.O., 110.

18 Brief an Abbé Caron vom 30. Juni 1909. In: Ch. de Foucauld, XXV Lettres inédites du Père de Foucauld, Paris 1947, 78f.

Um an der rettenden Heiligung der Menschen mitwirken zu können, die den Gott Jesu Christi nicht kennen, bedarf es also aus der Sicht von Foucauld keiner seelsorglichen Programme, vielmehr ist für das Gelingen allein der Grad der persönlichen Heiligkeit, d.h. das Maß, in welchem die Gottesliebe das eigene Herz ergriffen hat, die göttliche Gnade wirken kann, entscheidend. *„Wenn wir den Seelen Gutes tun wollen, müssen wir Heilige sein.“*[19] Im Directoire stellt er nüchtern fest:

„Das erste, was wir tun müssen, um den Seelen nützlich zu sein, ist, mit aller Kraft und fortwährend an unserer persönlichen Bekehrung zu arbeiten.“[20] An Abbé Caron schreibt er: „Die Zeit ist uns gegeben, um uns selbst und andere zu heiligen, nicht um nutzlos und schlecht zu sein.“[21]

Einmal mehr zeigt sich auch in diesem Zusammenhang die herausragende Bedeutung von Mt 25,40 für die foucauldsche Spiritualität. Die Heiligkeit durch die Beziehung zu Jesus Christus wird nicht nur in persönlichen Gebetszeiten vertieft, sondern vor allem durch den Dienst am Nächsten. „Zuallererst gibst du [sc. Jesus] uns eine äußerst einfache Möglichkeit, uns zu heiligen: [nämlich] unserem Nächsten Gutes zu tun“.[22]

Dieses Eintreten für die Menschen und ihnen zu Hilfe eilen hat hat im Licht von Mt 25,40 bei Foucauld stets einen theodramatischen Aspekt. Die persönliche Heiligung rettet nicht nur die Menschen, die sich davon ansprechen lassen, sondern es ist für Foucauld immer auch ein Handeln an Jesus Christus selbst.

„‚Wie der Hirte, so das Volk'. Das Gute, das eine Seele tut, steht in direktem Verhältnis zu ihrem inneren Geist. Die Heiligung der Menschen dieser Region liegt also in meinen Händen: es wird gerettet werden, wenn ich ein Heiliger werde und es ist Jesus, den ich aus der Hölle retten werde und dem ich den Himmel öffnen werde, wenn ich ein Heiliger werde. Wenn ich lau bleibe,

---

19 Ch. de Foucauld, En vue de Dieu seul. Méditations sur les passages des Saints Évangiles relatifs à quinze vertus. Œuvres spirituelles du Père Charles de Foucauld. Volume IV., Tome 1, Montrouge 1999, 200. (Zit.: ŒS IV/1 [1897|1898], 200.)

20 ŒS XI [Dir 1909|1913], 645.

21 Brief an Abbé Caron vom 11. März 1909, a.a.O., 61; ŒS XI [1909|1913], 672.

22 ŒS VI/1 [1898|1899], 31.

wird dieses Volk untreu bleiben, und ich werde die Ursache für den ewigen Verlust Jesu sein (‚was ihr einem dieser Geringsten tut, das tut ihr mir').“ [23]

Das Dasein für andere ist also die innerste Konsequenz der Heiligkeit, die aus der Beziehung zu Jesus Christus erwächst. Ohne dass er es ausdrücklich benennt, kann man davon ausgehen, dass Foucauld innerlich zu einer Sicht von Kirche kommt, die zum Ursprung zurückführt. Die Qualität kirchlichen Handelns hängt nicht zuerst an einer institutionellen Präsenz, sondern an der im Einzelnen personal verbürgten Präsenz der Liebe Gottes. Anders gesagt: Sie hängt daran, dass der Einzelne das unmittelbare Wirken Gottes in der Seele zulässt und sich von der universalen barmherzigen Liebe Gottes ergreifen lässt und diese durch sein Leben ausstrahlt.

> Das Wesen der Kirche ereignet sich für Foucauld dort, wo Kirche als communio sanctorum erfahrbar wird, die für andere da ist, in welcher sich die himmlische und irdische Gemeinschaft verbindet, um für die rettende Ankunft des Heiligen Geistes in jedem Menschen einzutreten.

„Liebe und bekehre diese Seelen um meinetwillen, und dazu liebe mich [sc. Jesus] und sei heilig. Es braucht keine Apostel, um diese Menschen zu bekehren, es braucht keine Klöster oder Schulen oder Missionen, es würde reichen, einen Heiligen zu haben … Es ist zweifellos notwendig, wenn ich es befehle, zu predigen, Klöster, Schulen, Hospitäler, Pfarreien zu gründen, aber all das ist nebensächlich, denn es bringt nicht notwendigerweise die Gnade, den Heiligen Geist, in die Seelen herab; (…) Es kommt darauf an, sich innerlich zu heiligen, ein Heiliger zu sein, denn dadurch erlangt man notwendigerweise das, was äußere Werke von sich aus nicht erreichen, die Herabkunft des Heiligen Geistes in die Seelen, das Ausströmen der inneren Gnade unter den Menschen, die Bekehrung der Herzen durch das unmittelbare Wirken Gottes (l'opération intime de Dieu) in ihnen.“[24]

---

23 ŒS X [1902], 108f.
24 ŒS V [1899], 218f.

Bleibt am Schluss die etwas spekulative Frage, wie Foucauld seine eigene Heiligsprechung wohl beurteilt hätte. Wir wissen es nicht. Vermutlich aber würde er uns auf Johannes vom Kreuz hinweisen. So sehr Foucauld sich von Gott ergriffenen heiligen Menschen nahe wusste (Maria, Josef, Maria Magdalena, Johannes Chrysostomos, Teresa von Avila, Johannes vom Kreuz, Thomas von Aquin ...), entscheidend war für ihn allein die Beziehung zum Herzensgeliebten (bien-aimé) zu Jesus selbst. Die Heiligen, an denen er sich orientierte waren im Blick auf die Beziehung zu Gott wichtige Impulsgebende, deren Erfahrung er gerne vertraute und die er um Hilfe anrief. Vorbild im eigentlichen Sinn ist für ihn allein Jesus Christus. In einer Meditation schreibt Foucauld:

„Wie der heilige Johannes vom Kreuz sagt: ‚ganz nachahmen', sich kein Geschöpf zum Vorbild nehmen, weil alle in irgendeiner Weise unvollkommen sind, selbst die größten Heiligen, (...) lasst uns allein Jesus ganz nachahmen. Er allein ist vollständig, gänzlich vollkommen. Er allein ist in allem, für alles, unser Vorbild!" [25]

An anderer Stelle heißt es:

„Schauen wir auf die Heiligen, aber verweilen wir nicht in ihrer Betrachtung, sondern betrachten wir mit ihnen den, dessen Betrachtung ihr Leben erfüllt hat. Wir wollen uns ihre Beispiele zunutze machen, aber nicht lange bei ihnen verweilen oder den einen oder anderen Heiligen zum vollständigen Vorbild nehmen, sondern von jedem das nehmen, was für uns den Worten und Beispielen unseres Herrn Jesus, unseres einzigen wahren Vorbildes, am meisten entspricht, und uns so ihrer Lehren bedienen, nicht um sie nachzuahmen, sondern um Jesus besser nachzuahmen". [26]

Und mit Johannes vom Kreuz weiß er auch um eine Gefahr, sich lediglich einen Heiligen bzw. eine Heilige zum Vorbild zu nehmen.

25 ŒS VI/2 [1898|1899], 72.
26 ŒS V [1899], 54.

„Wie der heilige Johannes vom Kreuz sagt: Wir dürfen niemals irgendein Geschöpf, wie vollkommen es auch sein mag, als vollständiges Vorbild für alle unsere Handlungen nehmen, denn alle waren von ihrer Natur als geschaffene Wesen in irgendeiner Weise unvollkommen, und der Teufel ist so raffiniert, dass es ihm gelingen würde, uns dazu zu bringen, mit der größten Sorgfalt gerade das nachzuahmen, was an ihnen weniger vollkommen war ... Aber es ist notwendig, den einen JESUS, der in allem absolut und unendlich vollkommen ist, vollständig nachzuahmen“.[27]

Im Blick auf die Kirche unserer Zeit ist dieser Begriff von Heiligkeit richtungweisend. Angesichts des Ringens um die Zukunft der Kirche, um die Antworten auf die brennenden Fragen geben zu können, braucht es Menschen, die sich für das Wirken der Gnade Gottes öffnen und sich von der dreifaltigen Liebe Gottes ergreifen lassen. Die Begegnung mit dem Heiligen Charles de Foucauld führt immer zu Jesus Christus. Foucaulds Beispiel eines von Jesus ergriffenen Herzens kann Mut machen, dem Wirken Gottes zu vertrauen, immer im Wissen darum, dass Seine Gedanken nicht unsere Gedanken und Seine Wege nicht unsere Wege sind.

Joachim Kittel, Union-Netzwerk Charles de Foucauld, Amoltern

„Es ist nicht so sehr Aufgabe der Heiligen, sich uns in den Einzelheiten ihres Lebens, ihrer Schwierigkeiten und persönlichen Leiden bekanntzumachen, als vielmehr ganz zurückzutreten, um nur noch die göttliche Liebe durchscheinen zu lassen. So werden sie für ihre menschlichen Brüder [und Schwestern] Lotsen, die zu Gott führen.“

Denise Barrat

27 ŒS V [1899], 52.

Buchbesprechung

Antoine Chatelard
Charles de Foucauld à Tamanrasset
Un nouveau regard
Salvator
Paris 2021. ISBN: 978-7067-1962-2
18,80 €

„Ich bin sehr damit beschäftigt, die Details von Charles' Beziehungen zu den Männern und insbesondere den Tuareg-Frauen seiner Umgebung zu recherchieren."

Dies schrieb mir Antoine Chatelard einige Zeit vor seinem Tod am 1. Januar 2021. Das Ergebnis dieser seiner Forschungen ist inzwischen in französischer Sprache veröffentlicht.

Nur Antoine konnte Charles de Foucauld so lebensnah darstellen, lebte er doch selbst seit 1954 zusammen mit anderen Kleinen Brüdern Jesu in Tamanrasset. So war er vertraut mit der Landschaft und verstand sich mit Frauen und Männern, die den Marabut, wie sie Charles de Foucauld nannten, noch persönlich gekannt hatten. So gelingt es ihm, neue Einblicke in den Alltag Charles de Foucaulds in Tamanrasset zu erhalten und sie auch zu vermitteln.

Das Ergebnis seiner früheren Forschungen hatte er in zwei Büchern veröffentlicht: In *Le chemin vers Tamanrasset*, das in diesem Jahr in deutscher Sprache erscheinen wird, zeichnet er die Entwicklung nach, die Charles de Foucauld nach Tamanrasset geführt hat. In *La mort de Charles de Foucauld* untersucht er die Ereignisse, die mit seinem Tod zusammenhängen. In diesem seinem dritten Werk veranschaulicht er, wie Charles de Foucauld an bestimmten Zeiten und mit weniger bekannten Personen seiner nächsten Umgebung nachbarlichen oder freundschaftlichen Umgang pflegte, und dies trotz seiner anfangs noch sehr traditionellen Auffassung von christlicher Mission und kolonialem Sendungsbewusstsein.

In vier Kapiteln beschreibt er einige bedeutsame Momente dieser Jahre, die erahnen lassen, wie sein Leben aussah:

- 1911: Fünf Monate verbringt er mit einem sprachkundigen Araber auf dem Assekrem. Er sucht den Kontakt mit den Nomaden, doch gibt es vielleicht auch noch andere Gründe, die ihn dazu bewegen ....
- 1912: Nach seiner Rückkehr vom Assekrem befasst sich Charles mit vielen Problemen, die anstehen ohne dabei sein Glaubensleben außer Acht zu lassen.
- 1913: Charles reist mit einem jungen Tuareg nach Frankreich und hält sich auch einige Tage in Marseille auf, wo sie von einem alten Freund empfangen werden. Während der junge Tuareg auf diese Weise Bekanntschaft mit einer französischen Familie macht, frischt Charles alte Freundschaften mit früheren Kameraden wieder auf.
- 1. Dezember 1913: Stunde für Stunde erleben wir, wie ein Tag für Charles aussieht, wie er seinen Nächsten begegnet und wie ihn sein intimer Umgang mit Jesus jeden Augenblick prägt.

Jedes Kapitel enthält viele Zitate aus bisher unveröffentlichten Briefen, die erahnen lassen, mit welchem Feingefühl er so vielen Menschen begegnet ist.

Herbert Hartl, Kleiner Bruder Jesu, Wien

Andreas Knapp
Wer alles gibt, hat die Hände frei
Mit Charles de Foucauld einfach leben lernen
Bene-Verlag
München 2021 ISBN: 978-3-96340-196-1
18 Euro

Rechtzeitig vor der Heiligsprechung von Charles de Foucauld am 15. Mai und mitten in der andauernden Corona Pandemie erschien im September 2021 im bene Verlag ein neues Buch von Andreas Knapp.

Der im deutschsprachigen Raum vor allem als Lyriker und geistlicher Autor bekannte Kleine Bruder gibt ihm den Titel ‚Wer alles gibt, hat die Hände frei – Mit Charles de Foucauld einfach leben lernen'. Sein zentrales Thema ist die Aktualität der Nazaret-Spiritualität.

Gesellschaftliche Umbrüche, scheiternde Glücksverheißungen und vielfältige Suchbewegungen nach anderen Lebensstilen aber auch die damit verbundenen Resignationserscheinungen und Hoffnungslosigkeiten – individuell, gesellschaftlich und persönlich – motivieren Knapp zu seinem Beitrag.

Was tun, wenn die Titanic sinkt? Dennoch einen defekten Wasserhahn in der Kajüte reparieren? Ich bin doch nur ein kleiner Klempner auf einem Ozean-Riesen (S.9), schreibt der Autor. Diese Aussagen treffen ein Grundgefühl vieler Zeitgenossen. Dieser Einstieg lässt seine biographische Verankerung in der Nazaret-Spiritualität bereits erahnen. Der Stil aber macht klar: Nazaret als eine mögliche Lebensweise und damit Antwort auf die genannten Fragen kennenzulernen und zu verstehen ist die zentrale Intention des Buches.

Mit diesem Ziel vor Augen startet der Autor pointiert und humorvoll. Durch eine fast identische Wortwahl, die an die Geschichten von Asterix und Obelix im kleinen gallischen Dorf erinnern soll, betont er die bedeutungsvolle Bedeutungslosigkeit von Nazaret (S. 4).

In den ersten beiden Kapiteln spannt der Autor dann den (theologischen) Bogen: Es geht um Jesus von Nazaret. Zum einen um das geschichtliche Geschehen zwischen Krippe und Kreuz, zum anderen um das kleine, unscheinbare Dorf Nazaret. Um beides möglichst lebendig werden zu lassen, lässt er den jungen Jesus in einen fiktiven Briefwechsel mit seiner Tante Elisabeth eintreten. Fiktiv sind auch die anschließenden Live-Protokolle aus den Gesprächen zwischen Pilatus, Judas und Kajaphas. Beide Beiträge verweisen zum einen auf das prophetische, sozial-kritische und zugleich zum scheinbaren Scheitern führende Handeln Jesu. Zum anderen auf sein inneres Leben, seine Beziehung zu seinem Abba, seine Güte.

Alle weiteren Abschnitte folgen dieser Absicht, auch in der Wahl der Stilmittel und verdichten sich in den gegen Ende des Buches formulierten Sätzen: „Eine vom Glauben an die Menschwerdung Gottes geprägte Spiritualität ermutigt, auch die kleinsten und unscheinbarsten Gesten der Liebe zu leben. Und zwar voller Hoffnung, dass sich das Gute am Ende durchsetzen wird (S.161) (...) Jene Welt jedoch, die auf den Gesetzen von Konkurrenz und Gewinnmaximierung beruht, hat keinen Bestand (...) – am Ende wird nur Nazaret bestehen bleiben." (S. 165)

Angereichert durch zahlreiche Beispiele aus den Lebensbereichen der Mitglieder der Geistlichen Familie Charles de Foucauld, ergänzt durch biographische Anmerkungen oder Notizen aus dem Leben von Charles de Foucauld und aufgelockert durch eigene Gedichte oder Geschichten des Autors werden die einzelnen Abschnitte sehr anschaulich, greifbar, spannend und gut verständlich. Damit wird auch der Gegenwartsbezug garantiert und die Glaubwürdigkeit der Inhalte erleidet keinen Abbruch. So ahnt der aufmerksame Leser: Auch heute werden Menschen von Gott berührt und Einfachheit in Würde ist möglich.

Besonders beeindruckend mindestens für jeden Kritiker des Nützlichkeitsdenkens ist dahergegen Ende des Buches das fiktive Interview mit einer kleinen Schwester, die mit Obdachlosen lebt: ‚Wir wollen das Leben der Menschen auf der Straße nicht verändern. sondern ihr Leben teilen. Wir wollen mit ihnen Freundschaft schließen... Eine Freundschaft ist absichtslos und hat einen Wert in sich' (S.152 ff), weil alle Töchter und Söhne Gottes sind.

Fazit: Der mittlerweile über 60-jährige Andreas Knapp hat ein Buch geschrieben, das in der Art, im Stil und von den Inhalten her sehr ansprechend wirkt. Er versucht als Kleiner Bruder eine spirituelle Lesart der gegenwärtigen geschichtlichen Situation, die nicht nur für Christinnen und Christen herausfordernd ist. Dabei gelingt ihm eine Balance zwischen der Darstellung der zentralen Inhalte der von Foucauld geprägten Spiritualität und ihrer Aktualität: Nazaret als Antiresignativum.

Angesichts der nicht erst seit Corona stattfindenden kirchlichen und gesellschaftlichen Umbrüche bietet sein Beitrag eine exzellente Grundlage für Menschen, die spüren, dass die kommenden Jahrzehnte viel Veränderungsbereitschaft verlangen.

Das dem kirchlich sozialisierten und interessierten Lesendenkreis dabei Parallelen zu Papst Franziskus und seine Veröffentlichungen (Laudato si, Fratelli tutti etc.. :) ins Auge fallen mag nicht verwundern verweist jedoch zugleich auf die Brisanz dieses kleinen Büchleins in der innerkirchlichen Diskussion nach neuen pastoralen Wegen.

Und für alle Foucauld-Kenner kann deutlich werden: Eine inkarnatorische, ja kenotische Spiritualität wie Charles de Foucauld versucht hat, sie zu leben, ist angesichts einer anhaltenden und fortschreitenden Säkularisierung aus christlicher Sicht vielleicht der tiefere Sinn der gegenwärtigen Heilsgeschichte.

Wer kommt also als Adressatenkreis des Buches in Frage? Zunächst alle, die einen zeitgemäßen Zugang zu Charles de Foucauld suchen. Aber auch Menschen, die in Kirche und Gesellschaft jenseits des Oberflächendesigns spiritueller Vertiefung suchen. Freilich auf die ‚Gefahr‘ hin, dass sich damit auch ihr Lebensstil ändern wird. Das aber ist die Einladung, die Andreas Knapp mit seinem Buch ausspricht.

Siegfried Springsguth,
Union-Netzwerk Charles de Foucauld, Bad Saulgau

Adressen der Geistlichen Familie Charles de Foucauld
in Deutschland, Österreich und der Schweiz

Sekretariat der Geistlichen Familie Charles de Foucauld
Mona Kirchmayer
Orbanstr. 3
D-85051 Ingolstadt
Tel. +49 (0)841/476 75
kimoto@freenet.de
www.charlesdefoucauld.de

Kleine Schwestern Jesu
Antonsplatz 22/17C
A-1100 Wien
Tel. +43 (0)1/319 78 50
ksj_wien@aon.at

Badhausstr. 21
CH-2503 Biel
Tel. +41 (0)32/322 16 30 kontakt@petitsoeursdejesus.org

Eichwaldstr. 40
D-60385 Frankfurt/Main
Tel. +49 (0)69/45 57 47
ksj.frankfurt@googlemail.com

Kleine Brüder Jesu
Arbeitergasse 18/17
A-1050 Wien
Tel.+43 (0)1/547 16 74
herbert.hartl@gmail.com

Carlo Fries
Wildbachstraße 83
CH-8008 Zürich
Tel. +41 (0)44/382 16 93
cafri@gmx.net

Kaiser-Wilhelm-Str. 271
D-47169 Duisburg
Tel. +49 (0)203/406 05 81
wolkoe@hotmail.com

Ammanstr. 7
D-90459 Nürnberg
Tel. +49 (0)911/44 93 04
trhbnbg@nexgo.de

Kleine Brüder vom Evangelium
Kursdorfer Weg 22
D-04205 Leipzig
Tel. +49 (0)341/940 35 70
kleinebrueder.leipzig@yahoo.de

Kleine Schwestern vom Evangelium
Kl. Sr. Christine Kohler
„Fraternité Charles de Foucauld“ des Petites Soeurs de l'Evangile
21 rue Nungesser et Coli
F-93380 Pierrefitte sur Seine
Tel. +49 (0)180/60 73 32
psechristinekohler@gmail.com

Gemeinschaft Charles de Foucauld
Matthias Stoppok
Waldschmidtstr. 42a
D-60316 Frankfurt am Main
opstop@gmx.de

Evang.-luth.Gemeinschaft Charles de Foucauld
Elisabeth und Norbert Hintz
Auf dem Hollacker 4
D-27412 Wilstedt
Tel. +49 (0)4283/89 48 72
Norbert.Hintz@arcor.de

Fraternität Jesus-Caritas
(Säkularinstitut)
Cecylia Studniorz
Ebertstr. 22
D-67063 Ludwigshafen
Tel. +49 (0)621/6376939
Cecylia.studniorz@gmx.de

Frauengemeinschaft Charles de Foucauld
Inge Kalt
Friedensstr. 6 DW3
A-5020 Salzburg

Angelika Koopmann
Klosterstr. 17
D-46145 Oberhausen
Koopmann-Oberhausen@t-online.de

Priestergemeinschaft Jesus-Caritas
Mag. Johannes Biedermann
Franz von Assisi Str. 11
A-9523 Landskron
j.biedermann@gmx.de

Kuno Kohn
Hohenzollernring 108
D-22763 Hamburg
+49 (0)172/9 64 60 52
kuno.kohn@gmail.com

Union – Netzwerk Charles de Foucauld
(ehem. Sodalität)

Siegfried Springsguth
Am Frankenweiher 4
D-88348 Bad Saulgau
siegfried.springsguth@gmx.de

Herausgeber
Geistliche Familie Charles de Foucauld e.V.
Ingolstadt
www.charlesdefoucauld.de

Verantwortlicher Redakteur
Dr. Joachim Kittel
Bücheweg 8
79346 Endingen-Amoltern
Tel: +49 (0)7642 92 12 24
redaktion-miw@posteo.de

Redaktion
Norbert Appel, Dr. Klaus Beurle, Marianne Bonzelet,
Prof. Dr. Josef Freitag, Dr. Herbert Hartl,
Dr. Marianne Hofbeck, Dr. Joachim Kittel, Kuno Kohn,
Jürgen Rintelen, Anton Stadlmeier.

Bildnachweis
alle Bilder aus der Redaktion

Verwaltung und Bestellung
Heike Schmolke
Albrecht-Dürer-Straße 29a
D85053 Ingolstadt
Tel. +49 (0)841/2 20 53 90
heike17schmolke@gmail.com

Das Jahrbuch erscheint im Echter-Verlag
ISBN 978-3-429-05738-1
zum Preis von 9,90 Euro.
Die Abonnenten werden um einen Beitrag
zur Finanzierung gebeten.

Zahlungen an „Mitten in der Welt“
Deutschland und europäisches Ausland:
IBAN: DE16 7509 0300 0107 6179 41
BIC: GENODEF1M05

Wir bitten die Abonnenten aus der Schweiz um Überweisung in Euro,
da die Gebühren bei Zahlung in SFR sehr hoch sind.